INHALT

7 DEINE REISE

17 INSIDER GUIDES

21 Manhattan
- 25 Lower Manhattan
- 35 Tribeca

- West Village
- 99 Meatpacking District
- 107 Midtown & Hell's Kitchen
- 121 Chelsea
- 129 Gramercy Park & Flatiron District
- 137 Upper East Side
- 147 Upper West Side
- 155 Harlem & Washington Heights

163 Brooklyn
- 167 Brooklyn Heights & Dumbo
- 175 Williamsburg
- 183 Park Slope
- 191 Coney Island & Brighton Beach

197 Queens
- 201 Long Island City
- 209 Astoria
- 217 Flushing

223 Bronx

233 Staten Island

243 SEHENSWÜRDIGKEITEN

253 AKTIVITÄTEN

263 BESTENLISTEN

289 BUDGET TIPPS

HALLO NEW YORK-FANS

New York City übt einen unglaublichen Reiz aus und macht New York zu Recht zu einem sehr beliebten Reiseziel. Sie ist eine Stadt der Gegensätze: laut und auch ruhig, schnell und doch entspannt, Neues trifft auf Altes. Auch nach dem 10. Besuch wird sie nie langweilig, denn es gibt ständig etwas zu entdecken. Jeder kennt die weltberühmten Wahrzeichen wie die Brooklyn Bridge, das Empire State Building oder das One World Trade Center. Uns sind dazu noch die vielen kleinen Spots der Stadt ans Herz gewachsen – und genau diese zeigen wir euch hier.

Mit unserem Reiseführer wollen wir euch in die Lage versetzen, die Stadt mit den Augen eines Insiders zu erleben. Zu jedem Stadtteil verraten wir euch die angesagtesten Spots: angefangen von Cafés, Bars und Restaurants über Shopping-Adressen bis hin zu den wichtigsten Attraktionen sowie unseren persönlichen Lieblingen vor Ort.

Unser Reiseführer ist so aufgebaut, dass er euch die Reiseplanung erleichtert. Er geht nämlich Hand in Hand mit unserer kostenlosen Loving New York-App und unserer Website. Ihr könnt jede einzelne Adresse zu eurem myNY-Reiseplan hinzufügen, hin- und herschieben und eure perfekte Planung dann mit nach New York nehmen. Wie das genau funktioniert, zeigen wir euch auf der nächsten Seite.

Wir wünschen euch schon jetzt viel Spaß beim Lesen!
Steffen, Sabrina und Tino von Loving New York

Deine tägliche Dosis New York gibt es von uns auch auf Facebook, Instagram und YouTube.
› www.lovingnewyork.de

SO FUNKTIONIERT DER REISEPLANER MYNY

Wir wollen, dass die Reiseplanung für New York ganz leicht wird: Dazu haben wir myNY erstellt, womit ihr schnell und einfach eure Touren und Attraktionen hinzufügen und sortieren könnt. Als Orientierungshilfe zeigen wir euch, mit wie viel Zeit ihr pro Spot rechnen solltet, sodass euer Tagesablauf vor Ort immer noch entspannt ist.

Damit ihr ohne großen Zeitaufwand die Spots aus dem Reiseführer in euren Reiseplan bekommt, gibt es auf jeder Seite einen Barcode und eine individuelle URL. Je nachdem, was euch lieber ist, könnt ihr diesen Barcode mit eurem Smartphone abscannen oder ihr gebt auf eurem Computer oder Tablet diesen im Browser ein. Schon werden euch alle Orte, die auf den entsprechenden Seiten genannt werden, in einer Übersicht angezeigt. Jetzt könnt ihr sie mit einem Klick bzw. Touch zu eurem Plan hinzufügen.

Fertig!

SO EINFACH FUNKTONIERT MYNY:

1 Abscannen vom Code oder Eingabe am Computer ...

2 Es werden alle Spots dieser Seite angezeigt ...

3 Ihr entscheidet, welche davon auf euren Reiseplan kommen sollen ...

HIER ERKLÄREN WIR EUCH PER VIDEO ALLE FUNKTIONEN:

▶ www.lovingnewyork.de/myny

MEHR ÜBER DIESE SPOTS ERFAHREN: LNYC.DE/00001

DEINE REISE

Damit euer Trip nach New York zu einem unvergesslichen Erlebnis wird, zeigen wir euch auf den nächsten Seiten alles, was ihr für eure Reiseplanung wissen müsst. Begonnen mit einer Checkliste zu wichtigen Dokumenten, die ihr nach New York mitnehmen müsst, den Einreisebestimmungen bis hin zu interessanten Details, wie ihr am besten in der Stadt von A nach B kommt.

HIER KÖNNT IHR EUCH EINE CHECKLISTE ZUM ABHAKEN ALS PDF HERUNTERLADEN – DAMIT SEID IHR BESTENS FÜR EURE REISE VORBEREITET:

www.lovingnewyork.de/packliste

DAS PERFEKTE NEW YORK ERLEBNIS BEGINNT MIT DER REISEPLANUNG

Mit der richtigen Reiseplanung wird der Aufenthalt in New York City garantiert entspannt ablaufen. Der Reiseführer, den ihr in den Händen haltet, soll euch bei der Planung der Attraktionen und Touren unterstützen.

Aber auch unsere Checkliste solltet ihr beachten!

VON TINO
Schickt euch wichtige Unterlagen auch als PDF an die eigene E-Mail-Adresse. So habt ihr diese immer dabei, falls euch die Originale verloren gehen.

CHECKLISTE

- ✓ Sich auf New York City freuen

- ○ Einreisegenehmigung ESTA. Registriert euch vorher unbedingt online, damit es keine Probleme mit der Einreise gibt. Einmal registriert ist die Einreisegenehmigung zwei Jahre lang gültig. Nehmt am besten die Bestätigung als PDF auf dem Smartphone oder den Ausdruck davon mit.

- ○ Geld sparen durch Sightseeing-Planung: Wenn ihr nach New York City fliegt, um dort viele Sehenswürdigkeiten anzuschauen und Sightseeing zu machen, könnt ihr bei vorheriger Planung bares Geld sparen. Warum? Viele Tickets gibt es online viel günstiger zu kaufen und mit dem richtigen New York-Rabattpass könnt ihr bis zu 56 % auf die regulären (Eintritts-)Preise sparen.
  > Budget Tipps ab Seite 289

- ○ Ausgedruckte Tickets bzw. Voucher eurer Touren und Attraktionen

- ○ Einen gültigen biometrischen Reisepass

- ○ Einen gültigen Personalausweis: Den braucht ihr in Bars und Clubs, wenn ihr euch zwecks Alters identifizieren müsst. Er ist praktischer als der viel größere Reisepass.

- ○ Optional: einen internationalen Führerschein

- ○ Kredit- bzw. EC-Karte: Prüft auch, was ihr für ein Limit damit im Ausland habt – viele Kreditinstitute haben als Schutz vor Missbrauch im Ausland Restriktionen.

- ○ Unterlagen eurer Auslandskrankenversicherung

- ○ Reisedokumente wie Hotelbuchungen, Flugbuchungen und/oder Mietwagen-Voucher

- ○ Reise-Adapter für die USA – unbedingt nötig, weil es in den USA nur 110 V gibt und die Netzstecker auch eine andere Form haben.

- ○ Dollar in bar – denn damit spart ihr euch zumindest einmal die Auslandsgebühren eurer Bank und ihr könnt am Flughafen auch mal problemlos ein Wasser kaufen. Wie viel Geld mit nach New York nehmen? Mit 150 $ seid ihr gut dabei, weil der Rest oft mit Karte gezahlt wird.

- ○ Mobilfunk-Tarif mit Auslandsoptionen – bei einigen Anbietern könnt ihr kleine Pakete buchen, damit ihr in New York auch mit eurem Smartphone/Tablet mobil sein könnt.

- ○ Reise-Apotheke: Schaut nach, ob ihr alle Medikamente für eure Reise zusammen habt. Das können Kopfschmerztabletten, Tabletten gegen Reiseübelkeit, Halsschmerzen und so weiter sein.

- ○ Turnschuhe – egal wie sie aussehen, nehmt euch bequeme Schuhe mit.

- ○ Schicke Schuhe – in viele Rooftop Bars und Restaurants der mittleren und oberen Klasse kommt ihr nicht mit Turnschuhen am Türsteher vorbei. Wir haben immer ein Paar dunkle Anzugschuhe dabei.

- ○ Eine aufgeladene Kamera – denn nichts ist ärgerlicher, als eine rot-blinkende Kamera auf der Foto-Safari.

- ○ Ladekabel, die Speicherkarte und den Zusatz-Akku

ESTA

Jeder, der in die USA einreist, benötigt die elektronische Einreisegenehmigung ESTA. Die Anmeldung erfolgt online und die Prüfung dauert meistens nur wenige Minuten. Dennoch empfehlen wir die Anmeldung knapp vier Wochen vor eurer Reise zu machen, damit ihr noch genug Zeit habt, Dokumente nachzureichen, falls es nicht geklappt hat.

Für die Anmeldung benötigt ihr diese Dinge:
- eine gültige Kreditkarte
- einen gültigen Reisepass für die gesamte Dauer eures Aufenthaltes
- die Adresse eurer Unterkunft

VON STEFFEN

Nutzt für die ESTA-Anmeldung unbedingt die offizielle Seite. Einige andere Onlineseiten bieten den Service zwar auch an, diese sind aber im Vergleich zur offiziellen Seite viel teurer!
› https://esta.cbp.dhs.gov

FEIERTAGE

Einige Feiertage in New York City kennen wir auch aus Deutschland, wie zum Beispiel Ostern, die meisten sind jedoch USA-typisch und werden in Deutschland nicht gefeiert.

JANUAR

New Years Day · *1. Januar*
Der Tag nach Silvester ist wie in Deutschland auch der Neujahrstag in New York City. Der einzige Unterschied ist jedoch, dass in New York City alles weiterhin geöffnet ist. Ihr könnt also auch am Neujahrstag Museen besuchen, shoppen gehen oder eines der vielen Restaurants besuchen.

Martin Luther King Day · *3. Montag im Januar*
Der Martin Luther King Day ist der nationale Gedenk- und Feiertag in New York City für den im Jahre 1968 ermordeten Martin Luther King. Es ist zwar ein offizieller Feiertag, das heißt die Büros sind geschlossen, für euch macht es aber keinen Unterschied, denn alle Sehenswürdigkeiten und Attraktionen sind geöffnet.

FEBRUAR

Valentinstag in New York · *14. Februar*
Valentinstag, der Tag der Liebenden – auch in New York City ein beliebter Tag, um mit seinem Schatz einen ganz besonderen Tag zu verbringen.

Presidents Day · *3. Montag im Februar*
An diesem Tag gedenken die Amerikaner den Präsidenten der Vereinigten Staaten mit einem offiziellen Feiertag.

MÄRZ

St. Patrick's Day · *17. März*
Während dieser Zeit werdet ihr das Gefühl haben, dass es mehr Iren als New Yorker in New York gibt. Gemäß dem Motto: Alle New Yorker sind Iren! Doch was wird am St. Patrick's Day überhaupt gefeiert? Der irische Bischof Patrick, der am 17. März 461 gestorben ist. Er gilt als Schutzpatron Irlands und war zu seiner Zeit der erste christliche Missionar in Irland. Der St. Patrick's Day ist ein katholischer Feiertag – und auch der irische Nationalfeiertag – der ihm zu Ehren ins Leben gerufen wurde.

APRIL

Ostern · *im März/April*

Ostern ist in den USA, wie in Deutschland auch, ein christliches Fest mit Ostereier-Suche für die Kleinen, einem Zusammentreffen der Familie und Ostereiermalerei. Wenn ihr während der Osterfeiertage in New York seid, werdet ihr feststellen, dass in Manhattan an vielen Stellen bunte Ostereier aufgestellt wurden. Diese Aktion wird von lokalen Künstlern durchgeführt, die diese Eier bemalen. In den USA gibt es keinen Ostermontag und ähnlich wie an allen anderen Feiertagen – außer Thanksgiving und dem Weihnachtsfeiertag – haben alle Sehenswürdigkeiten und Geschäfte ganz normal geöffnet.

MAI

Memorial Day · *letzter Montag im Mai*

Der Memorial Day ist ein sehr beliebter Feiertag am letzten Montag im Mai. An diesem Wochenende wird inoffiziell der Sommer eingeläutet. Es wird gegrillt, in Parks Picknick gemacht und vieles mehr. Neben all der Freude über den Sommerbeginn gedenkt man an diesem Tag aber an die Gefallenen Soldaten im Krieg. Als offizieller Feiertag bleiben die Büros an diesem Montag geschlossen, die Sehenswürdigkeiten sowie die Geschäfte und Restaurants sind aber normal geöffnet.

Fleet Week · *im Mai*

Die Fleet Week ist eine sehr spannende und interessante Woche für all diejenigen, die sich für die Schifffahrt interessieren. Die Fleet Week (Flotten-Woche) in New York findet jedes Jahr im Mai für eine Woche statt – während dieser Zeit werden US-Navy, Marine Corps und Coast Guard gedankt, die für die USA auf den Meeren der Welt unterwegs sind. Vor allem für Frauen ist diese Zeit in New York besonders reizend, denn die nett aussehenden Matrosen sind an jeder Ecke in Manhattan zu sehen. Auch sie schauen sich die eindrucksvollen Sehenswürdigkeiten der Stadt an.

JUNI

Gay Pride March · *im Juni*

Anlässlich der Gay Pride Week in New York City findet im Juni der Gay Pride March statt. Diese Veranstaltung für Lesben, Homosexuelle, Bisexuelle und Transgender (LGTB) soll die Gemeinschaft, Kultur und Pride (Stolz) dieser Menschen in New York City verdeutlichen. Der Pride March wird auch die Pride Parade genannt, durchquert die 5th Avenue und endet schließlich im Greenwich Village. Dabei passiert der Marsch das Stonewall Inn, das die Bar der Stonewall Riots im Jahre 1969 war.

JULI

4th of July/Independence Day · *4. Juli*

Wer an diesem Feiertag in New York City ist, kann sich freuen, denn kaum ein anderer Tag wird so gefeiert wie der Independence Day. Der Unabhängigkeitstag ist einer der wichtigsten Feiertage in den Vereinigten Staaten. Beachtet an diesem Tag besondere Öffnungszeiten einiger Sehenswürdigkeiten. Am Abend steht dann der Höhepunkt mit dem Macy's Feuerwerk auf dem Programm.

SEPTEMBER

Labor Day · *1. Montag im September*

Labor Day, der Tag der Arbeit, ist in New York ein nationaler Feiertag, der zum einen das Ende der Sommersaison markiert und zum anderen den sozialen und wirtschaftlichen Leistungen der Arbeitnehmer gewidmet wird. Gefeiert wird er jeden ersten Montag im September. Sportfans aufgepasst: Labor Day bedeutet auch Startschuss der Football Saison. Die New York Giants und New York Jets sind wieder im Einsatz.

9/11 Memorial Day · *11. September*

Der 11. September ist in New York kein offizieller Feiertag, dennoch ist er aufgrund der Terroranschläge vom 11. September 2001 auch kein gewöhnlicher Tag mehr in der Stadt.

Die Nachrichten zeigen kein anderes Thema als 9/11. Der Ground Zero wird besonders an diesem Tag für viele Angehörige zum Ort der Trauer und Gedenken und es findet eine Andacht statt, in welcher jeder Name der Verstorbenen verlesen wird. Die Stellen, an denen einst die Zwillingstürme standen sind durch »The Tributes in Light«, ein durch 88 Scheinwerfer erschaffenes Lichtdenkmal, gekennzeichnet. Dieses Lichtdenkmal ist bis auf eine Entfernung von 100 Kilometern zu erkennen. Alles in allem ein trauriger Tag in einer sonst so aufgeweckten und lebendigen Stadt.

OKTOBER

Columbus Day · *2. Montag im Oktober*
Am Columbus Day gedenken die New Yorker dem Entdecker Amerikas: Christopher Kolumbus. Jedes Jahr wird eine große Parade in New York organisiert, die über die 5th Avenue verläuft. 35.000 Menschen nehmen an dieser Parade teil, die rund eine Million Besucher anzieht und von mehreren Millionen Menschen vor den Fernsehern verfolgt wird. Gestartet wird auf der 5th Avenue, Ecke 44th Street und man läuft in Richtung Norden bis hoch zur 72th Street.

Halloween · *31. Oktober*
Die New Yorker lieben Paraden und Partys, die zum Verkleiden einladen. Halloween ist zwar kein offizieller Feiertag, dennoch für New York ein Grund zum Feiern. Man möchte Teil der bekannten Halloween-Parade sein und anschließend wird auf einer der vielen After-Parade-Partys ausgelassen gefeiert. Jeder ist eingeladen, auch ihr – werft euch in ein Kostüm und werdet Teil des Spektakels.

NOVEMBER

Veterans Day · *11. November*
In den USA hieß der Feiertag ursprünglich Armistice Day (Tag des Waffenstillstandes). Heute ist er ein Gedenktag zu Ehren aller Kriegsveteranen aus allen Kriegen, an denen die Vereinigten Staaten je beteiligt waren. Die Parade findet an diesem Tag auf der 5th Avenue Höhe der 26th Street statt.

Thanksgiving · *4. Donnerstag im November*
Das Erntedankfest der Amerikaner ist Thanksgiving – dieser Feiertag wird mehr gefeiert als Weihnachten. Das ganze Land reist von A nach B, um an diesem Feiertag bei der Familie sein zu können. Es wird meistens ein großer Truthahn gegessen und das Beisammensein genossen. Thanksgiving ist der einzige Tag, an dem in New York City Museen, Geschäfte und auch einige Restaurants, die kein spezielles Thanksgiving Dinner anbieten, geschlossen sind. Die Macy's Thanksgiving Day Parade ist an diesem Tag das Highlight in der Stadt. Wer nicht vor Ort sein kann oder möchte, kann die Parade auch im Fernsehen verfolgen.

Auch der Tag nach Thanksgiving ist übrigens noch ein Feiertag in den Vereinigten Staaten. Der Black Friday ist weltbekannt als der beste Tag, um das Schnäppchen schlechthin zu shoppen. Die Geschäfte reduzieren radikal auf teilweise bis zu 60% des Ladenpreises.

DEZEMBER

Christmas Day · *25. Dezember*
Einen Heiligabend, wie wir ihn am 24. Dezember feiern, gibt es in den Vereinigten Staaten nicht. Dort feiert man Weihnachten am Christmas Day, dem 25. Dezember. Viele Familien beschenken sich schon in den Morgenstunden an diesem Tag und verbringen ihn mit ihren Lieben. Es gibt in den USA auch keinen 1. und 2. Weihnachtsfeiertag – auch hier erkennt man wieder, dass Thanksgiving deutlich wichtiger für die Amerikaner ist als das Weihnachtsfest.

Silvester/New Years Eve · *31. Dezember*
Für viele ist es der Traum schlechthin: einmal im Leben um 0:00 Uhr am Times Square zu »New York, New York« ins neue Jahr feiern, den Ball Drop live erleben und mit Hunderttausenden diesen besonderen Moment genießen. Wer drinnen feiern will: Die Restaurants rund um den Times Square bieten spezielle Pakete an, die nicht günstig sind, oftmals aber Getränke und ein tolles Abendessen miteinander kombinieren.

UNTERWEGS IN DER STADT

Yellow Cab

Das Taxi ist in New York City neben der Subway das Hauptverkehrsmittel Nummer eins. Rekordverdächtige 485.000 Fahrten werden täglich (!) in New York durchgeführt. Am Ende des Jahres hat jedes Taxi 100.000 Kilometer auf dem Tacho. Was ihr alles bei einer Fahrt im Yellow Cab beachten müsst, erfahrt ihr hier!

Endlich im Taxi – was passiert dann?

Das Wichtigste ist, lasst den Fahrer erstmal anfahren und sein Taxameter anschalten, danach nennt ihr das Ziel. Wer nicht unbedingt vorne einsteigen muss (aus Platzgründen), sollte hinten Platz nehmen – auf dem Beifahrersitz lagert der Fahrer oftmals sein Essen oder private Sachen. Definiert euer Ziel so gut ihr könnt. Ihr kennt die Querstraße? Umso besser, denn so erleichtert ihr dem Taxifahrer seine Arbeit und ihr kommt schneller zum Ziel.

Am Ziel: Wie bezahle ich?

Am Zielort angekommen, teilweise sogar kurz vor Erreichen des Ziels, geht es an die Bezahlung. Jeder Taxifahrer ist verpflichtet, Kreditkarten zu akzeptieren. Dies ist auch die gängigste, da unkomplizierteste, Zahlungsweise. Die kleinen Bildschirme hinten im Taxi weisen euch den Weg – vergesst dabei auch nicht das Trinkgeld, das hier grundsätzlich gegeben wird. Wir geben meist 15% Trinkgeld vom Fahrpreis. Akzeptiert werden American Express, MasterCard, VISA und Discover Card. Es fallen keine zusätzlichen Gebühren an und es gibt auch keinen Mindestbetrag. Verlasst das Taxi immer auf der Seite zum Bürgersteig, auch wenn ihr durchrücken müsst. Sicherheit geht vor.

Quittung nicht vergessen

Der Fahrer druckt euch nach der Bezahlung direkt eine Quittung aus, die wir persönlich immer mitnehmen. Eine Freundin hat zum Beispiel einmal ihre Geldbörse im Taxi vergessen und konnte durch die Quittung, die die Medaillon-Nummer des Taxis zeigt, den Fahrer erreichen und so ihre Wertsachen direkt zurückbekommen.

Uber

Uber ist im Vergleich zum Yellow Cab 20–30% günstiger und der Service ist auch eindeutig besser. Wir fahren fast immer mit Uber und nur noch sehr selten mit den Yellow Cabs. Um die App zu nutzen, benötigt ihr Internet.

Wie funktioniert Uber?

Für eine Fahrt benötigt ihr die kostenlose Uber-App auf eurem Smartphone – meldet euch unbedingt VOR der Anmeldung bei Sabrina ›sabrina@lovingnewyork.de‹. Mit einem Rabattcode durch eine von uns zugesendete Einladung könnt ihr euch ein kleines Startguthaben sichern. Nach Installation der App fügt ihr die Zahlungsart hinzu – dies kann eine Kreditkarte oder ein Paypal Konto sein – und schon seid ihr ready to go.

Wenn ihr abgeholt werden möchtet, müsst ihr nur noch die Zieladresse oder den Namen des Ortes (zum Beispiel Madison Square Garden) eingeben und danach klickt ihr auf »Uber request (bestellen)«. Wenn ihr wissen möchtet, wie viel die Fahrt ungefähr kostet, nutzt die Fahrpreisschätzung, indem ihr nach unten scrollt.

Wählt eure Fahrt und euren Standort. Ihr seht dann das Foto und die Fahrzeuginfos eures Fahrers und könnt auf der Karte seinen Weg zu euch live verfolgen. Achtet unbedingt darauf, dass ihr nicht auf einer Hauptverkehrsstraße steht, auf welcher der Fahrer nicht anhalten kann.

Wie erkenne ich den Uber-Fahrer?

Bevor euer Fahrer ankommt, seht ihr den Namen und ein Foto des Fahrers, das Auto und das Kennzeichen in eurer App. Damit ist sichergestellt, dass ihr immer in das richtige Fahrzeug einsteigt. Oftmals ruft euch der Fahrer auch an oder sendet eine SMS. Ist es an eurem Abholort etwas unübersichtlich, stellt euch irgendwo hin, wo der Fahrer euch gut einsammeln kann und teilt ihm am besten den Ort per SMS mit. Sobald ihr im Auto sitzt, fragt euch der Fahrer nach eurem Namen. Dies gilt als Bestätigung, dass es sich bei euch auch um die richtige Person handelt.

Subway

Subway fahren in New York ist ein Erlebnis. Zwischen den New Yorkern und der Subway besteht eine Hassliebe, denn die Subway ist grundsätzlich überfüllt und im Sommer sind die Stationen so warm, dass man kaum atmen kann. In der Subway ist die Klimaanlage dann so kalt, dass eine Erkältung vorprogrammiert ist. Dennoch: Es ist eine schnelle und die günstigste Variante, sich in der Stadt zu bewegen.

Die MetroCard

Die MetroCard ist eine Prepaid-Karte, mit der ihr die Subway und die Busse in New York ganz bequem bezahlen könnt – und die ihr auch benötigt, um zu den Trains zu kommen. Sie kann an jeder Haltestation in der Subway gekauft werden. Die Karte bietet euch diverse Vorteile: Ihr braucht nicht mit Bargeld durch die Stadt zu laufen, sie passt in jede Tasche und je nach Aufenthaltsdauer ist der Preis über eine Flatrate abgedeckt!

An jeder Subway-Station könnt ihr die MetroCard kaufen – meistens liegen dort auch kostenlose Subway-Maps aus, wenn ihr euch einen schnellen Überblick verschaffen wollt.

Citi Bike

Mit 10.000 Fahrrädern und rund 500 Stationen in der ganzen Stadt wird dem Nutzer die Flexibilität geboten, je nach Belieben ein Fahrrad zu leihen und wieder zurückzugeben. Neben einem jährlichen Abo, was für dich als Besucher natürlich wenig Sinn macht, gibt es Tagestickets (12 $) und 3-Tagestickets (24 $).

So funktionieren die Citi Bikes

Bei beiden Optionen kannst du dir dein Fahrrad an einer Station ausleihen, um es dann nach spätestens 30 Minuten an einer anderen Station (oder auch der gleichen) wieder zu retournieren. Ja, 30 Minuten – das ist die Zeit, die Citi Bikes New York dem Radfahrer gibt, zum Ziel zu kommen. Klingt sportlich, ist es aber auch! Jede weiteren 15 Minuten kosten dich dann zusätzlich 4 $, die von deiner Kreditkarte abgebucht werden. Dies bedeutet, dass in den Tagestickets ein unbegrenztes 30-minütiges Leihen der Räder inklusive ist.

VON SABRINA

Wenn du die MetroCard am Automaten kaufst, wirst du bei Kreditkartenzahlung nach deinem Zipcode gefragt. Wenn du die Postleitzahl deines Hotels nicht kennst, nimm einfach »00000« (5x Null)!

TRINKGELD

In Deutschland wird das Thema Trinkgeld relativ frei gehandhabt. 10–15% gelten eher als Richtschnur. In New York ist es für alle Kellner, Zimmermädchen oder Fahrer ein wesentlicher Bestandteil des Gehaltes, da sie deshalb weniger verdienen. Gutes Trinkgeld in New York ist daher für sie unverzichtbar.

Grundsätzlich spricht man hier im Restaurant von 15–20% der Rechnung. In vielen Restaurants wird der Betrag schon auf der Rechnung ausgewiesen – oftmals dort, wo viele Touristen sind. Ihr müsst dann natürlich kein Trinkgeld mehr zahlen.

Wichtig zu wissen ist auch, dass ihr auf keinen Fall beim Tipping euer Münzgeld loswerden solltet. Natürlich ist dies auch Geld, jedoch gehört es zum guten Ton in New York, entweder mit Scheinen das Trinkgeld zu hinterlassen oder eben direkt mit der Kreditkarte zu bezahlen. Ihr zahlt bar? Vermerkt auf der Rechnung »cash on table«.

Der Ablauf ist bei der Kreditkartenzahlung im Restaurant übrigens so, dass ihr, nachdem ihr das Büchlein mit der Rechnung erhalten habt, die Karte oben in ein kleines Fach hineinsteckt. Der Kellner kommt dann und holt es ab und bringt euch zwei Kopien, eine ist für euch, die andere für das Restaurant. Auf dieser vermerkt ihr das Trinkgeld und unterschreibt. Ihr müsst übrigens nicht warten, bis der Kellner das Büchlein abgeholt hat. Wenn ihr wollt, könnt ihr das Restaurant oder die Bar schon verlassen.

Der Service im Restaurant war schlecht, was tun?
Wir haben es leider auch schon erlebt, dass wir im Restaurant saßen und schlechten Service erhalten haben. Mit schlecht meinen wir Unfreundlichkeit, schlechtes Essen oder sehr lange Wartezeiten.

Meistens haben wir dann erst einmal persönlich versucht, Abhilfe zu schaffen. Blieb der Service schlecht, haben wir so gut wie gar kein Trinkgeld gegeben. Dies ist aber erst zwei Mal passiert. New York, oder die USA allgemein, sind ja eher bekannt für sehr guten Service und eine übermäßige Freundlichkeit.

Bereich	Mindest-Trinkgeld
Kellner in Cafés und Restaurants	15–20%
Fast Food-Restaurants/Delis (ohne Bedienung)	kein Trinkgeld
Barkeeper (ihr bestellt nur einen Drink, ohne Speisen)	1 $ pro Drink
Garderobenpersonal in Museen oder Restaurants	1 $ pro Kleidungsstück
Concierge in Theatern/Musicals, Restaurants etc.	ab 10 $ aufwärts (je nach Aufwand)
Platzanweiser in Theatern	wird nicht erwartet
Gepäckhilfen in Hotels	2 $ pro Gepäckstück
Zimmerservice in Hotels	2–3 $ pro Tag
Fahrer von Taxen und Shuttles	15–20%
Schaffner/Fahrer bei Pauschalreisen	10 $ pro Tag von der Reisegruppe
Beautysalon (Nagelstudios, Massagesalons, Friseure)	15–20%

INSIDER GUIDES

New York besteht aus fünf Stadtteilen, den sogenannten Boroughs: Manhattan, Brooklyn, Queens, Bronx und Staten Island. Jeder dieser Stadtteile hat seine ganz eigene Atmosphäre. Wir sind regelmäßig für euch in den verschiedenen Boroughs unterwegs und kennen die besten Insider-Spots, die eindrucksvollsten Sehenswürdigkeiten, die schönsten Hotels sowie die angesagtesten Bars und Restaurants. Auf den nächsten Seiten erfahrt ihr, was ihr wo auf keinen Fall verpassen dürft.

MIT NUR WENIGEN KLICKS ERHÄLTST DU HIER DEINEN GANZ EIGENEN INDIVIDUELLEN REISEPLAN:

www.lovingnewyork.de/genius

Die besten Insider Spots

Hier seht ihr die Karte von New York mit ihren einzelnen Stadtteilen. Die Besonderheiten jedes einzelnen Stadtteils erfahrt ihr in den nächsten Kapiteln.

Insider Guides

Manhattan	21
Brooklyn	163
Queens	197
Bronx	223
Staten Island	233

Staten Island

Manhattan

Manhattan ist der wohl bekannteste Stadtteil von New York. Zahlreiche imposante Wolkenkratzer, ein gigantischer Park, volle Bürgersteige sowie die berühmten Yellow Cabs zieren das Stadtbild. In diesem belebten Stadtteil gibt es so vieles zu entdecken und zu bestaunen.

Stadtteile
25 Lower Manhattan / 35 Tribeca
43 Chinatown / 51 Lower East Side
59 Little Italy & NoHo / 67 SoHo
75 East Village / 83 Greenwich Village
91 West Village / 99 Meatpacking District
107 Midtown & Hell's Kitchen / 121 Chelsea
129 Gramercy Park & Flatiron District
137 Upper East Side / 147 Upper West Side
155 Harlem & Washington Heights

LOVING NEW YORK

DAS SOLLTEST DU AUF KEINEN FALL VERPASSEN

- **01** Empire State Building
- **02** Shake Shack-Burger im Madison Square Park essen
- **03** Times Square bei Nacht
- **04** Bar-Hopping im East Village
- **05** Central Park genießen
- **06** Top of the Rock
- **07** 9/11 Memorial
- **08** Spaziergang durch SoHo & West Village
- **09** High Line Park mit Stop im Meatpacking District
- **10** Cocktail in einer Rooftop Bar trinken

NOTIERE DEINE PERSÖNLICHEN HIGHLIGHTS

LOWER MANHATTAN

Spannende Fakten über den Süden Manhattans

In den letzten Jahren hat sich Lower Manhattan vom reinen Finanzzentrum zu einem auch gastronomisch sehr interessanten Viertel entwickelt. Ihr findet hier tolle Restaurants, Rooftop Bars und Bars, die zu den besten der Welt gehören. Mit dem Ground Zero besitzt der Stadtteil den wohl emotionalsten Teil Manhattans.

1. ⌈One World Trade Center⌉
Das neue One World Trade Center bietet mit dem One World Observatory New Yorks höchste Aussichtplattform – die Aussicht ist wirklich gigantisch.
◊ *285 Fulton St · Ecke Vesey St*
🄴 · *Chambers St*

2. ⌈9/11 Memorial⌉
Wo einst die Zwillingstürme standen, befinden sich heute zwei riesige Wasserbecken, die besonders in der Dämmerung sehr beeindruckend sind.
◊ *180 Greenwich St*
🄽 🅁 🅆 · *Cortlandt St*

3. ⌈Battery Park⌉
Einer der beliebtesten Parks Manhattans. Wenn man irgendwo in New York zur Ruhe kommen kann, dann definitiv hier.
◊ *entlang Battery Pl & State St*
④ ⑤ · *Bowling Green*

4. ⌈Governors Island⌉
Ein Besuch der ehemaligen Militärsinsel ist immer noch ein absoluter Insider-Tipp.
◊ *10 South St · Adresse der Fähre nach Governors Island*
① · *South Ferry*

5. ⌈South Street Seaport⌉
Der South Street Seaport District wurde durch Hurricane Sandy im Jahr 2012 völlig zerstört, neu aufgebaut und zählt seit dem zu den angesagtesten Gegenden in Lower Manhattan.
◊ *19 Fulton St · zw. Grand St & Canal St*
② ③ · *Wall St*

MEHR ÜBER DIESE SPOTS ERFAHREN: LNYC.DE/00002

LOWER MANHATTAN

VON SABRINA

Vom Pier A Harbor House aus habt ihr einen grandiosen Blick auf den Hafen und die Statue of Liberty!

BEGIB DICH AUF ENTDECKUNGSTOUR!

Anbindung

Sights
- 01 · One World Trade Center
- 02 · 9/11 Memorial
- 03 · Battery Park
- 04 · Governors Island
- 05 · South Street Seaport
- 06 · Conrad New York Hotel
- 07 · W Hotel Downtown
- 08 · Andaz Wall Street Hotel
- 09 · Seaport Inn Hotel
- 10 · Aloft Hotel Downtown
- 11 · 9/11 Memorial Museum
- 12 · Museum of Jewish Heritage
- 13 · National Museum of the American Indian
- 14 · Skyscraper Museum
- 15 · Ellis Island Immigration Museum
- 16 · South Street Seaport Museum
- 17 · Pier A Harbor House
- 18 · Industry Kitchen
- 19 · Eataly
- 20 · El Vez
- 21 · Pick a Bagel
- 22 · The Dead Rabbit Grocery & Grog
- 23 · White Horse Tavern
- 24 · Blue Smoke
- 25 · The Tuck Room
- 26 · Loopy Doopy Rooftop Bar

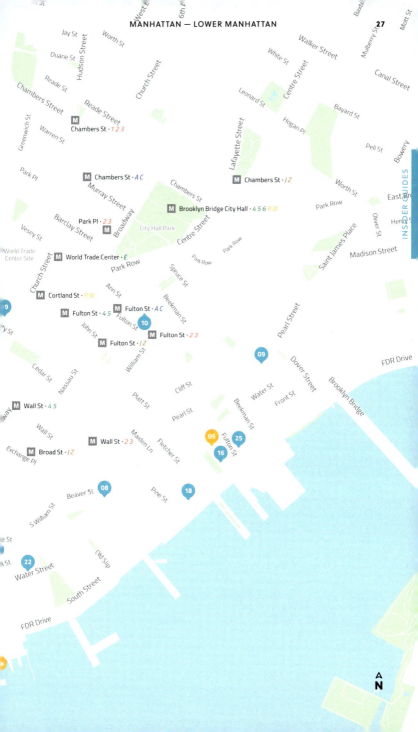

› SIGHT-SEEING

Lower Manhattan zählt zu unseren Lieblingsvierteln in Manhattan, weil es immer viel zu sehen und zu erleben gibt. Seit vielen Jahren wird hier gebaut, wiederhergestellt und neu geschaffen. In Lower Manhattan zeigt New York City ganz besonders, dass man aus Tragödien stärker hervortreten muss. Lower Manhattan ist auch besonders in den warmen Monaten perfekt mit dem [Citi Bike] zu entdecken. Mit dem Fahrrad könnt ihr entlang des Hudson Rivers durch den Battery Park bis hoch zur Brooklyn Bridge fahren.

Ein Besuch der [Wall Street] mit der New York Stock Exchange und der Bronzestatue [Charging Bull] · *Broadway, Ecke Morris St,* ❹ ❺ · *Bowling Green*, führt euch in das finanzielle Herz der Stadt. Wer hier morgens sein Büro betritt, gehört definitiv zu den Top-Verdienern der Stadt. Nicht weit davon entfernt wartet der [Battery Park] auf euch, der schon Schauplatz vieler Filmszenen war. Besonders schön ist der Ausblick auf die Statue of Liberty und auch der Blick über den Hudson River in den Bundesstaat New Jersey kann sich sehen lassen. Über sechs Millionen Menschen besuchen jährlich den Park und sein Wahrzeichen, das [Castle Clinton National Monument]. Direkt am Battery Park empfehlen wir euch das [Pier A Harbor House] – hier könnt ihr bei schlechtem Wetter im Restaurant oder bei gutem Wetter auf der Terrasse sitzen und den regen Schiffsverkehr beobachten.

Lower Manhattan ist ein sehr guter Ausgangspunkt für einen Besuch der anliegenden Inseln. Eine der bekanntesten und beliebtesten Attraktionen in New York ist die [Staten Island Ferry], die zwischen der Südspitze Manhattans und Staten Island pendelt. Die Überfahrt ist kostenlos und führt vorbei an der [Statue of Liberty]. Mit einer Bootstour zur Miss Liberty und anschließendem Besuch auf Ellis Island kann man New Yorks Wahrzeichen sogar aus direkter Nähe betrachten. Im Sommer (Ende Mai bis September) ist die ehemalige Militärsinsel [Governors Island], einen Besuch wert. Die Governors Island Ferry bringt euch für 2 $ über den East River. Das Terminal befindet sich direkt neben dem Staten Island Ferry Terminal. Die Fahrt dauert um die 3 Minuten und ihr werdet sehen, dass dies vor allem von den New Yorkern und ihren Kindern, älteren Bewohnern der Stadt und nur von einem kleinen Teil von Touristen genutzt wird. Hier findet man Ruhe, kann tolle Fotoaufnahmen von Manhattan machen und die alten, magischen Gebäude auf der Insel bewundern.

Der wohl bedeutendste Teil von Lower Manhattan ist der [Ground Zero] mit dem [9/11 Memorial], dem [9/11 Memorial Museum] und dem [One World Trade Center]. Dort wo die Twin Tower vor dem Anschlag am 11. September 2001 standen, wurden zwei Becken mit Wasserfällen installiert, die mit einer Kupferumrandung versehen wurden, in die die Namen der 2.983 Verstorbenen gefräst sind. Rundum ein sehr bewegender und emotionaler Ort.

Ganz in der Nähe des Ground Zero befindet sich der italienische Food Market ⌈Eataly⌉. Das Pendant findet ihr im Flatiron District inklusive Rooftop Bar am Madison Square Park in Midtown. Hier in Downtown Manhattan könnt ihr aber genauso lecker essen und trinken. Von hausgemachter Pasta über Pizza, Risotto und Dolci & Espresso – es wird euch definitiv gefallen. Eine tolle Aussicht habt ihr hier ebenfalls inklusive.

Futuristisches Design, Bahnhof, Shopping-Mall und Fußgängertunnel: All das kommt im neuen Bahnhof am World Trade Center namens ⌈»Oculus«⌉ zusammen. Ein wirklich spektakuläres Gebäude, das ihr schon vom benachbarten Ground Zero seht und das zweifellos zu den teuersten der Welt gehört. Am ⌈Brookfield Place⌉ könnt ihr wunderbar aufs Wasser und auf die Yachten im North Cove Yacht Harbor schauen. Im ⌈Le District⌉ wartet ein weiterer Foodcourt auf euch, hier könnt ihr verschiedene Restaurants und Weinbars besuchen. Das kleine Shopping Center im Brookfield Place sollte man übrigens auch nicht außer Acht lassen. Von dort aus lädt die Gegend direkt am Wasser zu einem Spaziergang auf der ⌈**Esplanade am Hudson River**⌉ ein. Besonders zum Sonnenuntergang ist es hier unglaublich schön. Wer mag, kann bis zur ⌈**Brooklyn Bridge**⌉ hinunterlaufen und auf dem Weg den ⌈**South Street Seaport**⌉ besuchen.

Der South Street Seaport in New York City ist eine der wohl schönsten und gut erhaltensten Gegenden aus dem 19. Jahrhundert. Das denkmalgeschützte Quartier in Lower Manhattan befindet sich dort, wo die Fulton Street auf den East River trifft. Mit der Nähe zur Brooklyn Bridge und Gegenden wie der Wall Street im schönen Lower Manhattan ist es aber gerade der Charme der vielen alten Handelsgebäude aus den alten Zeiten, die den South Street Seaport in New York City so besonders machen.

Wer einmal eine Kirche betreten möchte, in der einst George Washington schon gesessen hat, der sollte sich die ⌈**St. Pauls Chapel** · *Broadway*⌉ ansehen. Die kleine Kapelle nahe des Ground Zero war 1776 als »Kapelle der Erleichterung« erbaut worden. Sie blieb während der Anschläge 2001 trotz unmittelbarer Nähe zum World Trade Center unversehrt. Zu den wohl bekanntesten Kirchen New Yorks gehört die ⌈**Trinity Church Wall Street**⌉. Sie befindet sich zwischen Broadway und Trinity Place unmittelbar gegenüber dem nordwestlichen Ende der Wall Street und ist der Gottesdienstort für eine Gemeinde der US-amerikanischen Episkopalkirche.

VON SABRINA
Zur Dämmerung sind die Wasserfälle beleuchtet – Gänsehautgarantie!

MEHR ÜBER DIESE SPOTS ERFAHREN: LNYC.DE/00003

Ellis Island Immigration Museum

HOTELS

06 [Conrad New York Hotel] · *5 Sterne*
Das luxuriöse All-Suite Hotel ist eines der besten Hotels in Downtown. Conrad steht für Luxus, Comfort und Wohlfühlfaktor. Im Hotel sind über 2.000 Kunstwerke ausgestellt und allein die Lobby ist beeindruckend.
♦ *102 North End Ave* · *zw. Vesey St & Murray St*
❶❷❸ · *Chambers St*

07 [W Hotel Downtown] · *4 Sterne*
Das 4-Sterne-Hotel liegt direkt am Ground Zero und damit in optimaler Ausgangslage für die tägliche Entdeckungstour durch New York City. Einige der Zimmer bieten sogar einen Ausblick auf das Memorial mit seinen unverkennbaren Wasserbecken.
♦ *8 Albany St*
❶ · *Rector St*

08 [Andaz Wall Street Hotel] · *4 Sterne*
Das Andaz Wall Street gehört zur Hyatt Gruppe und wurde nach dem Hurricane Sandy im Jahr 2012 vollständig renoviert. Die Zimmer sind sehr sauber, modern eingerichtet, verfügen über eine Regendusche und ein sehr gemütliches Bett. In wenigen Gehminuten seid ihr am South Street Seaport.
♦ *75 Wall St* · *zw. Pearl St & Water St*
❷❸ · *Wall St*

09 [Seaport Inn Hotel] · *3 Sterne*
Das gemütlich eingerichtete Hotel befindet sich am Rande des Bankenviertels und verfügt über ein kleines Fitnessstudio. Ein Mietwagen kann kostenfrei am Hotel geparkt werden. Im Preis inbegriffen ist ein leckeres kontinentales Frühstück.
♦ *33 Peck Slip, Wall St* · *zw. Water St & Front St*
❷❸ · *Fulton St*

10 [Aloft Hotel Downtown] · *3 Sterne*
Gemütliches, ruhig gelegenes Hotel mitten im Finanzviertel nahe des Fulton Centers in Lower Manhattan. Die Zimmer sind modern eingerichtet. Hier stimmt das Preis-Leistungs-Verhältnis.
♦ *49-53 Ann St*
Ⓐ Ⓒ · *Fulton St*

 **MUSEEN**

Neben der Vielzahl an Sehenswürdigkeiten im Süden der Stadt mangelt es auch nicht an Museen, die einen Besuch wert sind.

11 ⌈**9/11 Memorial Museum**⌉

Hier sind Filmmaterial und Bilder, Telefonmitschnitte und Erinnerungsstücke der Verstorbenen ausgestellt. Reste des World Trade Centers, demolierte Feuerwehrfahrzeuge sowie viele weitere sehr ergreifende Momente des 11. Septembers 2001 werden hier ausgestellt. Ein Meisterwerk durch und durch.

○ *180 Greenwich St · zw. Liberty St Walkway & Fulton St*
🅝 🅡 🅦 · *Cortlandt St*

12 ⌈**Museum of Jewish Heritage**⌉

Ein weiteres Highlight und im schönen Battery Park gelegen ist das Museum of Jewish Heritage. »A living memorial to those who perished during the Holocaust« lautet der Slogan des Museums und gibt treffend das wieder, was den Besucher erwartet. Das sternförmig angelegte Granitgebäude stellt das jüdische Erbe aus und zeigt neben Alltagsgegenständen des jüdischen Lebens vor allem aber eine treffende Reflexion über das Leben in den Konzentrationslagern.

○ *36 Battery Pl/Battery Pk City Esplanade*
④ ⑤ · *Bowling Green*

13 ⌈**National Museum of the American Indian**⌉

Hier wird ein Teil der drei Millionen Gegenstände, die der New Yorker Bankier Georg Gustav Heye aus dem Leben der amerikanischen Indianer sammelte, gezeigt. Im ehemaligen U.S. Custom House an der Südspitze Manhattans werden auf zwei Etagen Töpferwaren, Teppiche und Bilder der Indianer gezeigt.

○ *1 Bowling Green · zw. State St & Whitehall St*
④ ⑤ · *Bowling Green*

14 ⌈**Skyscraper Museum**⌉

Wer sich für Architektur und Hochhäuser interessiert, der sollte das Skyscraper Museum auf keinen Fall verpassen. Der Fokus ist auf die Hochhäuser in Manhattan gerichtet, und es wird das letzte existierende Original eines Architekturmodells des World Trade Centers gezeigt. Das Museum hat von Mittwoch–Sonntag von 12:00–18:00 Uhr geöffnet. Es befindet sich im Battery Park.

○ *39 Battery Pl · Ecke Little W St*
④ ⑤ · *Bowling Green*

15 ⌈**Ellis Island Immigration Museum**⌉

Das weltbekannte Immigration Museum ist Teil des Statue of Liberty National Monument und erzählt die Geschichte der Immigranten in die USA und wie es ihnen nach ihrer Ankunft erging. Das Museum ist ein sehr beeindruckender Ort, da hier früher wirklich die Einwanderer angekommen sind, wenn sie in die USA einwandern wollten. Vieles ist noch von damals in seinem Ursprung erhalten.

○ *Ellis Island · Nehmt im Battery Pk die Fähre*
④ ⑤ · *Bowling Green*

16 ⌈**South Street Seaport Museum**⌉

Für Fans von Segelschiffen und der Schifffahrt ist dieses Museum Pflichtprogramm: Das South Street Seaport Museum befindet sich in einem historischen Viertel aus 12 Blocks des ursprünglichen Hafens von New York City. Mit einer Fläche von 2.800 Quadratmeter gibt es hier eine funktionierende Druckpresse aus dem 19. Jahrhundert, ein Archäologie Museum, eine Bibliothek, ein Handwerker-Center, das Marine Life Conservation Lab und die größte Flotte historischer Schiffe in Privatbesitz in den Vereinigten Staaten.

○ *12 Fulton St · zw. Front St & South St*
② ③ · *Wall St*

INSIDER GUIDES

RESTAURANTS & CAFÉS

Die Gastronomie in Lower Manhattan ist sehr vielfältig. Neben tollen Restaurants und Bars findet ihr im Oculus Bahnhof oder dem Brookfield Place tolle Food Markets und kleine Cafés. Die Gegend rund um den South Street Seaport präsentiert ebenfalls nochmal eine komplette Gastronomie Szene mit eigenem Smorgasburg Food Market.

17 ⌈Pier A Harbor House⌉ · $$$
Das Pier A Harbor House erstreckt sich über zwei Ebenen und bietet einen großen Outdoor-Bereich. Die Karte bietet viel Seafood – es gibt aber auch Burger. Am besten kommt ihr in den Abendstunden und genießt mit einem Glas Wein den Sonnenuntergang.
○ *22 Battery Pl* · *am Houdson River*
❹ ❺ · *Bowling Green*

18 ⌈Industry Kitchen⌉ · $$
Mit Blick auf die Brooklyn Bridge genießt man hier in stylischem Ambiente leckere Weine, Pizza, Fisch und köstliche Salate. Besonders im Sommer sitzt man im Industry Kitchen direkt am Hudson River. Perfekt für romantische Abende bei Sonnenuntergang.
○ *70 South St*
❷ ❸ · *Wall St*

19 ⌈Eataly⌉ · $$
In dem tollen Food Market findet ihr vier Restaurants und zwei Bars. Von Pasta über Pizza, Risotto bis hin zu Dolci & Espresso findet ihr hier alles. Während des Essens könnt ihr eine tolle Aussicht auf die Stadt genießen.
○ *101 Liberty St* · *Westfield World Trade Center*
Ⓝ Ⓡ Ⓦ · *Cortlandt St*

20 ⌈El Vez⌉ · $$
Wenn es um mexikanische Küche geht, ist das El Vez unser Favorit in New York. Eine schicke Location, keine Touristen weit und breit und ab 18:00 Uhr voll mit New Yorker Geschäftsleuten, die ihren After Work Cocktail genießen. Außerdem bekommt ihr hier die beste Guacamole der Stadt.
○ *259 Vesey St* · *zw. North End Ave & West St*
Ⓐ Ⓒ · *Chambers St* Ⓔ · *World Trade Center*

21 ⌈Pick a Bagel⌉ · $
Die Bagel Store-Kette ist überall in New York zu finden. Dieser Store bietet aber mit Abstand die meiste Ruhe beim Frühstück und auch die Möglichkeit, mit ein paar Metern Fußweg den Bagel direkt am Hudson River zu essen.
○ *102 North End Ave*
Ⓐ Ⓒ · *Chambers St* Ⓔ · *World Trade Center*

BARS

22 ⌈The Dead Rabbit Grocery & Grog⌉ · $$$
Die nach der Gang »The Dead Rabbit« benannte Bar zählt zu den besten der Welt. Die Drinks suchen ihresgleichen, die Grogs sind richtig gut und das Barfood exzellent. Trotz der Bekanntheit immer noch ein Insidertipp – und ihr seid garantiert unter Locals.
○ *30 Water St* · *zw. Broad St & Coenties Slip*
❹ ❺ · *Bowling Green* ❶ · *South Ferry*

23 ⌈White Horse Tavern⌉ · $
Es ist eine urige kleine gemütliche Kneipe mit niedrigen Holzdecken und einer großen Auswahl an leckeren Bieren. Wir können euch den Platz an der Bar empfehlen und die Burger.
○ *25 Bridge St* · *zw. Whitehall St & Broad St*
❹ ❺ · *Bowling Green* ❶ · *South Ferry*

El Vez

24 ⸢Blue Smoke⸥ · $$
Südstaatenfeeling mitten in New York. Das Blue Smoke hat neben einer ausgezeichneten Speisekarte eine einladende Bar, die besonders bei den Locals beliebt ist. Touristen kommen nur selten hierher. Die Cocktails sind hervorragend und man kann ebenfalls Teile der Speisekarte an der Bar bestellen.
○ *255 Vesey St*
Ⓐ Ⓒ · *Chambers St* Ⓔ · *World Trade Center*

25 ⸢The Tuck Room⸥ · $$
South Street Seaport ist eine tolle Gegend, um abends auszugehen. Anlaufstelle Nummer eins ist The Tuck Room. Eine stylische Bar direkt über dem iPic Kino mit leckeren Cocktails und einer großartigen Speisekarte von Sherry Yard.
○ *11 Fulton St*
❶❷❸ · *Wall St*

Loopy Doopy Rooftop Bar

ROOFTOP BARS

26 ⸢Loopy Doopy Rooftop Bar⸥ · $$
Die Rooftop Bar findet ihr im The Conrad Hotel. Namensgeber sind die Kunstobjekte, die in der Lobby des Hotels zu finden sind. Was die Bar auszeichnet? Einen tollen Blick über den Financial District und der Haus-Cocktail: Prosecco mit Eis.
○ *102 North End Ave* · *zw. Murray St & Vesey St*
Ⓐ Ⓒ · *Chambers St*

SHOPPING

Shopping in Lower Manhattan wird oftmals unterschätzt, denn man erwartet es von dem Financial District einfach nicht. Große Kaufhäuser und ein neues Shopping Center locken aber immer mehr Shopping-Begeisterte in die Gegend.

Der Century 21 Store ist längst kein Insider mehr, denn hier spart man oftmals 65 % vom regulären Ladenpreis, allerdings mit starkem »Kaufhaus-Wühltisch-Charakter«. ⸢Century 21 · 22 Cortlandt St⸥ ist nicht jedermanns Sache, ausprobieren sollte man es aber, wenn man schon mal in der Nähe ist. Der Broadway verspricht auch Glücksgefühle, wenn man Zara, H&M und Urban Outfitters mag. Seit 2016 ist Lower Manhattan um eine Mall reicher, denn der Oculus Bahnhof verbirgt in sich ein modernes Shopping-Paradies mit einem Apple Store, Victoria's Secret, Kiehl's, einem großen Forever 21 Store und der Eataly. Unterirdisch gelangt ihr direkt in den Brookfield Place, wo ihr ebenfalls ausgiebig die Kreditkarte glühen lassen könnt.

Die Gegend rund um den South Street Seaport lädt ebenfalls zum Shoppen ein. 65 % Rabatt sucht man hier zwar vergebens, aber der Charakter des South Street Seaport ist dafür umso schöner. Abercrombie & Fitch sowie viele kleine individuelle Designer Stores reihen sich hier aneinander.

Pier A Harbor House

MEHR ÜBER DIESE SPOTS ERFAHREN: LNYC.DE/00005

TRIBECA

Sehenswerter Geheimtipp

Der Name Tribeca leitet sich von »Triangle Below Canal Street« ab: Im Süden von Manhattan gelegen habt ihr nicht nur das One World Trade Center in direkter Nähe, sondern auch den Hudson River – und mit etwas Glück seht ihr auch Berühmtheiten wie Jay-Z und Beyoncé, Gwyneth Paltrow oder Taylor Swift, die allesamt hier ihre Lofts haben.

Tribeca ist vor allem ein Ort, in dem New Yorker wohnen. Dementsprechend familienfreundlich ist hier die Atmosphäre, und es gibt viele gute Restaurants und Cafés. Es ist ein herrlich unaufgeregter Teil der Stadt, der nur einmal im Jahr in den Fokus rückt: zum Tribeca Film Festival.

1 ⌈Tribeca Grill⌉
Der Schauspieler Robert de Niro hat im Herzen von Tribeca ein tolles Restaurant eröffnet.
○ *375 Greenwich St · zw. Franklin St & N Moore St*
1 2 · *Franklin St*

2 ⌈Grand Banks⌉
Auf dem historischen Schiff am Hudson River gibt es nicht nur Seafood und leckere Drinks, es erwarten euch auch eine tolle Aussicht und eine grandiose Atmosphäre.
○ *Pier 25 Play Area/Pier 25 Hudson River Pk*
1 2 · *Franklin St*

3 ⌈Tribeca Film Festival⌉
Einmal im Jahr trifft sich das Who-is-Who der Filmindustrie mit begleitenden Events & Shows.
○ *Da in ganz Tribeca Events stattfinden, schaut am besten auf der Homepage nach, was euch interessiert und wo es in Tribeca stattfindet:*
› *tribecafilm.com/festival*

4 ⌈Nancy Whiskey Pub⌉
Ein Stück New Yorker Geschichte und ein echter Geheimtipp – New Yorks älteste Bar.
○ *1 Lispenard St · zw. W Broadway & Church St*
A C E · *Canal St*

5 ⌈Mmuseumm⌉
Es ist das kleinste Museum in New York – ihr werdet begeistert sein.
○ *4 Cortlandt Alley · zw. Franklin St & White St*
J 2 · *Canal St*

MEHR ÜBER DIESE SPOTS ERFAHREN: LNYC.DE/00006

TRIBECA

VON STEFFEN

Wenn ihr ein Stück vom alten New York sehen wollt, besucht unbedingt den Nancy Whiskey Pub. Es ist der älteste Pub der Stadt und es scheint, als ob die Zeit hier eingefroren wurde. Der Barkeeper ist ein Unikat und ihr könnt von hier sogar das One World Trade Center sehen. Für genau solche Spots lieben wir die Stadt!

BEGIB DICH AUF ENTDECKUNGSTOUR!

Anbindung
❶ ❷ ❸ ❻ ❼ Ⓐ Ⓒ Ⓔ Ⓙ Ⓩ Ⓝ Ⓠ Ⓡ Ⓦ

Sights
- 01 · Tribeca Grill
- 02 · Grand Banks
- 03 · Tribeca Film Festival
- 04 · Nancy Whiskey Pub
- 05 · Mmuseumm
- 06 · Greenwich Hotel
- 07 · Roxy Hotel
- 08 · SoHo Garden Hotel
- 09 · Locanda Verde
- 10 · American Cut
- 11 · Wolfgang's Steakhouse
- 12 · Tribeca Bagels
- 13 · Pepolino

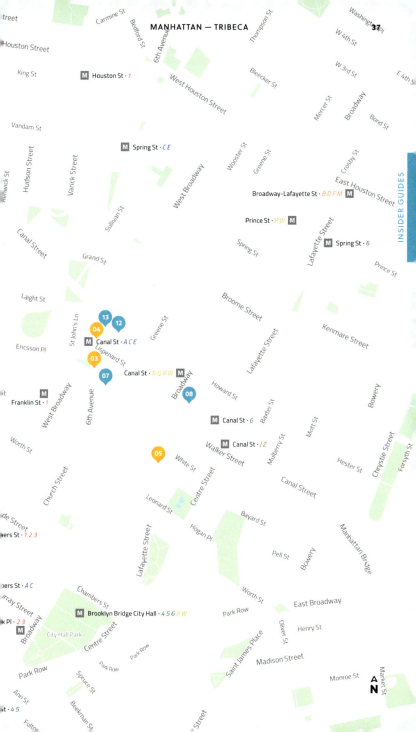

SIGHTSEEING

Sightseeing in Tribeca

Tribeca spielte in der Filmindustrie lange eine große Bedeutung, jedoch lief nach und nach Hollywood New York den Rang ab und viele Gebäude verwahrlosten. Bis sich 2002 der Schauspieler Robert de Niro mit Jane Rosenthal zusammentat und diesem Stadtteil seine neue alte Bedeutung mit dem Film Festival wiedergab.

Das Mmuseumm (nein, kein Rechtschreibfehler) ist das kleinste Museum in ganz New York City. Betrieben von drei Männern, deren Hauptjob eigentlich die Filmwelt ist, wurde ein Lastenaufzug zu einem Museum umfunktioniert.

Auf dem Hudson River befindet sich auch das Restaurant Grand Banks. Bei schönem Wetter könnt ihr einen traumhaften Blick auf das glitzernde Wasser werfen. Angst vor hohem Seegang müsst ihr nicht haben, denn das Schiff ist fest verankert und fährt nicht mehr – es wankt lediglich ganz leicht auf den Wellen.

 HOTELS

06 [Greenwich Hotel] · *5 Sterne*
Das Hotel von Robert de Niro bietet euch die Annehmlichkeiten, die ihr von einem 5-Sterne-Hotel erwarten könnt. Die Atmosphäre des ehemaligen Industrie-Lofts ist sehr angenehm – definitiv eines der schönsten Hotels in ganz New York.
377 Greenwich St · *zw. N Moore St & Franklin St*
❶❷ · *Franklin St*

07 [Roxy Hotel] · *4 Sterne*
Das Roxy Hotel ist ein kleines Boutique-Hotel und für seinen erstklassigen Service bekannt. In der Lobby läuft entspannte Jazz-Musik und im schönen Innenhof könnt ihr toll essen.
2 6th Ave · *zw. White St & Walker St*
❶❷ · *Franklin St*

08 [SoHo Garden Hotel] · *2 Sterne*
Unser Low Budget-Tipp in Tribeca: Die Zimmer sind klein, aber sauber und das Personal freundlich. Die Lage ist ideal, um die umliegenden Stadtteile wie SoHo, Little Italy oder Chinatown zu erkunden.
276 Canal St · *Ecke Broadway*
Ⓝ Ⓠ Ⓡ Ⓦ ❻ · *Canal St*

MUSEEN

⭐ **[Mmuseumm]**
New York kleinstes Museum und ein absoluter Insider-Tipp: Hier wurde ein Lastenaufzug zu einem Museum umfunktioniert. Die Ausstellungsstücke sind Schätze aus aller Welt, die ihre Sichtweise auf das Leben präsentieren. Ein Blick durch das Fenster ist zu jeder Tages- und Nachtzeit möglich – geöffnet ist dieses Museum allerdings nur Samstag und Sonntag von 12:00–18:00 Uhr.
4 Cortlandt Alley · *zw. Franklin St & White St*
Ⓙ Ⓩ · *Canal St*

Mmuseumm

RESTAURANTS & CAFÉS

⭐ [Tribeca Grill] · $$$
Ein absolutes Muss, wenn es etwas Besonderes sein darf – egal ob zum Brunch, Lunch oder Abendessen. Ein tolles Restaurant von Robert De Niro.
○ *375 Greenwich St* · *zw. Franklin St & N Moore St*
❶❷ · *Franklin St*

09 [Locanda Verde] · $$$
Das italienische Restaurant ist fantastisch eingerichtet, hat eine große Bar und eine wirklich besondere Atmosphäre. Wie alle New Yorker Restaurants ist es ein wenig laut, aber das gehört irgendwie dazu.
○ *377 Greenwich St* · *zw. Franklin St & N Moore St*
❶❷ · *Franklin St*

10 [American Cut] · $$$
Das Restaurant ist sehr modern eingerichtet und hier gibt es sehr leckere Steaks.
○ *363 Greenwich St* · *zw. Harrison St & Jay St*
❶❷ · *Franklin St*

11 [Wolfgang's Steakhouse] · $$$
Steaks vom Feinsten! Mit vielen Locations in Manhattan hat der Deutsche Steak-Fachmann auch in Tribeca einen schönen Standort gefunden. Ihr solltet unbedingt vorher reservieren.
○ *409 Greenwich St* · *zw. Beach St & Hubert St*
❶❷ · *Franklin St oder Canal St*

12 [Tribeca Bagels] · $
Hier könnt ihr super frühstücken – es gibt verschiedene Eiergerichte, Fruchtsalate und natürlich Bagels. Und das Beste: Das Preis-Leistungs-Verhältnis stimmt und der Laden hat 24 Stunden geöffnet.
○ *374 Canal St* · *zw. W Broadway & Church St*
ⒶⒸⒺ · *Canal St*

13 [Pepolino] · $$
Von außen unscheinbar und innen immer bestens besucht: Das italienische Restaurant Pepolino ist eine unserer neuesten Entdeckungen. Es herrscht eine familiäre Atmosphäre und das Essen ist fantastisch. Wir empfehlen euch die Ravioli. Diese sind selbstgemacht.
○ *281 W Broadway* · *zw. Lispenard St & Canal St*
ⒶⒸⒺ · *Canal St*

MEHR ÜBER DIESE SPOTS ERFAHREN: LNYC.DE/00007

BARS

⭐ [Nancy Whiskey Pub] · $
In New Yorks ältester Bar gibt es neben den klassischen Bieren auch eine gute Auswahl an Whiskeys – und der Barkeeper ist ein echtes Unikat. Nebenbei könnt ihr entspannt auf das One World Trade Center schauen.
◉ *1 Lispenard St* · zw. W Broadway & Church St
Ⓐ Ⓒ Ⓔ · Canal St

⭐ [Grand Banks] · $$
Auf dem historischen Schiff gibt es sehr tolles Essen. Das Menü basiert auf nachhaltig gefangenem Fisch sowie lokalen Produkten.
◉ *Pier 25 Play Area/Pier 25 Hudson River Pk*
❶ ❷ · Franklin St

SHOPPING

Auf der 58 Waren Street befindet sich der wohl ungewöhnlichste Buchladen Manhattans: Der [Mysterious Bookshop] verkauft hauptsächlich Kriminalbücher, Thriller und Horrorgeschichten. Hauptsache ist, dass es um Mord, Blut und deren Ermittlungen geht. Anders, speziell und wirklich lohnenswert.

Die Boutique der aus Israel stammenden Nili Lotan ist zwar teuer, aber auf jeden Fall einen Besuch wert. Boutiquen dieser Art und viele weitere kleinere Geschäfte sind typisch für Tribeca. H&M, Zara und andere Retailketten sind nicht ansässig und auch nicht gewünscht. Man bewahrt sich so die Exklusivität und Besonderheit für die Mode, die Tribeca zu bieten hat. Unser Tipp: Haltet beim Spaziergang die Augen offen. Ihr werdet immer wieder auf süße, kreative Geschäfte stoßen – Tribeca ist voll davon!

MANHATTAN — TRIBECA

Grand Banks

TRIBECA HAT DIR GEFALLEN? DANN SCHAU AUCH HIER VORBEI:

 Greenwich Village

 Park Slope

MEHR ÜBER DIESE SPOTS ERFAHREN: LNYC.DE/00008

CHINATOWN

Von New York nach China in fünf Minuten

Den Grundstein des heutigen Chinatowns legten vermutlich chinesische Matrosen, die um 1847 in die New York Bay einliefen und sich zusammen mit Wanderarbeitern niederließen. Mitten in New York City findet ihr nun ein eigenes kleines China, in dem viele der Bewohner tatsächlich nur chinesisch sprechen. Mit rund 150.000 Einwohnern ist dieser Stadtteil das kulturelle und politische Zentrum der Chinesen in New York und gehört zum touristischen Pflichtprogramm.

3 ⌈Museum of Chinese in America (MoCA)⌉

Das Museum of Chinese in America (MoCA) auf der Centre Street möchte allen – jung oder alt, Amerikaner oder Tourist – die chinesische Kultur, Geschichte und Kunst näher bringen.
○ *215 Centre St* · zw. Howard St & Grand St
❹ ❻ · Canal St

1 ⌈Tempel Mahayana⌉
Der Mahayana Tempel ist der älteste chinesische Tempel an der Ostküste Amerikas.
○ *133 Canal St* · Ecke Bowery & Slip
❶ ❷ · Canal St

4 ⌈Super Taste⌉
Hier gibt es die besten und günstigsten Nudelgerichte in ganz Chinatown.
○ *26 Eldridge St* · zw. Canal St & Division St
❻ · E Broadway

2 ⌈Columbus Park⌉
Der Columbus Park ist der größte Park in Chinatown und Treffpunkt der New Yorker.
○ *67 Mulberry St* · Ecke Worth St
❶ ❷ · Canal St

5 ⌈Chinatown Ice Cream Factory⌉
Von normal bis verrückt – hier gibt es eine riesige Auswahl an selbstgemachten Eissorten.
○ *65 Bayard St* · zw. Mott St & Bowery
❶ ❷ · Canal St

 MEHR ÜBER DIESE SPOTS ERFAHREN: LNYC.DE/00009

CHINATOWN

VON TINO

Chinatown ist eine Stadt in der Stadt. Auch wenn es sehr touristisch ist: Nehmt euch 1–2 Stunden Zeit, um Asien in New York zu erleben!

BEGIB DICH AUF ENTDECKUNGSTOUR!

Anbindung
① ② ④ ⑥ Ⓑ Ⓓ Ⓕ Ⓙ Ⓩ Ⓝ Ⓠ Ⓡ Ⓦ

Sights
- 01 · Tempel Mahayana
- 02 · Columbus Park
- 03 · Museum of Chinese in America (MoCA)
- 04 · Super Taste
- 05 · Chinatown Ice Cream Factory
- 06 · 11 Howard
- 07 · Wyndham Garden Chinatown
- 08 · Hotel Mulberry
- 09 · Wong Kee
- 10 · Xi'an Famous Foods
- 11 · Ping
- 12 · Joe's Shanghai
- 13 · Silk Road Cafe
- 14 · Apotheke
- 15 · Whiskey Tavern
- 16 · 169 Bar
- 17 · Rooftop93 Bar & Lounge
- 18 · Yunhong Chopsticks Shop

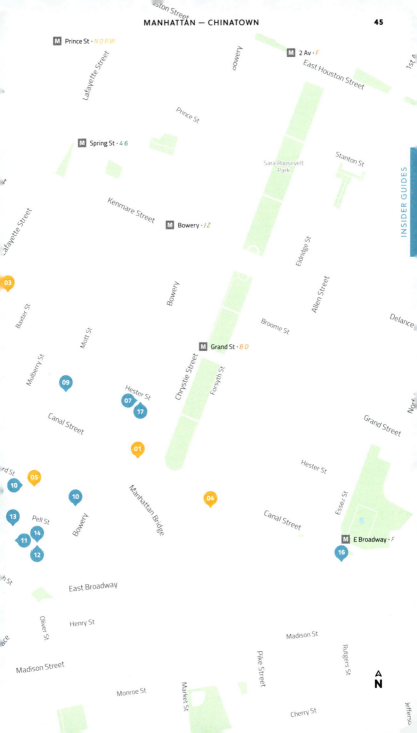

SIGHT-SEEING

Ein Besuch in Chinatown ist wie eine Reise nach Asien – hier gibt es unzählige exotische Geschäfte, in denen sich die aus China stammenden Bewohner ihre Gebrauchsgegenstände und Lebensmittel des alltäglichen Bedarfs besorgen. Die Straßenschilder sind mit chinesischen Schriftzeichen gekennzeichnet. Große Drachen, bunte Fächer, glitzernde Lampions und Figuren bringen zusätzlich asiatisches Flair nach Lower Manhattan.

Auch der Glaube der Asiaten wird in Chinatown stark ausgelebt: Mehr als zehn buddhistische Tempel liegen in diesem Gebiet. Der [Tempel Mahayana] ist der älteste an der Ostküste Amerikas und Glaubensstätte der asiatischen Bewohner der Stadt. An den Wochenenden werden hier auch öffentliche Gottesdienste abgehalten.

Im [Columbus Park] treffen sich die chinesischen Locals. Am frühen Morgen trifft man sich hier zum Tai Chi und tankt Kraft für den Tag. Nachmittags findet man vor allem Wahrsager und begeisterte Brettspieler.

Das im Jahr 1980 in Chinatown eröffnete [Museum of Chinese in America (MoCA)] ist der amerikanisch-chinesischen Geschichte und dem Austausch zwischen beiden Kulturen von 1850 bis heute gewidmet. Die Gastronomie in Chinatown gehört für viele zu den beliebtesten asiatischen Küchen der Stadt. Nirgends schmeckt es so authentisch und in keinem anderen Teil der Stadt ist chinesisches Essen so günstig. Es gibt unzählige Restaurants und Bars, die lohnenswert sind. Unser Lieblingsrestaurant ist das [Super Taste] – hier schmeckt das Essen wirklich super. Probiert unbedingt die Nudelgerichte. Euren Nachtisch solltet ihr dann aber in der [Chinatown Ice Cream Factory] genießen. Hier gibt es neben den üblichen Eissorten auch sehr ausgefallene Geschmacksrichtungen, wie beispielsweise Avocado, Sesam, grüner Tee, Ingwer und vieles mehr.

INSIDER TIPP

VON STEFFEN

Die besten chinesischen Nudeln gibt es im Super Taste Restaurant – hier ist der Name wirklich Programm. Und ja, wenn »scharf« auf der Karte steht, ist es wirklich scharf!

Tempel Mahayana

MANHATTAN — CHINATOWN

Mott Street

 MUSEEN

★ ⌜**Museum of Chinese in America (MoCA)**⌝
Das im Jahr 1980 in Chinatown eröffnete Museum of Chinese in America umfasst eine gigantische Sammlung von Fotografien, Dokumenten und Textilien. Die Ausstellungsstücke zeigen die Geschichte und das Leben der Chinesen in Amerika.
◉ *215 Centre St · zw. Howard St & Grand St*
④ ⑥ · *Canal St*

 **HOTELS**

06 ⌜**11 Howard**⌝ · *5 Sterne*
Das Hotel liegt in unmittelbarer Nähe zu den Stadtteilen SoHo und Chinatown. Die Einrichtung der Zimmer ist skandinavisch angehaucht und viele einzigartige Kunstwerke zieren das Hotel.
◉ *11 Howard St · Ecke Lafayette St*
④ ⑥ · *Canal St*

07 ⌜**Wyndham Garden Chinatown**⌝ · *4 Sterne*
Das Hotel liegt mitten in Chinatown und ist sehr beliebt. Jedes Zimmer ist mit einem Flachbild-Kabel-TV und einem Kühlschrank ausgestattet. Die Suiten verfügen zudem über einen Balkon mit einem gigantischen Blick über die Stadt. In dem Restaurant oder in der Bar könnt ihr gemütlich sitzen und den Abend ausklingen lassen.
◉ *93 Bowery St · zw. Hester St & Manhattan Bridge*
Ⓑ Ⓓ · *Grand St*

08 ⌜**Hotel Mulberry**⌝ · *3 Sterne*
Das Hotel wurde im Jahr 2010 eröffnet und verfügt über eine moderne Einrichtung. Fast alle Zimmer bieten euch eine tolle Aussicht auf die Stadt – einige haben sogar eine eigene Terrasse. In nur wenigen Gehminuten entfernt befinden sich U-Bahn-Stationen.
◉ *52 Mulberry St · zw. Worth St & Bayard St*
Ⓙ Ⓩ · *Canal St*

RESTAURANTS & CAFÉS

09 ⌜**Wong Kee**⌝ · *$$*
Hier erwarten euch kantonesische Küche und die Meister des »Dim Sum«. Im kleinen Lokal wird wirklich jeder Platz genutzt – wundert euch also nicht, wenn ihr mit anderen Gästen einen Tisch teilen müsst.
◉ *102 Mott St · zw. Canal St & Hester St*
Ⓙ Ⓩ · *Canal St*

★ ⌜**Super Taste**⌝ · *$*
Hier kann es schnell eng werden, der Laden ist wirklich super klein. Für 5 $ bekommt ihr die köstlichsten Nudelgerichte in ganz Chinatown. Bestellt und gezahlt wird an der Theke.
◉ *26 Eldridge St · zw. Canal St & Division St*
Ⓕ · *E Broadway*

10 ⌜**Xi'an Famous Foods**⌝ · *$*
Ein toller Ort für eine kurze Verschnaufpause. Wer gerne scharf isst, wird hier auf seine Kosten kommen. Bestellt wird an der Theke und das Menü seht ihr auf Bildern an der Wand.
◉ *45 Bayard St · zw. Mott St & Bowery*
Ⓙ Ⓩ · *Canal St*

INSIDER GUIDES

 MEHR ÜBER DIESE SPOTS ERFAHREN: LNYC.DE/00010

11 [Ping] · $$
Wer in Ruhe essen und genug Platz am Tisch haben möchte, der kommt ins Pings. Es ist bekannt für seinen guten Fisch und seine leckeren Dim Sum.
- 22 Mott St · zw. Pell St & Bowery
- J Z · Chambers St

12 [Joe's Shanghai] · $$
Hier bekommt ihr die wohl die beste Ente der Stadt. Das Restaurant wurde schon von der New York Times ausgezeichnet. Empfehlenswert ist auch die Joe's Shanghai Suppe mit Klößen.
- 9 Pell St · Ecke Doyers St
- J Z · Canal St

13 [Silk Road Cafe] · $
Wer Lust auf sehr guten Tee und ein ruhiges Plätzchen hat, ist hier genau richtig. Und WiFi gibt's gratis dazu.
- 30 Mott St · zw. Pell St & Bowery
- J Z · Chambers St

 BARS

14 [Apotheke] · $$
Die Apotheke ist eine Speakeasy-Bar, die auch ihre eigenen Liköre herstellt.
- 9 Doyers St · zw. Bowery & Pell St
- J Z · Chambers St

15 [Whiskey Tavern] · $$
Wenn ihr eine entspannte Atmosphäre und sehr gute Drinks sucht, dann ist die Whiskey Tavern euer Ziel in Chinatown.
- 79 Baxter St A · zw. Walker St & Bayard St
- J Z · Canal St

16 [169 Bar] · $
Die Bar ist bei New Yorkern sehr beliebt, die Preise sind mehr als fair und das Publikum bunt gemischt.
- 169 E Broadway · zw. Rutgers St & Jefferson St
- F · E Broadway

 **ROOFTOP BARS**

17 [Rooftop93 Bar & Lounge] · $$
Ihr findet die Bar im 18. und 19. Stock des Wyndham Garden Hotels. Auf der Dachterrasse könnt ihr Cocktails trinken und dabei den Blick bis zum One World Trade Center und dem Empire State Building schweifen lassen.
- 93 Bowery · zw. Hester St & Canal St
- B D · Grand St

 SHOPPING

18 [Yunhong Chopsticks Shop]
Wer schon immer mal seine ganz persönlichen Essstäbchen haben wollte, der kann sich im Yunhong Chopsticks Shop seine personifizierten Stäbchen kaufen.
- 50 Mott St · Ecke Bayard St
- J Z · Chambers St

Shoppingstraße in Chinatown

**CHINATOWN HAT DIR GEFALLEN?
DANN SCHAU AUCH HIER VORBEI:**

 Little Italy & NoHo

Geschmückte Straße in Chinatown

MEHR ÜBER DIESE SPOTS ERFAHREN: LNYC.DE/00011

LOWER EAST SIDE

Historische Hippness

Früher fast schon ein Slum, heute ein angesagtes Viertel voller Indie-Designer-Boutiquen, stylischer Bars & Cafés und zeitgenössischer Kunstgalerien. Dennoch hat sich die Lower East Side ihren Charakter als ehemaliges Einwandererzentrum bis heute bewahrt. Der Stadtteil war einst Heimat der bekannten Komikertruppe Marx Brothers und des berühmten Komponisten George Gershwin. Sie lebten in einem jüdischen Viertel, dessen restaurierte Synagoge und historische Mietshäuser für Einwanderer dem Stadtteil noch heute Charakter geben.

1 ⸢**New Museum of Contemporary Art**⸥
Das Museum gilt weltweit als eines der angesehensten Museen für Kunstpositionen der Gegenwart.
♀ *235 Bowery St · zw. Rivington St & Stanton St*
J Z · *Bowery*

2 ⸢**Tenement Museum**⸥
Nirgendwo sind die Lebensumstände der New Yorker Migranten des 19. Jahrhunderts greifbarer als im Tenement Museum.
♀ *103 Orchard St · zw. Broome St & Delancey St*
F · *Delancey St*

3 ⸢**Bowery Ballroom**⸥
Der ehemalige Ballsaal bietet allen »Independent-Künstlern« in New York eine Bühne.
♀ *6 Delancey St · zw. Bowery St & Chrystie St*
J Z · *Bowery*

4 ⸢**East River Park**⸥
Der Park bietet eine tolle Aussicht auf die Manhattan Bridge und Brooklyn Bridge.
♀ *E 6th St*
M J Z · *Essex St*

5 ⸢**Katz's Delicatessen**⸥
Das Restaurant diente als Drehort für die bekannte »Orgasmus-Szene« aus Harry & Sally.
♀ *205 E Houston St · zw. Orchard St & Ludlow St*
F · *2 Av*

 MEHR ÜBER DIESE SPOTS ERFAHREN: LNYC.DE/00012

LOWER EAST SIDE

VON SABRINA

Die Lower East Side hat viele wunderbare alte Läden, die euch direkt 100 Jahre in die Vergangenheit führen. Probiert unbedingt die Snacks in der Yonah Shimmel Knish Bakery oder Russ & Daughters!

BEGIB DICH AUF ENTDECKUNGSTOUR!

Anbindung
4 6 B D F M J Z

Sights
- 01 · New Museum of Contemporary Art
- 02 · Tenement Museum
- 03 · Bowery Ballroom
- 04 · East River Park
- 05 · Katz's Delicatessen
- 06 · Indigo Lower East Side
- 07 · Sixty LES
- 08 · Redford Hotel
- 09 · Museum at Eldridge Street
- 10 · International Center of Photography
- 11 · Motorino
- 12 · Fools Gold NYC
- 13 · Dinner on Ludlow
- 14 · Yonah Shimmel Knish Bakery
- 15 · Hester Street Café im New Museum of Contemporary Art
- 16 · Russ & Daughters
- 17 · Speakeasy-Bar Attaboy
- 18 · Please Don't Tell (PDT)
- 19 · The DL (Delancey & Ludlow)
- 20 · Orchard Street

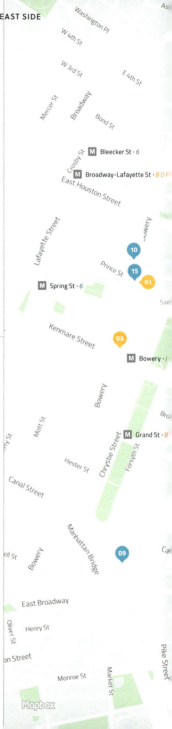

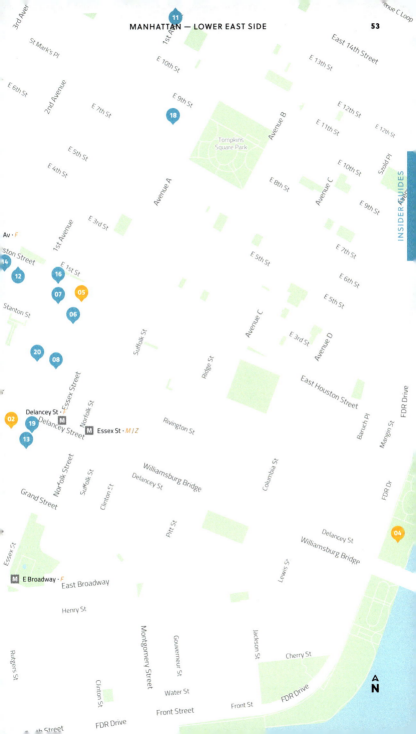

SIGHT-SEEING

Kulturell gesehen hat die Lower East Side sehr viel zu bieten. Kein Wunder also, warum das Galerie Hopping hier so beliebt ist. Die sehr urbane, extravagante Kunstszene ist aber nicht nur etwas für Kunstliebhaber. Egal für welche Galerie ihr euch entscheidet, ihr werdet begeistert sein. Eine kleine Auswahl: ⌈**CANADA**⌋ · *333 Broome St*, ⌈**Eleven Rivington**⌋ · *11 Rivington St*, ⌈**11R**⌋ · *195 Chrystie St*. Wenn ihr etwas über die Geschichte der Einwanderer erfahren möchtet, solltet ihr unbedingt das ⌈**Tenement Museum**⌋ auf der Orchard Street besuchen. Das fünfstöckige Ziegelhaus war zwischen 1863 und 1935 die Heimat von schätzungsweise 7.000 Menschen aus über 20 Nationen. Ein weiteres sehenswertes Museum ist das ⌈**New Museum of Contemporary Art**⌋. In sechs Exhibitions wird zeitgenössische Kunst, von mittlerweile bekannten Künstlern, ausgestellt.

Euer Musikgeschmack liegt außerhalb des Mainstreams? Dann solltet ihr euch unbedingt ein Konzert im ⌈**Bowery Ballroom**⌋ anschauen. Hier treten wirklich tolle Independent-Künstler live auf. Je nach Künstler gibt es schon Tickets ab 15 $. Unmittelbar vor dem Ballroom befindet sich die Subway-Haltestelle Bowery Station. Um dem Trubel in der Stadt zu entfliehen, gehen viele New Yorker in den ⌈**East River Park**⌋. Neben einer tollen Aussicht auf die Manhattan Bridge und Brooklyn Bridge werden hier alle möglichen Sportarten ausgeübt: Fußball, Baseball, Tennis, Basketball, Handball und vieles mehr.

Sightseeing macht hungrig: Für eine Stärkung solltet ihr unbedingt in das Restaurant Katz's Delicatessen gehen. Die Sandwiches sind besonders köstlich und alle Fans von »Harry und Sally« werden hier garantiert schmunzeln – die berühmte Filmszene von Sally wurde hier gedreht. Ein absoluter Geheimtipp ist die Bar ⌈**Please Don't Tell (PDT)**⌋ · *113 St. Marks Pl*. Sie ist gar nicht so leicht zu finden. Über eine Telefonzelle im Hot-Dog-Shop gelangt ihr hinein. Aber wenn ihr den Weg erstmal hineingefunden habt, möchtet ihr so schnell auch nicht mehr heraus.

 **HOTELS**

06 ⌈**Indigo Lower East Side**⌋ · *5 Sterne*
Die Zimmer des Indigo Hotels sind stylisch eingerichtet und jedes Badezimmer verfügt über eine Badewanne. Außerdem interessant für alle Klimaanlagengegner unter euch: Die Fenster in den Zimmern können gekippt werden.
📍 *171 Ludlow St · zw. Stanton St & E Houston St*
🅕 · *2 Av*

07 ⌈**Sixty LES**⌋ · *4 Sterne*
Die Highlights des Sixty LES sind definitiv der Pool auf dem Dach, das Fitnessstudio und der Spa-Bereich. Die stylischen Zimmer verfügen über raumhohe Fenster. Tipp: Fragt bei eurer Buchung direkt nach einem Zimmer in einem der höheren Stockwerke und genießt mit etwas Glück einen tollen Ausblick auf das Empire State Building.
📍 *190 Allen St · zw. Stanton St & E Houston St*
🅕 · *2 Av*

MANHATTAN — LOWER EAST SIDE

08 ⌈Redford Hotel⌉ · *2 Sterne*
Jedes der gemütlichen Zimmer im Redford Hotel ist mit einem Kühlschrank und Kaffeezubehör ausgestattet. Nur wenige Gehminuten entfernt befindet sich die U-Bahn-Station Delancey Street. Von hier aus könnt ihr alle wichtigen Sehenswürdigkeiten gut erreichen. Im Preis inbegriffen ist ein kontinentales Frühstück. Das Frühstück ist sehr üppig und es gibt eine gute Auswahl an kleinen Leckereien.
136 Ludlow St · zw. Rivington St & Stanton St
F · *Delancey St*

10 ⌈International Center of Photography⌉
Fotografie-Fans aufgepasst: Im International Center of Photography wird das Image einer noch sehr jungen Kunstgattung mit Ausstellungen bekannter Fotografen und der Präsentation des talentierten Nachwuchses kombiniert. Die Sammlung von über 100.000 Fotos ist äußerst beeindruckend.
250 Bowery · zw. Prince St & E Houston
F · *2 Av*

MUSEEN

★ ⌈Tenement Museum⌉
In dieser beeindruckenden Location erfahrt ihr alles über die generationsübergreifenden Lebensumstände der New Yorker Immigranten im 19. Jahrhundert. Ihr fühlt euch ein wenig wie im Film »Gangs of New York«.
103 Orchard St · zw. Broome St & Delancey St
F · *Delancey St*

09 ⌈Museum at Eldridge Street⌉
Das Museum at Eldrige Street erzählt die jüdische Geschichte des Stadtviertels und die Geschichte der Einwanderung in die Vereinigten Staaten. Das Museum befindet sich in der gleichnamigen Synagoge und verschafft euch einen guten Überblick über die Hintergründe des Lebens der jüdischen Einwanderer.
12 Eldridge St · zw. Division St & Canal St
F · *E Broadway*

★ ⌈New Museum of Contemporary Art⌉
Das siebenstöckige Gebäude passt optisch rein gar nicht auf die Lower East Side und ist allein deswegen einen Besuch wert. Die Kunstausstellungen für zeitgenössische Kunst gehören zu den besten der Welt.
235 Bowery St · zw. Rivington St & Stanton St
J 2 · *Bowery*

 RESTAURANTS & CAFÉS

★ ⌈Katz's Delicatessen⌉ · *$*
Eine absolute Institution ist das 1888 gegründete Katz's Delicatessen. Hier bekommt ihr die wahrscheinlich besten Sandwiches in New York – wir haben Corned Beef und Pastrami getestet. Außerdem seid ihr hier am Drehort von »Harry und Sally«. Im Kult-Diner lassen sich auch zahlreiche Stars wie Bruce Willis und Barbara Streisand die leckeren Sandwiches schmecken.
205 E Houston St · zw. Orchard St & Ludlow St
F · *2 Av*

11 ⌈Motorino⌉ · *$$*
In dem kleinen niedlichen Restaurant gibt es sehr leckere Pizzen. Der Boden ist schön knusprig und die Tomatensoße schmeckt besonders gut. Wenn ihr mögt, könnt ihr eure Bestellung auch mitnehmen.
349 E 12th · zw. 1st Ave & 2nd Ave
4 6 · *Astor Pl*

12 ⌈Fools Gold NYC⌉ · *$*
Für uns die krönende Kombination: Burger und lokale Biere. Die Burger sind die besten, die wir je in einer Bar gegessen haben. Ganz zu schweigen von den abgefahrenen Biersorten – es gibt 30 Sorten vom Faß. Die Küche ist bis spät in die Nacht geöffnet und je nach Saison gibt es eine »1 $ Austern Happy Hour«.
145 E Houston St · zw. Forsyth St & Eldridge St
F · *2 Av*

MEHR ÜBER DIESE SPOTS ERFAHREN: LNYC.DE/00013

13 [Dinner on Ludlow] · $$$

Wenn ihr eine schöne Dinner-Location sucht, dann schaut doch mal hier vorbei. Nicht ohne Grund zählt es zu den beliebtesten Restaurants in der Gegend. Deshalb solltet ihr auch vorab einen Tisch reservieren.
📍 *95 Delancey St · zw. Orchard St & Ludlow St*
🟠 · *Delancey St*

14 [Yonah Schimmel Knish Bakery] · $$

Mehr Café als Restaurant und Experte in Sachen süßer Köstlichkeiten. Besonders bekannt für die »Knish« – eine jüdische Back-Spezialität. Der Teig besteht aus Kartoffeln und eignet sich perfekt als Snack für zwischendurch.
📍 *137 E Houston St · zw. Forsyth St & Eldridge St*
🟠 · *2 Av*

15 [Hester Street Café im New Museum of Contemporary Art] · $$

Das Café hat nur 40 Plätze und ihr findet die Location im Erdgeschoss des New Museum. Um reinzugehen benötigt ihr übrigens kein Ticket für das Museum.
📍 *235 Bowery · zw. Rivington St & Stanton St*
🟠 🟠 · *Bowery*

16 [Russ & Daughters] · $

Seit mehr als 100 Jahren gibt es im Russ & Daughters die besten Bagel der Stadt. Probiert sie unbedingt mit der geräucherten Fischplatte – ihr werdet begeistert sein.
📍 *179 E Houston St · zw. Orchard St & Allen St*
🟠 · *2 Av*

VON STEFFEN

Besucht unbedingt eine der Speakeasy-Bars der Stadt! Das »Please Don't Tell« ist eine davon – aber Achtung: Die Cocktails haben es in sich!

BARS

17 [Speakeasy-Bar Attaboy] · $$

Eine der Besonderheiten der Bar sind die Barkeeper: Da es keine Cocktailkarte gibt, sagt ihr einfach, in welche Richtung der Cocktail gehen soll und schon wird euer persönlicher Cocktail gemixt. Nicht preiswert, aber jeden Cent wert.
📍 *134 Eldridge St · zw. Broome St & Delancey St*
🟠 🟠 · *Bowery*

18 [Please Don't Tell (PDT)] · $$$

Diese Bar ist ein absoluter Geheimtipp für euch. Das Geniale: Von außen ist die Bar nicht zu sehen – ihr findet den Eingang über eine Telefonzelle im Hot-Dog-Shop.
📍 *113 St. Marks Pl · zw. Avenue A & 1st Ave*
🟢 🟢 · *Astor Pl*

ROOFTOP BARS

19 [The DL (Delancey & Ludlow)] · $$$

Die Rooftop Bar ist bei jeder Jahreszeit ein wunderbares Ziel: Wenn das Wetter nicht mitspielt, könnt ihr in der Lounge mit bodentiefen Fenstern den Blick auf die Skyline genießen.
📍 *95 Delancey St · zw. Ludlow St & Orchard St*
🟠 · *Delancey St*

Tenement Museum

Orchard Street

SHOPPING

20 ⌜Orchard Street⌝
Die Orchard Street ist die »Hauptstraße« der Lower East Side. Unter den vielen spannenden Geschäften findet ihr hippe Einzelhändler, tolle Schuhgeschäfte und witzige Accessoires-Läden.

Im ⌜**Alife Rivington Club** · *158 Rivington St*⌝ gibt es eine bunte Auswahl an trendiger Freizeitkleidung von Nike bis New Balance sowie interessante, kleinere Labels.

Wer ausgefallene Schuhe liebt, wird sich bei ⌜**Extra Butter** · *125 Orchard St*⌝ wie im Paradies fühlen. Die Dekoration des Geschäftes ist inspiriert von der Filmszene New Yorks, sodass man hinter roten Vorhängen und Kinosesseln ausgewählte Sneakers und extravagante Designs findet. Wem das noch nicht genug Auswahl ist, der kann bei ⌜**Moo Shoes** · *78 Orchard St*⌝ definitiv einen einzigartigen Schuh entdecken.

LOWER EAST SIDE HAT DIR GEFALLEN? DANN SCHAU AUCH HIER VORBEI:

Chelsea

Williamsburg

MEHR ÜBER DIESE SPOTS ERFAHREN: LNYC.DE/00014

LITTLE ITALY & NOHO

Ciao Bella!

Kleines Viertel, großer Charme. Little Italy ist weniger für touristische Sehenswürdigkeiten bekannt als für sein ganz besonderes Flair. Zwar leben noch nur rund 5.000 Italiener hier (zu Hochzeiten waren es 40.000), doch besonders in der Mulberry Street herrscht noch echte italienische Atmosphäre. Hier gibt es üppige Pastaportionen mit kräftiger Tomatensoße und an Feiertagen pilgern Tausende Bürger mit Italo-Wurzeln nach Little Italy, um ihrer Herkunft zu gedenken. Wer einen Blick in die Vergangenheit des Viertels werfen will, kann dies in bester Hollywoodmanier tun: Schauspieler Robert De Niro, der in dem Stadtviertel aufgewachsen ist, ließ seine Erfahrungen und Erlebnisse in Filme wie »Der Pate« oder »Mean Street« einfließen.

1 [Police Headquarters Building]
Das ehemalige Polizeihauptquartier ist von außen äußerst beeindruckend. Es wurde im französischen Neo-Renaissance-Stil gebaut und seit dem Jahr 1985 fungiert es als Wohnhaus.
○ *240 Centre St · zw. Grand St & Broome St*
❹ ❻ · *Spring St*

2 [Italian American Museum]
Im beliebten Museum auf der Mulberry Street erfahrt ihr alles über die Geschichte der Italiener in den USA.
○ *155 Mulberry St · zw. Hester St & Ecke Grand St*
❻ ❼ · *Grand St*

3 [Gelso & Grand]
Der wohl schönste Platz, um lecker italienisch essen zu gehen, ist das Gelso & Grand.
○ *186 Grand St · zw. Centre Market Pl & Mulberry St*
❻ ❼ · *Grand St*

4 [Pizzeria Lombardi's]
Seit dem Jahr 1905 essen die New Yorker hier köstliche Pizza und Pasta.
○ *32 Spring St · zw. Mulberry St & Mott St*
❹ ❻ · *Spring St*

5 [Rubirosa]
Das gesamte Restaurant versprüht italienischen Charme und die Küche ist grandios. Die Pasta ist handmade und das schmeckt man auch.
○ *235 Mulberry St · zw. Prince St & Spring St*
❹ ❻ · *Spring St*

MEHR ÜBER DIESE SPOTS ERFAHREN: LNYC.DE/00015

LITTLE ITALY & NOHO

VON STEFFEN

Wir lieben guten Kaffee – und da sind die Italiener oftmals das Maß aller Dinge. Einen der besten Espressi der Stadt gibt es im »Gelso & Grand« – und erstklassige Steinofen-Pizza ebenso!

BEGIB DICH AUF ENTDECKUNGSTOUR!

Anbindung

Sights
- 01 · Police Headquarters Building
- 02 · Italian American Museum
- 03 · Gelso & Grand
- 04 · Pizzeria Lombardi's
- 05 · Rubirosa
- 06 · Nolitan Hotel
- 07 · Sohotel
- 08 · Off SoHo Suites Hotel
- 09 · La Mela
- 10 · Da Nico
- 11 · Café Roma
- 12 · Mo il Gelato
- 13 · Ferrara Bakery & Cafe
- 14 · Randolph Beer
- 15 · Mulberry Project: Bar & Garden
- 16 · The Ship
- 17 · Nolitan Hotel Rooftop Bar
- 18 · Secondhand-Shopping
- 19 · Mott Street
- 20 · Di Palo's Fine Foods

MANHATTAN — LITTLE ITALY & NOHO

61

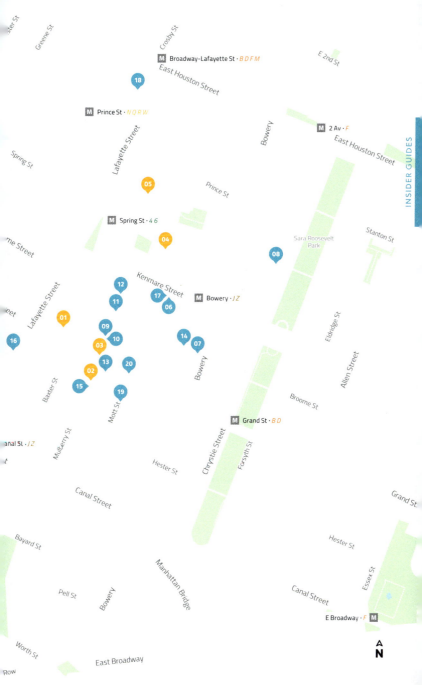

SIGHT-SEEING

Ein Besuch in Little Italy gleicht einem Kurztrip nach Italien. Die touristische Mulberry Street ist voller Restaurants und Cafés, deren Kellner gerne auf der Straße stehen, um die vorbeilaufenden Touristen ins Lokal zu locken. Das Essen ist köstlich italienisch – wir empfehlen euch die [Pizzeria Lombardi's] und das [Gelso & Grand]. In beiden Restaurants ist die Pizza wirklich köstlich. Im Gelso & Grand ist zudem der Espresso sehr lecker. Wenn ihr euch kulinarische Köstlichkeiten mit nach Hause nehmen möchtet, solltet ihr dem Food-Store [Di Palo's Fine Foods] einen Besuch abstatten. Hier erwarten euch authentische italienische Produkte. Die Mitarbeiter sind äußerst freundlich und der Store wird schon von der 5. Generation einer italienischen Familie betrieben.

Das ehemalige [Police Headquarters Building] zeigt sich in der Centre Street in voller Pracht und lässt erahnen, wie einst das NYPD von hier aus zu ihren Einsätzen losmarschierte. Während eures Spaziergangs durch Little Italy könnt ihr das Gebäude kaum verfehlen. Heute ist es auch unter dem Namen »Police Building Apartments« bekannt. Ein weiteres eindrucksvolles Gebäude ist die [Old St. Patrick's Cathedral] in der Mulberry Street. Die hübsche Kathedrale stammt aus dem Jahr 1809. Ihr Bau hat ganze sechs Jahre gedauert und seither finden hier Gottesdienste in englischer und spanischer Sprache statt. Übrigens wurde auch eine Szene aus dem Film »Der Pate« in der Kathedrale gedreht.

Einen Abriss der Geschichte der Italiener in den USA und speziell in New York gibt euch das [Italian American Museum].

Neben dem Stadtviertel Little Italy befindet sich das Künstlerviertel NoHo. Dieses ist bekannt für die markanten Gebäude, die alten Straßen aus Kopfsteinpflaster sowie für die zahlreichen Kulturzentren. Viele der hier stehenden Ziegelbauten umrahmen die eleganten Verkehrsstraßen wie den Broadway, die Lafayette Street und Bowery. In NoHo gibt es viele kleine schicke Cafés und Restaurants, die zum Verweilen einladen. Wenn ihr auf der Suche nach trendigen Outfits seid, dann schaut euch am besten hier um – es gibt eine große und tolle Auswahl an Designer-Mode.

MANHATTAN — LITTLE ITALY & NOHO

Gelso & Grand

HOTELS

06 [Nolitan Hotel] · 4,5 Sterne
Das Nolitan Hotel ist ein kleines, feines Boutique-Hotel. Die Einrichtung ist modern und clean. Die Besonderheit? Von eurem Balkon aus könnt ihr einen gigantischen Blick auf das Empire State Building und die Williamsburg Bridge genießen. Von der Lounge in der obersten Etage seht ihr zusätzlich auch noch das One World Trade Center.
◦ *30 Kenmare St · zw. Mott St & Elizabeth St*
🟠 🟠 · *Bowery*

07 [Sohotel] · 3 Sterne
Das stylisch eingerichtete Hotel befindet sich nur zwei Gehminuten von der Subway-Station Bowery und fünf Gehminuten von Little Italy entfernt. Im gesamten Hotel habt ihr kostenloses WLAN und das freundliche Personal steht euch 24 Stunden für Fragen zur Verfügung.
◦ *341 Broome St · zw. Elizabeth St & Bowery*
🟠 🟠 · *Bowery*

08 [Off SoHo Suites Hotel] · 2 Sterne
Jede der modernen Suiten verfügt über ein schickes Wohnzimmer mit einem Flachbildschirm, einem Essbereich und einer Schlafcouch. Für alle Sportfans unter euch gibt es ein Fitnesscenter, welches ihr kostenlos nutzen könnt.
◦ *11 Rivington St · zw. Bowery & Chrystie St*
🟠 🟠 · *Bowery*

MUSEEN

⭐ [Italian American Museum]
Das beliebte Museum auf der Mulberry Street zeigt eine faszinierende Ausstellung der italienischen Geschichte in den USA, besonders aber in New York. Das relativ kleine Museum befasst sich dabei mit dem Leben der Italiener in Amerika und stellt eine historische Sammlung von Dokumenten, Bildern, Kunst und persönlichen Biografien aus.

Es befindet sich außerdem an einem historischen Ort – an dieser Ecke befand sich einst die »Banca Italy«, welche den damaligen italienischen Immigranten nicht nur finanziell zur Seite stand, sondern sie auch mit ihren Verwandten zusammenbrachte.
◦ *155 Mulberry St · zw. Hester St & Ecke Grand St*
🟠 🟠 · *Grand St*

RESTAURANTS & CAFÉS

⭐ [Gelso & Grand] · $$$
Der Italiener befindet sich mitten im Herzen von Little Italy und ist ein gelungener Mix aus einem Restaurant mit ausgezeichneter Pizza und einer Bar. Bei gutem Wetter könnt ihr den kleinen Outdoor-Bereich nutzen.
◦ *186 Grand St · Ecke Grand St & Mulberry St*
🟠 🟠 · *Grand St*

⭐ [Rubirosa] · $$
Schon von außen wirkt das Restaurant wie ein typischer Italiener. Das Repertoire reicht von leckerer Antipasti über hausgemachte Pasta bis hin zu Pizza. Ihr seid mit Sicherheit unter Locals, wenn ihr hierherkommt. Die Stimmung ist ausgelassen und die Kellner sind immer für einen kleinen Plausch zu haben.
◦ *235 Mulberry St · zw. Prince St & Spring St*
🟢 🟢 · *Spring St*

MEHR ÜBER DIESE SPOTS ERFAHREN: LNYC.DE/00016

⭐ **Pizzeria Lombardi's** · $
Die Pizzeria ist seit 1905 eine Legende in New York und das aus gutem Grund – der Pizzateig ist einfach perfekt: außen kross und innen wunderbar fluffig. Ihr könnt allerdings nur cash zahlen – im Restaurant gibt es aber einen Geldautomaten.
📍 *32 Spring St* · *zw. Mulberry St & Mott St*
④ ⑥ · *Spring St*

09 La Mela · $$
Eine gute Adresse, wenn ihr in einer relativ lockeren Atmosphäre essen gehen möchtet. Das Essen kommt aus den Händen einer echten italienischen Familie. Die Muscheln sind sehr zu empfehlen.
📍 *167 Mulberry St* · *zw. Broome St & Grand St*
④ ⑥ · *Spring St*

10 Da Nico · $$
Gerade im Sommer ist Da Nico ein beliebtes Restaurant aufgrund der vielen Outdoor-Sitzmöglichkeiten. Der Hinterhof ist sehr romantisch gestaltet und lädt zum Verweilen ein. Der Service ist überdurchschnittlich freundlich und das Essen fabelhaft.
📍 *164 Mulberry St* · *zw. Broome St & Grand St*
④ ⑥ · *Spring St*

11 Café Roma · $
Das 1891 eröffnete Café ist eines der ältesten in Little Italy. Probiert unbedingt den Espresso mit einem Stück Amaretto-Käsekuchen. Achtung: Auch hier kann man nur mit Bargeld zahlen.
📍 *176 Mulberry St* · *zw. Broome St & Grand St*
④ ⑥ · *Spring St*

12 Mo il Gelato · $
Die Empfehlung eines italienischen Freundes in New York brachte uns an einem heißen Sommertag direkt in das winzige Mo il Gelato. Zum Glück, denn das Eis ist unfassbar lecker.
📍 *178 Mulberry St* · *zw. Broome St & Kenmare St*
④ ⑥ · *Spring St*

13 Ferrara Bakery & Cafe · $
Hier findet ihr eine unglaubliche Auswahl an hübsch verzierten Köstlichkeiten und Gebäckvariationen. Auch der Kaffee und der Espresso schmecken typisch italienisch.
📍 *195 Grand St* · *zw. Mulberry St & Mott St*
Ⓑ Ⓓ · *Grand St*

Wall of Hearts

🍸 BARS

14 Randolph Beer · $$
Randolph Beer zählt bei vielen zu einer der besten Bier-Bars in New York City. Neben dem Hausgebrauten findet ihr viele verschiedene Sorten aus der ganzen Welt. Das Essen ist übrigens auch sehr gut und hausgemacht.
📍 *343 Broome St* · *zw. Elizabeth St & Bowery*
Ⓙ Ⓩ · *Bowery*

15 Mulberry Project: Bar & Garden · $$
Ein Mix aus Speakeasy-Bar und italienisch angehauchtem Restaurant mit einem versteckten Outdoorbereich. Dieser Garten macht es besonders, weil ihr hier herrlich entspannt sitzen könnt und exzellente Drinks bekommt.
📍 *149 Mulberry St* · *zw. Grand St & Hester St*
Ⓑ Ⓓ · *Grand St*

16 The Ship · $$$
Hier könnt ihr in einer sehr stylischen Cocktail-Lounge eure Drinks genießen und ausgezeichnete kleine Gerichte dazu bestellen. Am besten vorher reservieren.
📍 *158 Lafayette St* · *zw. Grand St & Howard St*
④ ⑥ · *Canal St*

MANHATTAN — LITTLE ITALY & NOHO

 ROOFTOP BARS

17 [Nolitan Hotel Rooftop Bar] · $$
Auf dem Dach des Boutique-Hotels »The Nolitan Hotel« könnt ihr wunderbar die Gegend überblicken: Vom Empire State Building bis zum One World Trade Center genießt ihr eine unverbaute Sicht.
◎ 30 Kenmare St · zw. Mott St & Elizabeth St
J Z · Bowery 4 6 · Spring St

 SHOPPING

18 Secondhand-Shopping
Tolle handgefertigte Accessoires für oftmals unter 100 $ gibt es im Laden von [Erica Weiner · 173 Elizabeth St] zu kaufen. Wir haben aber auch schon einmal einen Ring entdeckt, der aus dem Jahr 1908 stammte und dementsprechend teurer war.

[New & Almost New · 171 Mott St] bietet, wie der Name schon verrät, größtenteils Vintage-Kleidung. Die Preisspanne liegt zwischen 15 $ und 600 $ – stöbern lohnt sich hier auf alle Fälle.

Bei [Ritual Vintage Clothing · 377 Broome St] gibt es wunderschöne Designer-Vintage-Teile – von Yves Saint Laurent bis hin zu Roberto Cavalli.

19 Mott Street
Im [Warm · 181 Mott St] verkauft ein sehr sympathisches Ehepaar Mode, Düfte und dekorative Kleinigkeiten.

Das [Creatures of Comfort · 205 Mulberry St] stammt aus Los Angeles und bietet euch eine gute Mischung aus teurer Mode, aber auch hippen Einzelteilen an.

Bei [Bag-All · 219 Mott St] gibt es Unmengen an Taschen und Jutebeuteln mit witzigen Aufdrucken. Für 5 $ kann man hier ein kreatives Souvenir shoppen.

20 [Di Palo's Fine Foods]
Das Di Palo's Fine Foods ist ein absoluter Geheimtipp für alle Gourmets unter euch. Die New Yorker kommen aus allen Teilen der Stadt, um hier Prosciutto di Parma, Ricotta, Olivenöl und die feinsten Weine aus den verschiedensten italienischen Regionen einzukaufen.
◎ 200 Grand St
J Z · Bowery

Di Palo's Fine Foods

LITTLE ITALY & NOHO HAT DIR GEFALLEN? DANN SCHAU AUCH HIER VORBEI:

 Chinatown

MEHR ÜBER DIESE SPOTS ERFAHREN: LNYC.DE/00017

SOHO

Altes Eisen, neuer Glanz

Ein Künstlerviertel, in dem die unvergleichliche »Cast-Iron-Architektur« aus dem 19. Jahrhundert mehr und mehr zum Promi-Magneten wird – das ist SoHo. Das Viertel ist zudem Dreh- und Angelpunkt zahlreicher Hollywood-Streifen, TV-Sendungen und Werbespots. Außerdem ist die Gegend ein Eldorado für Kunstliebhaber und Shoppingverrückte, die gern über schönes Kopfsteinpflaster flanieren. Zwar sind die Preise in Restaurants und Co. etwas teurer, aber der Stadtteil ist einen Besuch mehr als wert.

INSIDER GUIDES

1 [Broadway]
Der Broadway ist die wohl bekannteste Straße von New York City und SoHo's Haupteinkaufsstraße. Es ist nicht nur die längste Geschäftsstraße, sondern auch ein kommerzielles Herzstück der Stadt.
◊ *Broadway · Ecke W Houston St & E Houston St*
B D F M · *Broadway-Lafayette St*

2 [New York City Fire Museum]
Die ehemalige Feuerwache zeigt auf drei Etagen die Geschichte der Feuerwehr in New York.
◊ *278 Spring St · zw. Hudson St & Varick St*
1 2 · *Canal St*

3 [Drawing Center]
Die zahlreichen Galerien in SoHo laden zum Verweilen ein. Das Drawing Center auf der Wooster Street ist unser Favorit.
◊ *35 Wooster St · zw. Grand St & Broome St*
1 2 · *Canal St*

4 [Cast-Iron-Architektur]
Die SoHo-typischen Häuserfassaden und Feuertreppen vor den Cast-Iron-Buildings sind unverkennbar und eine schöne Abwechslungen zu den Wolkenkratzern Manhattans.
◊ *62 Spring St · Ecke Lafayette St*
4 6 · *Spring St*

5 [Rooftop Bar »Jimmy« im James Hotel]
Ab 17:00 Uhr hat man auf der 15 Thompson Street eine grandiose Aussicht über Downtown New York.
◊ *15 Thompson St · zw. Grand St & Canal St*
1 2 · *Canal St*

 MEHR ÜBER DIESE SPOTS ERFAHREN: LNYC.DE/00018

SOHO

VON STEFFEN

Wir empfehlen euch, morgens und unter der Woche nach SoHo zu kommen. Dann ist es zum einen noch nicht so voll und ihr spürt mehr vom charmanten Flair, der SoHo so einzigartig macht.

BEGIB DICH AUF ENTDECKUNGSTOUR!

Anbindung

Sights
- 01 · Broadway
- 02 · New York City Fire Museum
- 03 · Drawing Center
- 04 · Cast-Iron-Architektur
- 05 · Rooftop Bar »Jimmy« im James Hotel
- 06 · The Mercer
- 07 · Hotel Hugo in SoHo
- 08 · The Canal Park Inn
- 09 · 12 Chairs
- 10 · The Dutch Restaurant
- 11 · Balthazar
- 12 · Dos Caminos
- 13 · Antique Garage
- 14 · Georgetown Cupcakes
- 15 · Chobani Joghurt Bar
- 16 · La Compagnie des Vins Surnaturels
- 17 · SoHo Cigar Bar
- 18 · Pegu Club
- 19 · Ear Inn
- 20 · City Winery

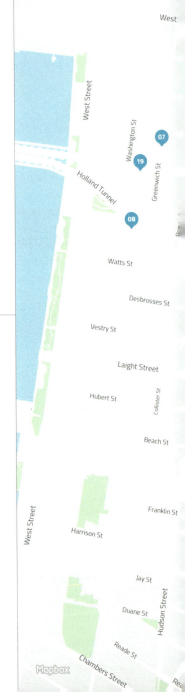

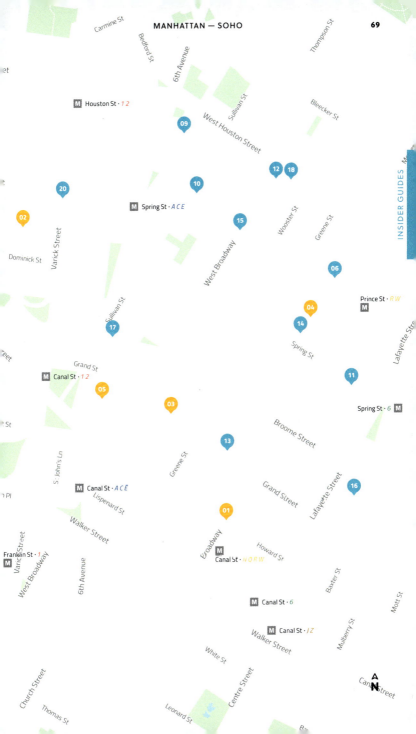

SIGHT-SEEING

Ein Spaziergang durch SoHo ist äußerst beeindruckend. Viele der Gebäude wurden in der Gußeisenbauweise errichtet und der [Cast-Iron-District] steht sogar unter Denkmalschutz.

Die hübschen und SoHo-typischen Fassaden mit den Feuertreppen sind oftmals der Grund, weshalb viele Werbespots und Filme, insbesondere auf der Spring Street oder Mercer Street gedreht werden. SoHo ist ein absolutes Künstlerviertel – hier finden sich viele Galerien, Antiquitätengeschäfte, Cafés und Museen. Sehr interessant ist das [Drawing Center] auf der Wooster Street. Die Fläche wurde erst kürzlich um 50 % erweitert und ist mehr als lohnenswert. Hier könnt ihr zahlreiche historische und zeitgenössische Zeichnungen bestaunen. Weitere interessante Galerien sind unter anderem: [Fridman Gallery · *287 Spring St*] und die [Team Gallery · *83 Grand St*].

Ein besonders ergreifendes Erlebnis ist der Besuch des [New York City Fire Museums]. Zusätzlich zu den vielen Ausstellungsstücken wird in einem Raum der 343 Feuerwehrmänner gedacht, die am 11. September 2001 im World Trade Center im Einsatz waren und dabei tragisch ums Leben kamen.

Neben den kulturellen Highlights ist das charmante Stadtviertel ein wahrhaftiges Shopping-Paradies. SoHo lädt zum Schlendern in den vielen kleinen Gassen ein, und kleine Verkaufsstände auf den Bürgersteigen versprechen ausgefallene und kreative Mitbringsel. Rund um den [Broadway] findet ihr alles, was das Herz begehrt: [Mango · *561 Broadway*], [H&M · *558 Broadway*], [Victoria's Secret · *593 Broadway*], [Topshop · *478 Broadway*] und, und, und … Spannend ist auf jeden Fall auch die Spring Street, denn diese führt euch bis nach Little Italy und bietet eine Menge toller Geschäfte, Cafés und Restaurants. Wenn ihr auf der Suche nach einem Designerstück seid, dann solltet ihr unbedingt dem Designer-Secondhandshop [**What Goes Around Comes Around** · *351 W Broadway*] einen Besuch abstatten. In diesem Flagship Store findet ihr eine riesige Auswahl an Luxusmarken, Vintage Levi's Jeans, original Bandshirts, Handtaschen und vieles mehr.

Am Abend gehen wir gerne in die [**Rooftop Bar »Jimmy« im James Hotel**]. Von hier oben könnt ihr einen 360 Grad-Rundumblick auf die Skyline von Manhattan genießen. Die Cocktails sind sehr zu empfehlen und in der Lounge könnt ihr auch einen leckeren Snack zu euch nehmen.

 ## HOTELS

 ## MUSEEN

06 ⸢The Mercer⸥ · *5 Sterne*
Wer im The Mercer Hotel in SoHo übernachtet, dem wird einiges geboten: Auf sechs Etagen gibt es über 75 Zimmer. Hier fühlt ihr euch wie in einem eigenen Loft und auch von außen überzeugt The Mercer durch die Fabrikhallen-Optik – typisch für SoHo! Wem das noch nicht als Argument reicht: Die Prominenten-Dichte in diesem Hotel ist ziemlich hoch. Also: Augen offen halten!
◊ *147 Mercer St · zw. Prince St & W Houston St*
Ⓑ Ⓓ Ⓕ Ⓜ · *Broadway-Lafayette St*

07 ⸢Hotel Hugo in SoHo⸥ · *4 Sterne*
Das moderne Hotel Hugo ist relativ neu und begeistert vor allem durch die Zimmer im Loft Style. Von der hauseigenen Dachterrasse könnt ihr einen wunderschönen Ausblick auf die Stadt genießen.
◊ *525 Greenwich St · zw. Spring St & Vandam St*
Ⓐ Ⓒ Ⓔ · *Spring St*

08 ⸢The Canal Park Inn⸥ · *3 Sterne*
Das Bed & Breakfast ist ansprechend rustikal eingerichtet und die Zimmer sind sehr hell und mit einer Küchenzeile ausgestattet. Im Preis inbegriffen ist ein großzügiges Frühstück.
◊ *508 Canal St · Ecke Washington St*
① ② · *Canal St*

⭐ **⸢New York City Fire Museum⸥**
Die ehemalige Feuerwache zeigt auf drei Etagen die Geschichte der New Yorker Feuerwehr. Es wurde im Jahr 1904 gebaut. Ihr könnt euch zum Beispiel die älteste Dampfspritze Nordamerikas ansehen. Sie war ganze 100 Jahre im Einsatz. Ebenso interessant und ergreifend: Im Museum wird den 343 Feuerwehrmännern gedacht, die am 11. September 2001 ihr Leben in den Türmen des World Trade Centers ließen.
◊ *278 Spring St · zw. Hudson St & Varick St*
① ② · *Canal St*

 ## RESTAURANTS & CAFÉS

09 ⸢12 Chairs⸥ · *$*
Das gemütliche Restaurant liegt etwas abgelegen vom Trubel, ist aber dennoch einen Besuch wert. Hier werden Köstlichkeiten aus Israel mit einer gelungenen Mischung aus der russischen Küche serviert. Klingt wirr, ist aber super lecker.
◊ *56 Macdougal St · zw. Prince St & W Houston St*
Ⓐ Ⓒ Ⓔ · *Spring St*

10 ⸢The Dutch Restaurant⸥ · *$$*
Das Restaurant lädt zu fast jeder Tages- und Nachtzeit zum Schlemmen ein. Neben Salaten und Pasta gibt es eine große Auswahl an Fleisch- und Fischgerichten.
◊ *131 Sullivan St · zw. Prince St & W Houston St*
Ⓐ Ⓒ Ⓔ · *Spring St*

11 ⸢Balthazar⸥ · *$$$*
Hier wird traditionelle französische Küche serviert. Neben der Karte könnt ihr auch Speisen von der Meeresfrüchte-Bar oder von den Köstlichkeiten aus der Balthazar Bakery wählen.
◊ *80 Spring St · zw. Broadway & Crosby St*
④ ⑥ · *Spring St*

Humus im 12 Chairs

MEHR ÜBER DIESE SPOTS ERFAHREN: LNYC.DE/**00019**

MANHATTAN — SOHO

12 [Dos Caminos] · $$
Bekannt ist Dos Caminos für seine scharfe Guacamole und den sehr guten Sangria. Der Charme, den das Restaurant versprüht, ist absolut authentisch mexikanisch.
◊ *475 W Broadway* · *zw. Prince St & W Houston St*
Ⓑ Ⓓ Ⓕ Ⓜ · *Broadway-Lafayette St*

13 [Antique Garage] · $$
Das Restaurant ist ein absoluter Geheimtipp. Wie der Name schon vermuten lässt, war die Location vorher eine alte Schrauber-Garage. Probiert doch mal die gemischte Mezze-Platte (verschiedene kleine Köstlichkeiten).
◊ *41 Mercer St* · *zw. Grand St & Broome St*
Ⓝ Ⓠ Ⓡ Ⓦ · *Canal St*

14 [Georgetown Cupcakes] · $
So unscheinbar das Café von außen auch aussehen mag, wer hier erstmal ist, geht so schnell nicht wieder raus. Euch erwartet eine bunte Auswahl an leckeren Cupcakes sowie warmen und kalten Getränken.
◊ *111 Mercer St* · *zw. Spring St & Prince St*
Ⓝ Ⓠ Ⓡ Ⓦ · *Prince St*

15 [Chobani Joghurt Bar] · $
Hier bekommt ihr frischen griechischen Joghurt, den ihr euch anhand der sehr ausgefallenen Auswahl mischen lassen könnt. Dazu gibt es köstlichen Kaffee und frische Bagels.
◊ *152 Prince St* · *zw. Thompson St & W Broadway*
Ⓐ Ⓒ Ⓔ · *Spring St*

Georgetown Cupcakes

BARS

16 [La Compagnie des Vins Surnaturels] · $$
Die französisch-dominierte Weinbar zählt zu den besten der Stadt. Von außen eher unscheinbar ist es eine kleine und chic eingerichtete Location.
◊ *249 Centre St* · *zw. Broome St & Grand St*
④ ⑥ · *Spring St*

17 [SoHo Cigar Bar] · $$
Eine tolle kleine Bar mit einer hervorragenden Auswahl an Getränken und Zigarren. Die Atmosphäre ist ruhig und herrlich entspannt. Wir können euch den Cocktail Soho Sweetheart empfehlen.
◊ *32 Watts St* · *zw. 6th Ave & Thompson St*
❶ ❷ · *Canal St*

18 [Pegu Club] · $$
Eine empfehlenswerte Bar im Herzen von SoHo. Der Eingang ist etwas versteckt – ihr findet ihn auf Höhe der Bushaltestelle.
◊ *77 W Houston St* · *zw. W Broadway & Wooster St*
Ⓑ Ⓓ Ⓕ Ⓜ · *Broadway-Lafayette St*

19 [Ear Inn] · $
Die Bar ist eine Institution in der Stadt (nicht nur wegen des legendären Cheeseburgers) und befindet sich schon seit 200 Jahren in der Spring Street. Übrigens: Wenn ihr auf die Leuchtreklame achtet, werdet ihr sehen, dass dort früher nicht »Ear« sondern »Bar« stand.
◊ *326 Spring St* · *zw. Washington St & Greenwich St*
Ⓐ Ⓒ Ⓔ · *Spring St*

20 [City Winery] · $$
In der City Winery kommen mehrere gute Sachen zusammen: fantastische Weine, entspannte Atmosphäre und Konzerte. Wir können euch die Burger auf der Speisekarte wärmstens empfehlen. Diese sind sehr lecker und die Portionen sind recht groß.
◊ *155 Varick St* · *Ecke Vandam St*
Ⓐ Ⓒ Ⓔ · *Spring St*

ROOFTOP BARS

⭐ **⸢Rooftop Bar »Jimmy« im James Hotel⸥** · $$
Hier habt ihr einen 360 Grad-Blick auf die Skyline von Manhattan. Am Pool könnt ihr klassisch inspirierte Cocktails mit Kräutern aus dem hauseigenen Dachgarten genießen.
📍 *15 Thompson St · zw. Grand St & Canal St*
❶ ❷ · *Canal St*

INSIDER TIPP

VON SABRINA

Lauft in jedem Fall die Spring Street bis nach Little Italy. Dort verbergen sich noch einige weitere wirklich tolle Geschäfte, nette Cafés und hippe Restaurants.

Cast-Iron-Architektur in SoHo

SHOPPING

⭐ **⸢Broadway⸥**
Rund um den Broadway findet ihr alles, was das Herz begehrt. Neben den uns bekannten Stores wie ⸢**Mango** · *561 Broadway*⸥, ⸢**Zara** · *503 Broadway*⸥, ⸢**H&M** · *558 Broadway*⸥ und ⸢**Hollister** · *600 Broadway*⸥ finden sich hier auch ⸢**Victoria's Secret** · *593 Broadway*⸥ und der SoHo-Kracher ⸢**Topshop** · *478 Broadway*⸥. Ganz neu dabei: ein neuer ⸢**Nike Flagship Store** · *Broadway, Ecke Spring St*⸥. Auf sechs Etagen findet ihr alles rund um den Sport.

Auch wer auf der Suche nach hochpreisigen Luxuslabels ist, wird in SoHo fündig: ⸢**Louis Vuitton** · *116 Greene St*⸥, ⸢**Prada** · *100 Prince St*⸥, ⸢**Moncler** · *90 Prince St*⸥, ⸢**Woolrich** · *125 Wooster St*⸥. Sehr beliebt ist zudem der Allrounder Store ⸢**All Saints** · *512 Broadway*⸥. Ihr seid auf der Suche nach Designerlabels und Luxusmarken, wollt aber ein Teil mit Charme und Geschichte? Dann solltet ihr unserem liebsten Designer-Secondhandshop ⸢**What Goes Around Comes Around** · *351 W Broadway*⸥, einen Besuch abstatten. Dort findet ihr eine riesige Auswahl an Designer-Klamotten, Vintage Levi's Jeans, original Bandshirts, Handtaschen und vieles mehr.

SOHO HAT DIR GEFALLEN? DANN SCHAU AUCH HIER VORBEI:

**Greenwich Village
West Village**

MEHR ÜBER DIESE SPOTS ERFAHREN: LNYC.DE/00020

EAST VILLAGE

Noch immer Rock 'n' Roll

Früher bekannt für Punks, Künstler und Rockkonzerte zu Eintrittspreisen eines Pizza-Slices, sind es heute eher mittel- bis hochpreisige Wohnungen und gutbürgerliche Einwohner, die diesen Stadtteil prägen. So zählt die 3rd Avenue, die vom Astor Place bis Bowery verläuft, zu den elegantesten Straßen New Yorks. Doch aufkommender Prunk und bürgerliche Spießigkeit sind nur eine Seite der Medaille. Die andere Medaillenseite präsentiert sich mit bunter Multikulturalität, unkonventionellen Bars und Restaurants sowie einer lebendigen Künstlerszene. Wir lieben das East Village, denn es ist ein authentisches Stück New York, dessen Besuch sich in jedem Fall lohnt.

TOP 5 SIGHTS

1 ⌈St. Marks Place⌉
Von den fünfziger bis in die siebziger Jahre war der St. Marks Place die Heimat vieler Künstler, Schriftsteller und Musiker.
♀ *E 8th St · zw. Lafayette St & Avenue A*
④ ⑥ · *Astor Pl*

2 ⌈Astor Place⌉
Südlich der East 8th Street liegt der Astor Place – der Ort der Cooper Union – wo heute viele Kunstschulen, Architekturbüros und Schulen zu finden sind.
♀ *Astor Pl · zw. Broadway & Lafayette St*
④ ⑥ · *Astor Pl*

3 ⌈Proletariat⌉
Einer unserer Geheimtipps ist die kleine, unscheinbare Bar Proletariat im Herzen des East Village.
♀ *102 St. Marks Pl · zw. 1st Ave & Avenue A*
④ ⑥ · *Astor Pl*

4 ⌈McSorley's Old Ale House⌉
Das McSorley's ist das älteste Alehouse der Stadt und immer einen Besuch wert.
♀ *15 E 7th St · zw. 2nd Ave & 3rd Ave*
④ ⑥ · *Astor Pl*

5 ⌈Strand Book Store⌉
Eine der Top-Adressen für alle Leseratten und mit 5.100 Quadratmeter eine der weltweit größten Buchhandlungen.
♀ *828 Broadway · zw. E 12th St & E 13th St*
④ ⑥ Ⓛ Ⓝ Ⓠ Ⓡ Ⓦ · *14 St-Union Sq*

 MEHR ÜBER DIESE SPOTS ERFAHREN: LNYC.DE/00021

EAST VILLAGE

VON STEFFEN

Wir lieben die vielen kleinen Bars und Restaurants im East Village. Es duftet abends an jeder Ecke nach leckerem Essen – und da es kaum Hochhäuser gibt, fühlt sich dieser Teil der Stadt ganz besonders an. Nehmt euch mindestens einen Abend vor, um das East Village zu genießen!

BEGIB DICH AUF ENTDECKUNGSTOUR!

Anbindung
❶ ❷ ❹ ❺ ❻ Ⓕ Ⓛ Ⓝ Ⓠ Ⓡ Ⓦ

Sights
- 01 · St. Marks Place
- 02 · Astor Place
- 03 · Proletariat
- 04 · McSorley's Old Ale House
- 05 · Strand Book Store
- 06 · Bowery Hotel
- 07 · The Standard East Village
- 08 · East Village Hotel
- 09 · Dos Toros Taqueria
- 10 · Mighty Quinn's
- 11 · Prune
- 12 · Momofuku Ssäm Bar
- 13 · Bareburger
- 14 · City of Saints Coffee Roasters
- 15 · Elsewhere Espresso
- 16 · Everyman Espresso
- 17 · Zum Schneider NYC
- 18 · Please Don't Tell (PDT)

MANHATTAN — EAST VILLAGE

77

SIGHTSEEING

Das East Village hat sich über die Jahre zu einem echten Szeneviertel entwickelt. Rund um den ⸢St. Marks Place⸥ haben sich bis in die siebziger Jahre viele Künstler ihren Lebensmittelpunkt gesucht. Den Vibe dieser Berühmtheiten kann man hier heute noch spüren. In der Umgebung befinden sich die besten Tattoo-Studios, günstige und stylische Restaurants und kleine Boutiquen. In der 131 East 10th Street findet ihr die St. Mark's Church in-the-Bowery. Das Kirchengebäude ist das zweitälteste in Manhattan und Grabstätte von Peter Stuyvesant – Generaldirektor der niederländischen Kolonie Nieuw Amsterdam.

Südlich der East 8th Street befindet sich der ⸢Astor Place⸥. Viele Kunstschulen, Architekturbüros und Schulen haben sich hier niedergelassen. Im Februar 1860 hat Abraham Lincoln am Astor Place seine berühmte Cooper Union-Rede gehalten, die ihm dazu verholfen hat, später ins Weiße Haus einzuziehen.

Die Gastronomie im East Village ist ziemlich vielfältig. Es gibt unzählig gute und angesagte Restaurants, Bars sowie viele tolle Cafés. Die Kneipe ⸢McSorley's Old Ale House⸥ ist das älteste Alehouse der Stadt. Seit dem Jahr 1854 hat sich hier nicht viel verändert – alte Holzdielen, die mit Sägespänen bedeckt sind und einmalige Bartender machen das McSorley's zu einem sehr entspannten Ort. Es gibt zwar nur zwei Sorten Bier (hell und dunkel), aber der Preis ist unschlagbar: Das Paar kostet 5 $, was in New York eine Seltenheit ist. Eine weitere tolle Bar ist das ⸢Proletariat · 102 St. Marks Pl⸥. Insgesamt haben in der Bar gerade einmal 20 Leute Platz, es ist also äußerst gemütlich.

Wenn ihr auf der Suche nach einem bestimmten Buch seid oder wenn ihr einfach mal ungestört in Büchern schmökern möchtet, solltet ihr unbedingt zum ⸢Strand Book Store⸥ am Broadway gehen. Die weltweit größte Buchhandlung bietet euch auf einer Fläche von 5.100 Quadratmeter eine Bandbreite an historischen, klassischen und modernen Büchern.

INSIDER TIPP

VON TINO

Nehmt neben eurem Reisepass auch euren Personalausweis mit nach New York. Es gibt in allen Bars strikte Alterskontrollen – und da ist der Personalausweis praktischer, weil er viel kleiner als der Reisepass ist!

HOTELS

06 [Bowery Hotel] · 4,5 Sterne
In dem luxuriösen Boutique-Hotel erwartet euch ein erstklassiger Service und aus den Zimmern könnt ihr einen tollen Blick über die Stadt genießen. Wenn ihr New York auf dem Fahrrad erkunden wollt, könnt ihr euch am Hotel kostenlos welche ausleihen.
◊ *335 Bowery* · *zw. E 2nd St & E 3rd St*
🄵 · *2 Av*

07 [The Standard East Village] · 4 Sterne
Das stylische Hotel verfügt über modern ausgestattete Zimmer und durch die riesigen, bodentiefen Fenster könnt ihr die schönsten Seiten New Yorks bei Tag und bei Nacht bewundern. In der gemütlichen Lounge gibt es leckere Cocktails und kleine Snacks.
◊ *25 Cooper Sq* · *E 5th St & E 6th St*
④ ⑥ · *Astor Pl*

08 [East Village Hotel] · 3 Sterne
Die geräumigen Studios im East Village Hotel sind mit einer Küchenzeile, einem Geschirrspüler und Herd ausgestattet. Der U-Bahnhof Astor Place befindet sich zehn Gehminuten vom Hotel entfernt.
◊ *147 1st Ave* · *zw. E 9th St & E 10th St*
④ ⑥ · *Astor Pl*

RESTAURANTS & CAFÉS

09 [Dos Toros Taqueria] · $
Burrito-Fans kommen hier auf Ihre Kosten, denn in der Dos Toros Taqueria gibt es für erschwingliche Preise sehr gute mexikanische Küche. Und wer seine Gerichte besonders scharf mag, kommt hier definitiv auf seine Kosten.
◊ *137 4th Ave* · *Ecke E. 13th St*
Ⓝ Ⓠ Ⓡ Ⓦ ④ ⑤ ⑥ Ⓛ · *14 St-Union Sq*

10 [Mighty Quinn's] · $$
Spareribs, spicy Chicken Wings, Pulled Pork und Brisket: Das ist nur eine kleine Auswahl der Gerichte, die ihr hier ordern könnt. Probiert doch mal die Chicken Wings und Dirty Fries – sehr lecker! Und die Portionen sind recht üppig.
◊ *103 2nd Ave* · *zw. E 6th St & E 7th St*
④ ⑥ · *Astor Pl*

11 [Prune] · $
Hier gibt es super leckeren Brunch. Im Inneren wartet eine gemütliche Atmosphäre auf euch. Hier solltet ihr unbedingt vorab reservieren, ansonsten wartet ihr über eine Stunde auf einen Tisch. Die Cocktails sind auch sehr empfehlenswert.
◊ *54 E 1st St*
🄵 · *2 Av*

12 [Momofuku Ssäm Bar] · $$
Tolles kleines Restaurant, in dem ihr koreanisch-japanische Küche genießen könnt. Auch für Fleisch-Fans einen Besuch wert.
◊ *207 2nd Ave* · *zw. E 12th St & E 13th St*
Ⓛ · *3 Av*

13 [Bareburger] · $
Die Location ist sehr gemütlich und die Karte mit der riesigen Burgerauswahl hängt an der Wand. Ihr könnt aber auch Burger mit Elch, Ente und wildem Reis bekommen.
◊ *85 2nd Ave* · *zw. E 4th St & E 5th St*
🄵 · *2 Av*

Please Don't Tell

MEHR ÜBER DIESE SPOTS ERFAHREN: LNYC.DE/00022

14 ⌈City of Saints Coffee Roasters⌉ · $
Die City of Saints Coffee Roasters gibt es dreimal in New York: neben dieser Location auch in Bushwick (Brooklyn) und in Hoboken (New Jersey). Wenn ihr also zufällig in der Nähe seid: Nehmt euch die Zeit, um einen der besten Kaffees der Stadt zu trinken.
79 E 10th St · Ecke 4th Ave
4 6 · *Astor Pl*

15 ⌈Elsewhere Espresso⌉ · $
Kleiner unscheinbarer Spot mit wirklich gutem Cappuccino, Espresso und Co. – am Wochenende genießen hier viele New Yorker aus der Nachbarschaft ihren Kaffee.
335 E 6th St · zw. 1st Ave & 2nd Ave
F · *2 Av*

16 ⌈Everyman Espresso⌉ · $
Entspannte Musik, erstklassige Baristas und fantastischer Kaffee: So lässt sich das Everyman Espresso in der Nähe der NYU am besten beschreiben!
136 E 13th S · zw. 3rd Ave & 4th Ave
L · *3 Av*

BARS

⭐ ⌈McSorley's Old Ale House⌉ · $
Die urige Bar ist seit mehr als 150 Jahren an ein und derselben Stelle. Das Bier gibt es als helle und dunkle Variante und es wird in kleinen Gläsern serviert.
15 E 7th St · zw. 2nd Ave & 3rd Ave
4 6 · *Astor Pl*

17 ⌈Zum Schneider NYC⌉ · $
Weil der deutsche Auswanderer Sylvester Schneider seine geliebten Biergärten vermisst hat, gründete er im Jahr 2000 einfach seinen eigenen. Euch erwartet original deutsches Bier, gutes Essen und die typische Biergarten-Kultur.
107 Avenue C · zw. E 7th St & E 8th St
L · *1 Av*

⭐ ⌈Proletariat⌉ · $
Trotz der hohen Kneipendichte im East Village sticht das Proletariat heraus. Es passen gerade mal 20 Leute in die Bar, die eigentlich nur aus zwei kleinen Tischen und einem langen Bartresen besteht. Auf einer kleinen Tafel stehen die Biersorten mit der Info, woher sie kommen und was sie ausmacht.
102 St. Marks Pl · zw. 1st Ave & Avenue A
4 6 · *Astor Pl*

18 ⌈Please Don't Tell (PDT)⌉ · $$$
Einer echter Geheimtipp: Von außen ist die Bar nicht zu sehen, und nur über eine Telefonzelle im Hot-Dog-Shop findet ihr den Eingang. Wichtig: Vorher reservieren und an die Zeit halten, sonst ist euer Tisch weg.
113 St. Marks Pl · zw. Avenue A & 1st Ave
4 6 · *Astor Pl*

SHOPPING

Neben den vielen Restaurants, Bars und Ausgehmöglichkeiten hat das East Village natürlich noch eine Menge anderer Aktivitäten, die diesen Stadtteil so sehenswert machen. Gerade die Frauenherzen werden bei den unzähligen kleinen Shops und Stores höher schlagen. Von alternativ bis superhip gibt es hier wirklich alles, Langeweile sucht man, was die Kleidung angeht, hier vergebens. Der Fokus liegt hier ganz klar um die 9th Street herum. Bücherwürmer sollten unbedingt im ⌈**Strand Book Store** · *828 Broadway*⌉ vorbei schauen. Der 1927 eröffnete Buchladen hat neben einer Wahnsinnsauswahl auch optisch einiges zu bieten. Secondhand gibt's bei ⌈**Buffalo Exchange** · *332 11th St*⌉ und alles rund um das Thema Beauty bei ⌈**Bond No. 9** · *9 Bond St*⌉. Hier gibt es eine riesige Auswahl an Parfums, Bodylotions, Kerzen und alles, was mit gut riechenden Düften zu tun hat. Das Personal berät euch bei Fragen gerne.

Burger im Mighty Quinn's

EAST VILLAGE HAT DIR GEFALLEN? DANN SCHAU AUCH HIER VORBEI:

 Williamsburg

 West Village

MEHR ÜBER DIESE SPOTS ERFAHREN: LNYC.DE/00023

GREENWICH VILLAGE

Gelebte Offenheit und Gleichberechtigung

Greenwich Village – ein Viertel, das sich durch sein stetiges Streben nach Freiheit und Offenheit auszeichnet. Auf den Pfaden bekannter Schriftsteller, Poeten und Musiker wird hier seit den Anfängen der Bohemien-Kultur eine Sache besonders großgeschrieben: der Individualismus. So findet ihr euch in einem abwechslungsreichen Stadtteil wieder, der durch seine aktive LGBTIQ-Kultur (Lesbian, Gay, Bi-Sexual, Transgender, Intersexual, Queer), die Gleichberechtigung und deren Vielfalt das bunte Treiben rund um dem Washington Square Park prägt.

INSIDER GUIDES

1 [Gay Street]
Die Gay Street ist die kleinste Straße von New York City.
◊ *Gay St · Ecke Christopher St*
❶ ❷ *· Christopher St-Sheridan Sq*

2 [Washington Square Park]
Der Washington Square Park ist definitiv eine der beliebtesten von knapp 1.700 Parkanlagen in ganz New York.
◊ *37 Washington Sq W*
Ⓐ Ⓒ Ⓔ Ⓑ Ⓓ Ⓕ Ⓜ *· W 4 St-Washington Sq*

3 [Jefferson Market Courthouse]
Das Jefferson Market Courthouse wurde 1880 zu einem der schönsten Gebäude in den USA gewählt.
◊ *425 6th Ave · Ecke W 10th St*
❶ ❷ *· Christopher St-Sheridan Sq*

4 [Village Vanguard]
Das Village Vanguard ist ein sehr bekannter Jazz-Club.
◊ *178 7th Ave S · Ecke Waverly Pl*
❶ ❷ *· Christopher St-Sheridan Sq*

5 [Rosemary's]
Die Auswahl im kleinen, aber feinen Restaurant Rosemary's ist großartig – ganz gleich, ob ihr zum Frühstück, zum Lunch oder Dinner vorbeischaut.
◊ *18 Greenwich Ave · Ecke W 10th St*
❶ ❷ *· Christopher St-Sheridan Sq*

MEHR ÜBER DIESE SPOTS ERFAHREN: LNYC.DE/00024

GREENWICH VILLAGE

VON STEFFEN

Besucht hier unbedingt einen der vielen Gastro-Spots. Die Atmosphäre ist einmalig und ihr seid hier definitiv unter echten New Yorkern!

BEGIB DICH AUF ENTDECKUNGSTOUR!

Anbindung
① ② ③ ④ ⑤ ⑥ Ⓐ Ⓒ Ⓔ Ⓑ Ⓓ Ⓕ Ⓜ Ⓛ Ⓝ Ⓠ Ⓡ Ⓦ

Sights
- 01 · Gay Street
- 02 · Washington Square Park
- 03 · Jefferson Market Courthouse
- 04 · Village Vanguard
- 05 · Rosemary's
- 06 · Walker Hotel Greenwich Village
- 07 · The Marlton Hotel
- 08 · Washington Square Hotel
- 09 · Tomoe Sushi
- 10 · Pearl Oyster Bar
- 11 · John's Pizza
- 12 · Caffe Reggio
- 13 · Merriweather Coffee & Kitchen
- 14 · Analogue
- 15 · Knickerbocker Bar & Grill
- 16 · Amelie Wine Bar
- 17 · Kettle of Fish
- 18 · STK Downtown & Rooftop
- 19 · Bleecker Street

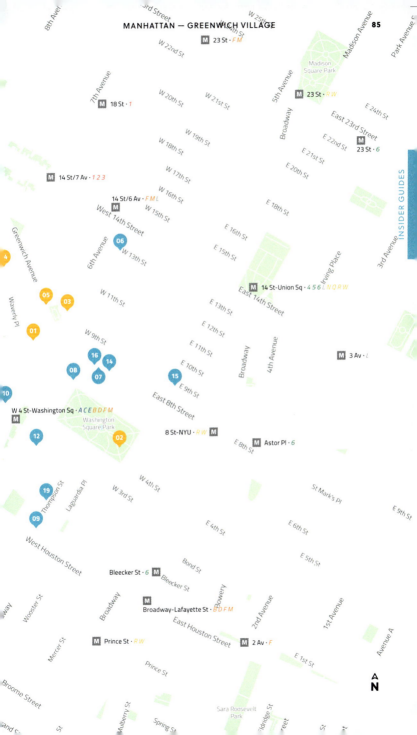

SIGHT-SEEING

Im Greenwich Village gibt es vieles zu entdecken, unter anderem die kleinste Straße in ganz New York City. Die sogenannte **Gay Street** befindet sich nahe des Gay Liberation Monuments im Christopher Park. Jährlich findet hier im Sommer der traditionelle Christopher Street Day statt – die Parade ist mit durchschnittlich 500.000 Besuchern eine der größten in ganz New York City. Knapp sieben Gehminuten von der Gay Street entfernt, befindet sich der vier Hektar große **Washington Square Park**. Hier trifft man sich zum Entspannen, Schachspielen oder Sporttreiben. Mit etwas Glück kommt ihr sogar in den Genuss eines kostenlosen Jazzkonzertes von einem der vielen Jazzkünstler im Village. Der Park ist umgeben von Fakultätsgebäuden und durch den Triumphbogen könnt ihr einen wunderbaren Blick auf die Spitze des Empire State Buildings erhaschen. Hier sucht man Hochhäuser vergebens – die Gegend ist geprägt von Häusern mit prägnant-prächtigen Treppenaufgängen. Viele der sogenannten Brownstones und Townhouses stammen aus dem 19. Jahrhundert und befinden sich nun im Privatbesitz von wohlhabenden New Yorkern.

Ein absoluter Blickfang ist das **Jefferson Market Courthouse**, welches zu den 10 schönsten Gebäuden der USA zählt. Im Jahr 1945 diente es als Gerichtsgebäude und heute beherbergt es die Jefferson Market Bibliothek.

Wenn ihr Fans von Jazzmusik seid, dann solltet ihr unbedingt im **Village Vanguard** vorbeischauen. Schon seit 1935 treten hier viele tolle Künstler live auf. Die Stimmung ist sehr persönlich und das Ambiente wunderschön.

Im Greenwich Village kann man zu jeder Tageszeit sehr gemütlich essen gehen. Unser Lieblingsitaliener ist die **Rosemary's**. Wir empfehlen euch die leckeren Antipasti mit einem gekühlten Glas Weißwein. Übrigens hat die Trattoria einen kleinen Kräutergarten auf dem Dach. Alle Gerichte beinhalten die leckeren und frischen Kräuter. Ein weiterer bekannter Spot ist das Haus, das bei der Serie **»Friends«** oft gezeigt wurde. Das Apartment der Darsteller Monica und Chandler findet ihr an der Ecke der Bedford und Grove Street.

 ## HOTELS

 ## RESTAURANTS & CAFÉS

06 ⟦**Walker Hotel Greenwich Village**⟧ · *4 Sterne*
Die Inneneinrichtung des Hotels ist äußerst geschmackvoll und erinnert an die zwanziger Jahre. Kleine Details, wie beispielsweise ein Retro-Wählscheibentelefon, zieren die Zimmer. Sportbegeisterte können das kleine Fitnesscenter mit moderner Ausstattung nutzen.
◉ *52 W 13th St* · *zw. 5th Ave & 6th Ave*
❶ ❷ ❸ Ⓕ Ⓜ Ⓛ · *14 St*

07 ⟦**The Marlton Hotel**⟧ · *3 Sterne*
Nur fünf Gehminuten vom Boutique-Hotel entfernt befindet sich der Washington Square Park. Die Zimmer sind geräumig und hell und im Preis inbegriffen ist ein leckeres Frühstück.
◉ *5 W 8th St* · *Ecke 5th Ave*
Ⓝ Ⓡ Ⓦ · *8 St-New York University*

08 ⟦**Washington Square Hotel**⟧ · *3 Sterne*
Das Hotel befindet sich direkt am schönen Washington Square Park und punktet mit einem Spa und einem tollen Restaurant. Es erwarten euch schicke Zimmer, denen es an Gemütlichkeit nicht fehlt. Im Preis inbegriffen ist ein kontinentales Frühstück.
◉ *103 Waverly Pl* · *zw. 6th Ave & Washington Sq W*
Ⓐ Ⓒ Ⓔ Ⓑ Ⓓ Ⓕ Ⓜ · *W 4 St-Washgington Sq*

Gay Street

⭐ ⟦**Rosemary's**⟧ · *$$*
Diesen Italiener sollet ihr euch nicht entgehen lassen. Die Gerichte schmecken vorzüglich und werden mit den Kräutern vom eigenen Kräutergarten verfeinert. Probiert unbedingt die Antipasti.
◉ *18 Greenwich Ave* · *Ecke W 10th St*
❶ ❷ · *Christopher St-Sheridan Sq*

09 ⟦**Tomoe Sushi**⟧ · *$$$*
Lasst euch nicht von der eigenwilligen Optik oder der langen Schlange vor dem besten Sushi-Laden des Viertels abschrecken. Stellt euch unbedingt an – es lohnt sich. Die Preise sind etwas höher, dafür bekommt ihr aber eine exzellente Qualität.
◉ *172 Thompson St* · *zw. W Houston St & Bleecker St*
Ⓑ Ⓓ Ⓕ Ⓜ · *Broadway-Lafayette St*

10 ⟦**Pearl Oyster Bar**⟧ · *$$*
Ein absoluter Insider-Tipp: Wer Fisch und vor allem Hummer mag, wird es lieben! Hier esst ihr gemeinsam mit den Village-Bewohnern in einem unverwechselbaren Ambiente.
◉ *18 Cornelia St* · *zw. Bleecker St & 6th Ave*
Ⓐ Ⓒ Ⓔ Ⓑ Ⓓ Ⓕ Ⓜ · *W 4 St*

11 ⟦**John's Pizza**⟧ · *$$*
Tradition trifft Genuss: Seit 1929 gibt es hier die beste Pizza der Gegend. Die Inhaber sagen über sich selbst: »The world has changed, but we haven't. We are still The ›Original‹ John's Pizzeria on Bleecker St.«
◉ *278 Bleecker St* · *zw. Morton St & 7th Ave S*
❶ ❷ · *Christopher St-Sheridan Sq*

12 ⟦**Caffe Reggio**⟧ · *$*
Im Jahr 1927 wurde den New Yorkern hier ihr erster Cappuccino verkauft. Seitdem hat sich im Laden nicht viel verändert. Ihr solltet unbedingt das hausgemachte Tiramisu probieren – ein Genuss!
◉ *119 Macdougal St* · *zw. Minetta Lane & W 3rd St*
Ⓐ Ⓒ Ⓔ Ⓑ Ⓓ Ⓕ Ⓜ · *W 4 St*

MEHR ÜBER DIESE SPOTS ERFAHREN: LNYC.DE/00025

13 ⌈Merriweather Coffee & Kitchen⌉ · $$
Von den angesagtesten Strandcafés in Sydney inspiriert, haben die Gründer diese tolle Location mitten im Herzen von Greenwich Village eröffnet. Ihr müsst unbedingt das Avocado Toast probieren.
○ *428 Hudson St* · *zw. Morton St & Leroy St*
 · *Houston St*

 BARS

14 ⌈Analogue⌉ · $$$
In der Bar im Herzen von Greenwich Village könnt ihr eure Drinks in einer entspannten Atmosphäre genießen. Ab und zu wird hier auch Live-Musik gespielt.
○ *19 W8th St* · *Ecke 5th Ave*
 · *W 4 St-Washington Sq*

15 ⌈Knickerbocker Bar & Grill⌉ · $$
Live-Musik, ein hervorragendes Steak und Rotwein – eine unschlagbare Kombination. Auch hier sind die Portionen größer als im Durchschnitt.
○ *33 University Pl* · *zw. E 8th St & E 9th St*
 · *8 St-New York University*

16 ⌈Amelie Wine Bar⌉ · $$
Wenn Paris auf New York trifft, entstehen solche wunderbaren Orte wie die Weinbar Amelie am Washington Square Park. Fantastische Weine und kleine Leckereien gibt es hier zu bezahlbaren Preisen.
○ *22 W 8th St* · *zw. 5th Ave & Macdougal St*
 · *W 4 St-Washington Sq*

17 ⌈Kettle of Fish⌉ · $
Diese kleine Bar ist von außen unscheinbar und innen urig und gemütlich. Was euch sofort auffallen wird, ist die Liebe zu den Green Bay Packers, dem American-Football-Team aus Wisconsin.
○ *59 Christopher St* · *Ecke 7th Ave*
 · *Christopher St-Sheridan Sq*

 **ROOFTOP BARS**

18 ⌈STK Downtown & Rooftop⌉ · $$$
Die Rooftop Bar findet ihr über dem STK Downtown Steakhouse. Mit einem leckeren Cocktail könnt ihr den fantastischen Blick auf den Hudson River und die New York-Skyline genießen.
○ *26 Little W 12th St* · *Ecke Gansevoort St & Washington St*
 · *14 St-8 Av*

 **SHOPPING**

19 ⌈Bleecker Street⌉
Die Bleecker Street ist eine angenehme Abwechslung zum turbulenten Herald Square oder der 5th Avenue. Sie gilt als eine der besten »Shopping-Straßen« der Welt. Warum? Hier reiht sich ein hipper Designer-Store und Secondhandladen an den nächsten.

Die Erwartungen sind hoch: Wer in einem Satz mit der Champs-Élysées in Paris, der 5th Avenue oder der berühmten Oxford und Bond Street in London genannt wird, muss einiges zu bieten haben. Ralph Lauren, Marc Jacobs, Sandro oder auch Comtoire de Cotonniers sind nur einige der Top-Stores auf der Bleecker Street, die für Fashionlover ein absolutes Must-See sind.

GREENWICH VILLAGE HAT DIR GEFALLEN? DANN SCHAU AUCH HIER VORBEI:

SoHo
West Village

Bleecker Street

MEHR ÜBER DIESE SPOTS ERFAHREN: LNYC.DE/00026

WEST VILLAGE

Europäisches Feeling mitten in New York

Im frühen 20. Jahrhundert war das West Village ein italienisch geprägtes Arbeiterviertel. Heute leben hier vor allem Celebrities wie zum Beispiel Sarah Jessica Parker oder Hugh Jackman. Irgendwie hat man aber unterschwellig doch immer noch das Gefühl: Hier kennt jeder jeden. Die wunderschönen Brownstone Häuser zu hohen Mietpreisen fügen sich malerisch in die sehr europäisch wirkende Gegend ein. Einer der ältesten Teile des West Village ist die Gegend westlich der 6th Avenue bis zum Hudson River (14th bis Houston Street). Rund um die Bleecker Street (hauptsächlich bekannt aus »Sex and the City«) wird fleißig die Kreditkarte zum Glühen gebracht und auf der 7th Avenue flaniert man von Restaurant zu Restaurant.

1 [Magnolia Bakery]
Stylische Genüsse in Form von Kuchen & Cupcakes. Bekannt aus »Sex and the City«.
◯ *401 Bleecker St · zw. W 11th St & Perry St*
❶ ❷ · *Christopher St-Sheridan Sq*

2 [Bleecker Street]
Hier werden die Mode-Trends der Welt gesetzt und die Kreditkarten zum Glühen gebracht.
◯ *Bleecker St*
❹ ❻ · *Bleecker St*

3 [Hudson Diner]
Ihr sucht ein authentisches, typisch-amerikanisches Diner? Dann solltet ihr hier hingehen!
◯ *468 Hudson St · zw. Grove St & Barrow St*
❶ ❷ · *Christopher St-Sheridan Sq*

4 [Spotted Pig]
Hier gibt es super leckere Burger und die Location ist wirklich top.
◯ *314 W 11th St · zw. Greenwich St & Hudson St*
❶ ❷ · *Christopher St-Sheridan Sq*

5 [Employees Only]
Die Bar ist eine der »Top 20 besten Bars« der Welt. Die Cocktails sind hier besonders lecker.
◯ *510 Hudson St · zw. W 10th St & Christopher St*
❶ ❷ · *Christopher St-Sheridan Sq*

 MEHR ÜBER DIESE SPOTS ERFAHREN: LNYC.DE/00027

WEST VILLAGE

VON SABRINA
Das West Village versprüht immer noch seinen alten Charme und ist eines dieser Stadtteile, die herrlich »normal« sind.

BEGIB DICH AUF ENTDECKUNGSTOUR!

Anbindung

Sights
- 01 · Magnolia Bakery
- 02 · Bleecker Street
- 03 · Hudson Diner
- 04 · Spotted Pig
- 05 · Employees Only
- 06 · Incentra Village House
- 07 · The Jane Hotel
- 08 · Kesté Pizza & Vino
- 09 · Dominique Ansel Kitchen
- 10 · Rosemary's
- 11 · Bluestone Lane Collective Cafe
- 12 · RedFarm
- 13 · White Horse Tavern
- 14 · 55 Bar

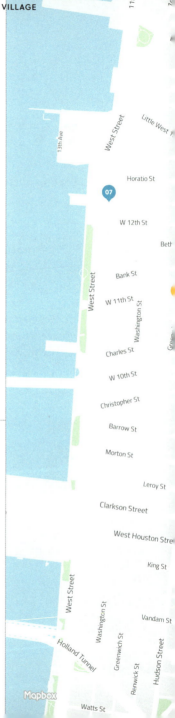

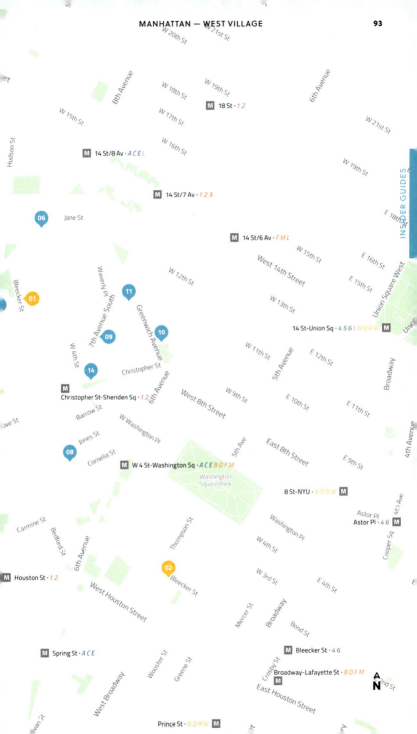

SIGHT-SEEING

Das West Village bietet eine große Auswahl an guten Restaurants und Bars und versprüht allein durch das fotogene Aussehen einen ganz besonderen Charme. Wolkenkratzer und Rooftop Bars sucht man hier vergeblich – man sitzt eher mit einem Becher Kaffee auf einer der alten Treppen vor den wunderschönen Brownstone Houses. Das West Village war schon Kulisse in vielen TV-Serien. Unter anderem in der »Serie Sex and the City«, welche die [Magnolia Bakery] auf der Bleecker Street berühmt gemacht hat. Genau hier haben die Mädels immer ihre Cupcakes gegessen. Das [Hudson Diner] zählt zu unseren absoluten Lieblingen im West Village. Es ist eines der ältesten Diner der Gegend, fest in der Hand der Locals und genau das, was man als typisch-amerikanisches Diner bezeichnet und erwartet. Sehr authentisch, freundlich und daher absolut empfehlenswert!

Die [Bleecker Street] ist als eine der besten Shopping-Straßen der Welt bekannt. Hier reiht sich ein Designer neben den anderen und wir können die Behauptung, dass genau hier die Modetrends von morgen zu sehen sind, nur bestätigen.

HOTELS

06 [Incentra Village House] · *3 Sterne*
Das Village House im viktorianischen Stil besticht durch seine gute Lage. Der High Line Park ist nur wenige Gehminuten entfernt. Eine kleine Küche gibt es in jedem der Zimmer.
◯ *32 8th Ave · Ecke Jane St*
Ⓐ Ⓒ Ⓔ · *14 St*

07 [The Jane Hotel] · *2 Sterne*
Hier fühlt ihr euch wie auf einem Schiff – die Kabinen ähneln einer gemütlichen Kajüte. Zum Frühstück, Mittag- und Abendessen gibt es französisch-marokkanisch angehauchte Spezialitäten.
◯ *113 Jane St · zw. West St & Washington St*
Ⓐ Ⓒ Ⓔ · *14 St*

INSIDER TIPP

VON SABRINA
Für alle »Sex and the City«-Fans gibt es auch eine passende Tour zu den Original-Drehplätzen in New York!

The Spotted Pig

MANHATTAN — WEST VILLAGE

Magnolia Bakery

 RESTAURANTS & CAFÉS

⭐ ⎡Spotted Pig⎤ · $$$
Toller Gastropub mit einem der besten Burger im West Village. Der Laden ist stylisch, hip und in aller Munde.
📍 *314 W 11th St · zw. Greenwich St & Hudson St*
❶ ❷ · *Christopher St-Sheridan Sq*

08 ⎡Kesté Pizza & Vino⎤ · $$
Die beste Pizza im West Village – das Restaurant ist fast immer voll. Aber meistens müsst ihr nicht lange warten, um einen Tisch zu bekommen.
📍 *271 Bleecker St · zw. Cornelia St & Jones St*
Ⓐ Ⓒ Ⓔ Ⓑ Ⓓ Ⓕ Ⓜ · *W 4 St*

09 ⎡Dominique Ansel Kitchen⎤ · $
Die neue Bedeutung für »frisch gebacken« – hier werden viele der Leckereien frisch für euch zubereitet. Neben den köstlichen Desserts und Backwaren bekommt ihr auch Salate, Sandwiches und Croques.
📍 *137 7th Ave S · zw. W 10th St & Charles St*
❶ ❷ · *Christopher St-Sheridan Sq*

10 ⎡Rosemary's⎤ · $$
Ein kleines feines italienisches Restaurant mit einer echt großen Auswahl. Egal ob ihr zum Frühstück, Lunch oder Dinner da seid, ihr bekommt immer ausgezeichnete Gerichte.
📍 *18 Greenwich Ave · Ecke W 10th St*
❶ ❷ · *Christopher St-Sheridan Sq*

⭐ ⎡Magnolia Bakery⎤ · $$
»Sex and the City«-Fans aufgepasst: Hier haben die Mädels immer ihre Cupcakes vernascht.
📍 *401 Bleecker St · zw. W 11th St & Perry St*
❶ ❷ · *Christopher St-Sheridan Sq*

11 ⎡Bluestone Lane Collective Cafe⎤ · $$
Egal ob ihr Lust auf eine Latte Macchiato, einen Mocca oder doch lieber einen Flat White habt – alle Kaffeekreationen schmecken köstlich. Und zum Frühstück oder Brunch gibt's auch leckere Sandwiches.
📍 *55 Greenwich Ave · zw. Perry St & Charles St*
Ⓕ Ⓜ ❶ ❷ ❸ Ⓛ · *14 St*

MEHR ÜBER DIESE SPOTS ERFAHREN: LNYC.DE/00028

White Horse Tavern

MANHATTAN — WEST VILLAGE

12 [RedFarm] · $$$
In dem kleinen gemütlichen Restaurant gibt es sehr leckere chinesische Gerichte. Die Qualität ist ausgezeichnet, aber dafür sind die Gerichte auch etwas teurer. Der Service ist ebenfalls ausgezeichnet.
◯ *529 Hudson St · Ecke Charles St*
❶ ❷ · *Christopher St-Sheridan Sq*

BARS

13 [White Horse Tavern] · $
Die Bar gibt es bereits seit 1880 – damit ist sie eine der zehn ältesten in New York. Dylan Thomas verschaffte der Bar durch seinen Tod unabsichtliche Berühmtheit, denn 1953 gönnte er sich dort seinen letzten Whiskey.
◯ *567 Hudson St · zw. W 11th St & Perry St*
❶ ❷ · *Christopher St-Sheridan Sq*

14 [55 Bar] · $$
Eine tolle Bar mit guter Atmosphäre, leckeren Drinks und cooler Musik. Die Kellner sind sehr nett.
◯ *55 Christopher St · zw. 7th Ave & Waverly Pl*
❶ ❷ · *Christopher St-Sheridan Sq*

⭐ [Employees Only] · $$$
Die Bar gehört zu den besten weltweit. Das Ambiente erinnert an die zwanziger und dreißiger Jahre und ihr bekommt fantastische Cocktails und leckeres Essen.
◯ *510 Hudson St · zw. W 10th St & Christopher St*
❶ ❷ · *Christopher St-Sheridan Sq*

WEST VILLAGE HAT DIR GEFALLEN? DANN SCHAU AUCH HIER VORBEI:

Greenwich Village
SoHo

SHOPPING

Das Thema Shopping spielt sich im West Village größtenteils rund um die Bleecker Street sowie deren Querstraßen ab. Die Stores im West Village sind in jedem Fall hochpreisig, aber auch genauso ausgefallen. Trotzdem sollten Shopping-Fans hier unbedingt vorbeischauen. Stores bekannter Designer wie Alexis Bittar, Cynthia Rowley und Marc Jacobs sind hier zu finden. Weiter auf der Madison Avenue reiht sich Maison Martin Margiela's neben Christian Louboutin, Pierre Hardy und Rag & Bone ein. Surfing und West Village hört sich erst einmal seltsam an, das [Saturdays Surf NYC · *17 Perry St*] ist aber absolut empfehlenswert. Hier gibt es tolle T-Shirts und eine schöne Coffee Bar mit Garten. Das West Village ist außerdem für seine vielfältige Literaturszene bekannt. Bücherwürmer kommen hier voll auf ihre Kosten: Three Lives & Company, Bookbook Bookstore und Bargain Books sind unsere ganz persönlichen Favoriten.

INSIDER GUIDES

Bleecker Street Shopping

MEHR ÜBER DIESE SPOTS ERFAHREN.   LNYC.DE/00029

MEATPACKING DISTRICT

Vom Industrie- zum Lifestyle-Viertel

Eine der angesagtesten Gegenden in New York ist der pulsierende Meatpacking District. Hier wird gefeiert und in guten Restaurants lecker gegessen. Wer heute über Kopfsteinpflaster entlang industrieller Bauten flaniert, erspäht noch immer zahlreiche Hinweise auf eine industrielle Vergangenheit, in der auch so manches dubiose Geschäft über die Bühne ging. Ende der neunziger Jahre kam der Umbruch: Junge Leute zogen in die Gegend und verwandelten sie in eines der aufregendsten und sichersten Viertel der Stadt.

1 ⌜High Line Park⌝
Der High Line Park ist einer der außergewöhnlichsten Parks in New York City, denn er befindet sich auf alten Gütergleisen, die zwischen 1929 und 1934 für den Viehtransport gebaut wurden!
◉ S Gansevoort St/34th St · zw. 10th Ave & Ecke Washington St
Ⓐ Ⓒ Ⓔ Ⓛ · 14 St/8 Av

2 ⌜Bill's Bar & Burger⌝
Hier gibt es unglaublich leckere Burger und sehr gutes Bier.
◉ 22 9th Ave · zw. Little W 12th St & W 13th St
Ⓐ Ⓒ Ⓔ Ⓛ · 14 St/8 Av

3 ⌜Chelsea Market⌝
Die erste Adresse für alle Gourmets unter euch ist definitiv der Chelsea Market. Dieser Food Market sollte ganz oben auf eurer To-do-Liste stehen: Im Chelsea Market bei »Ninth Street Espresso« gibt es den für viele besten Espresso der Stadt.
◉ 75 9th Ave · zw. W 15th St & W 16th St
Ⓐ Ⓒ Ⓔ Ⓛ · 14 St/8 Av

4 ⌜Whitney Museum⌝
Die unglaublich schöne Lage und das beeindruckende Gebäude des Stararchitekten Renzo Piano läuteten 2015 eine neue Ära der Kunstmuseen in New York City ein.
◉ 99 Gansevoort St · zw. 10th Ave & Washington St
Ⓐ Ⓒ Ⓔ Ⓛ · 14 St/8 Av

5 ⌜Plunge Rooftop Bar & Lounge⌝
Die stylische Rooftop Bar mit einer tollen Cocktailkarte befindet sich auf dem Dach des Gansevoort Hotels.
◉ 18 9th Ave · zw. Little W 12th St & W 13th St
Ⓐ Ⓒ Ⓔ Ⓛ · 14 St/8 Av

MEHR ÜBER DIESE SPOTS ERFAHREN. LNYC.DE/00030

MEATPACKING DISTRICT

VON STEFFEN

Am südlichen Ende der High Line ist einer der spannendsten Stadtteile der Stadt zu finden. Alt trifft auf neu, Kopfsteinpflaster auf Lofts und Rooftop Bars. Einfach schön!

BEGIB DICH AUF ENTDECKUNGSTOUR!

Anbindung
❶ ❷ ❸ Ⓐ Ⓒ Ⓔ Ⓛ

Sights
- 01 · High Line Park
- 02 · Bill's Bar & Burger
- 03 · Chelsea Market
- 04 · Whitney Museum
- 05 · Plunge Rooftop Bar & Lounge
- 06 · The Standard High Line
- 07 · Gansevoort Hotel
- 08 · The Jane Hotel
- 09 · Fig & Olive
- 10 · Old Homestead Steakhouse
- 11 · Dos Caminos
- 12 · The Standard Grill
- 13 · Bubby's High Line
- 14 · Kava Cafe
- 15 · Kobrick Coffee Co.
- 16 · The Tippler
- 17 · Sugar Factory
- 18 · The Standard Biergarten
- 19 · Catch Roof
- 20 · Le Bain Rooftop Bar
- 21 · STK Downtown & Rooftop

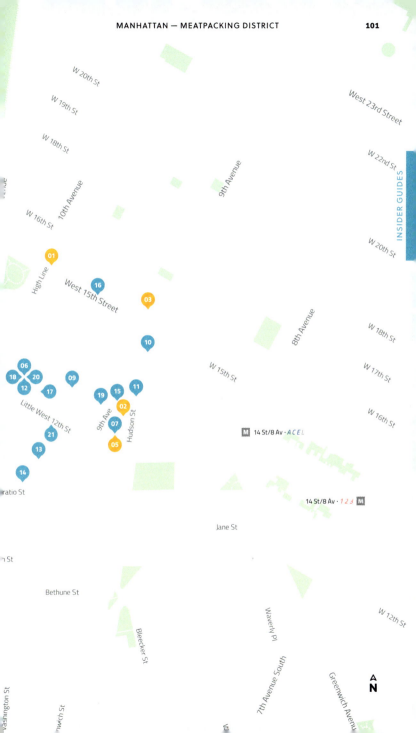

SIGHT-SEEING

Unweit vom Chelsea Market entfernt befindet sich das [**Whitney Museum**]. Seit Mai 2015 erstrahlt es in ganz neuem Glanz und stellt eine großartige Sammlung amerikanischer Kunst des 20. und 21. Jahrhunderts aus. Das Café »Studio Café« im achten Stock lädt sowohl auf der Terrasse als auch im Indoor-Bereich zum Verweilen ein. Hoch hinaus geht es auch zur Rooftop Bar im Gansevoort Hotel: Die [**Plunge Rooftop Bar & Lounge**] bietet in einer stylischen Atmosphäre grandiose Ausblicke über Downtown Manhattan.

Ein Spaziergang auf der [**High Line**] ist ein wirklich tolles Erlebnis – das solltet ihr auf jeden Fall unternehmen. Die im Sommer grüne Trasse inmitten von Manhattan ist seit 2014 ein Wanderweg, auf dem Locals und Touristen New Yorks Westside bis zur 34th Street aus luftiger Höhe bewundern können. Die alten Gütergleise sind mit Bäumen, Blumen und Wiesen bewachsen. Hin und wieder werdet ihr kleine Kunstwerke entdecken, und in einem der Cafés könnt ihr in einer entspannten Atmosphäre eine heiße Tasse Kaffee genießen.

Unser Geheimtipp ist das Burger-Restaurant [**Bill's Bar & Burger**], wo ihr neben vielen lokalen Bieren auch richtig gut essen könnt. Aus zehn verschiedenen Burgern könnt ihr euch euren Liebling aussuchen – wenn ihr es noch schafft, probiert auch unbedingt das Chili.

Eine kulinarische Top-Adresse im Meatpacking District ist der [**Chelsea Market**]. Dieser Ort war einst eine Fabrik und Geburtsstätte der berühmten Oreo-Kekse. Heute findet ihr in den ehemaligen Fabrikhallen Bäckereien, Weinhändler, Gemüsehändler, ein Fischgeschäft, eine Fleischerei, Restaurants, Sushibars und vieles mehr. Ein Must-See, gerade wenn das Wetter mal nicht mitspielt.

INSIDER TIPP

VON SABRINA

Der Chelsea Market ist immer einen Besuch wert – es gibt kleine Weinbars und viele stylische Gastro-Angebote!

HOTELS

06 [**The Standard High Line**] · *4 Sterne*
Euch erwartet ein tolles luxuriöses Hotel mitten im Meatpacking District. Auf der Dachterrasse gibt es einen kleinen Pool- und während ihr im Wasser entspannt, könnt ihr zusätzlich eine tolle Sicht auf Manhattan genießen. Im hauseigenen Restaurant solltet ihr unbedingt das Steak probieren.
◊ *848 Washington St · zw. Little W 12th St & W 13th St*
 · *14 St/8 Av*

RESTAURANTS & CAFÉS

09 [Fig & Olive] · $$
Das Fig & Olive bietet mediterrane Küche auf hohem Niveau und das zu angemessenen Preisen.
♀ *420 W 13th St · zw. Washington St & 9th Ave*
Ⓐ Ⓒ Ⓔ Ⓛ · *14 St/8 Av*

07 [Gansevoort Hotel] · *4 Sterne*
Das Hotel verfügt über 187 stylische Zimmer und punktet mit einem Pool auf dem Dach. Aber wer hier wohnt, möchte vor allem eins: New York und das Nachtleben erkunden. In unmittelbarer Umgebung findet ihr die angesagtesten Clubs und Bars.
♀ *18 9th Ave · zw. Little W. 12th St & W. 13th St*
Ⓐ Ⓒ Ⓔ Ⓛ · *14 St/8 Av*

10 [Old Homestead Steakhouse] · $$$
Die Betreiber des Restaurants haben eine wunderbare Einstellung zu ihrem Kerngeschäft: Sie leben und kommunizieren ganz klar ihre Liebe zu Rindfleisch und zu Traditionen. Hier könnt ihr eines der besten Steaks der Stadt essen.
♀ *56 9th Ave · zw. W. 14th St & W. 15th St*
Ⓐ Ⓒ Ⓔ Ⓛ · *14 St/8 Av*

08 [The Jane Hotel] · *2 Sterne*
Das historische und gemütliche Hotel befindet sich lediglich 1,6 Kilometer vom Union Square entfernt. Die Zimmer sind modern ausgestattet und einige verfügen sogar über eine Terrasse. Wenn ihr New York auf dem Fahrrad erkunden wollt, könnt ihr euch im Hotel kostenlos welche ausleihen.
♀ *113 Jane St · zw. West St & Washington St*
Ⓐ Ⓒ Ⓔ Ⓛ · *14 St/8 Av*

11 [Dos Caminos] · $$
Mit fünf Locations in der Stadt könnt ihr an Dos Caminos eigentlich kaum vorbeikommen. Bekannt ist Dos Caminos vor allem für seine scharfe Guacamole und die sehr gute Sangria.
♀ *675 Hudson St · Ecke 14th St*
Ⓐ Ⓒ Ⓔ Ⓛ · *14 St/8 Av*

12 [The Standard Grill] · $$$
Das Restaurant gehört zum The Standard Hotel und bietet erstklassige amerikanische Küche. Neben lokalen Bieren bekommt ihr auch tolle Weine. Unbedingt reservieren.
♀ *848 Washington St · zw. Little W. 12th St & W. 13th St*
Ⓐ Ⓒ Ⓔ Ⓛ · *14 St/8 Av*

MUSEEN

⭐ [Whitney Museum]
Das Whitney Museum besitzt einen der spektakulärsten Bestände zeitgenössischer Kunst. Andy Warhol, Keith Haring, Edward Hopper, Jackson Pollock und Robert Rauschenberg sind nur einige der Namen, deren Gemälde, Zeichnungen, Skulpturen, Fotos und Installationen als Teil der Ausstellung im Whitney Museum zu bestaunen sind.
♀ *99 Gansevoort St · zw. 10th Ave & Washington St*
Ⓐ Ⓒ Ⓔ Ⓛ · *14 St/8 Av*

13 [Bubby's High Line] · $$
Der lange Tresen hat eine Kupferoberfläche, die Barkeeper sind gut drauf und die Auswahl an Bieren ist sehr gut. Nebenbei bekommt ihr ausgezeichnete amerikanische Küche. Unser Tipp? Die Chicken Wings!
♀ *73 Gansevoort St · zw. Washington St & 9th Ave*
Ⓐ Ⓒ Ⓔ Ⓛ · *14 St/8 Av*

MEHR ÜBER DIESE SPOTS ERFAHREN: LNYC.DE/00031

14 ⸢**Kava Cafe**⸥ · $

Das Café findet ihr in der Nähe des Whitney Museums of American Art und der High Line. Für eine kleine Pause zwischendurch und für Kaffee-Liebhaber genau das Richtige.

◉ *803 Washington St · zw. Gansevoort St & Horatio St*

Ⓐ Ⓒ Ⓔ Ⓛ · *14 St/8 Av*

15 ⸢**Kobrick Coffee Co.**⸥ · $$

Ein wirklich schönes kleines Café mit einer langen Kaffee-Bar und ein paar Tischen. Ihr bekommt hier sehr guten Kaffee und frisch gemachte Sandwiches.

◉ *24 9th Ave · Ecke W 13th St*

Ⓐ Ⓒ Ⓔ Ⓛ · *14 St/8 Av*

BARS

⭐ ⸢**Bill's Bar & Burger**⸥ · $$

Diese Burger-Bar gehört zu den Plätzen, die von außen unscheinbar sind, aber zu den kleinen Highlights des Stadtteils gehören. Definitiv einer unserer Lieblingsspots.

◉ *22 9th Ave · zw. Little W 12th St & W 13th St*

Ⓐ Ⓒ Ⓔ Ⓛ · *14 St/8 Av*

16 ⸢**The Tippler**⸥ · $$$

Die klassische New Yorker Cocktail-Bar befindet sich im Chelsea Market. Hier gibt es sehr innovative Drinks – probiert doch mal den Monkey Business mit Whiskey, Walnuss und Banane.

◉ *425 W 15th St · zw. 9th & 10th Ave*

Ⓐ Ⓒ Ⓔ Ⓛ · *14 St/8 Av*

17 ⸢**Sugar Factory**⸥ · $$

Hier feiern die New Yorker ihre Bachelorette-Partys und Geburtstage. Bunte, süße und speziell dekorierte Cocktails sowie eine einzigartige Atmosphäre versprechen einen tollen Abend.

◉ *835 Washington St · zw. Little W 12th St & W 13th St*

Ⓐ Ⓒ Ⓔ Ⓛ · *14 St/8 Av*

18 ⸢**The Standard Biergarten**⸥ · $$

Typisch deutsch mitten im Meatpacking District. Hier geht es jeden Abend bei guter Stimmung und einer Menge Bier richtig lustig zu.

◉ *848 Washington St · zw. Little W 12th St & W 13th St*

Ⓐ Ⓒ Ⓔ Ⓛ · *14 St/8 Av*

ROOFTOP BARS

19 ⸢**Catch Roof**⸥ · $$$

Hier gehen viele Locals hin, um lecker zu essen oder gute Cocktails zu trinken. Neben der Rooftop Bar mit einem sensationellen Blick auf Manhattan gibt es auch eine Lounge und ein sehr stylisches Restaurant.

◉ *21 9th Ave · zw. Little W 12th St & W 13th St*

Ⓐ Ⓒ Ⓔ Ⓛ · *14 St/8 Av*

20 ⸢**Le Bain Rooftop Bar**⸥ · $$$

Das Le Bain findet ihr im 18. Stock des The Standard Hotel. Le Bain ist ein gelungener Mix aus Rooftop Bar und Club mit einem sensationellen Blick über den Hudson River.

◉ *848 Washington St · zw. Little W 12th St & W 13th St*

Ⓐ Ⓒ Ⓔ Ⓛ · *14 St/8 Av*

⭐ ⸢**Plunge Rooftop Bar & Lounge**⸥ · $$$

Die Rooftop Bar findet ihr auf dem Dach des Gansevoort Hotels. Viel Glas, typische Lounge-Optik und entspannte Musik. Für alle Nachtschwärmer ein Muss.

◉ *18 9th Ave · zw. Little W 12th St & W 13th St*

Ⓐ Ⓒ Ⓔ Ⓛ · *14 St/8 Av*

21 ⸢**STK Downtown & Rooftop**⸥ · $$

Diese Location ist eine unserer Lieblinge: Hier könnt ihr nicht nur sehr gut essen, auch das Ambiente ist top. Die dazugehörige Rooftop Bar macht das STK Downtown komplett!

◉ *26 Little W 12th St · zw. Washington St & 9th Ave*

Ⓐ Ⓒ Ⓔ Ⓛ · *14 St/8 Av*

MANHATTAN — MEATPACKING DISTRICT

STK Downtown & Rooftop

SHOPPING

Schon aus Serien wie »Sex and the City« ist bekannt, dass der Meatpacking District der Shopping-Magnet geworden ist. Luxuslabels wie [Diane von Fürstenberg · 440 W 14th St] oder [Hugo Boss · 401 W 14th St] sind nur einige der exklusiven Shops, die das Kopfsteinpflaster des Meatpacking Districts schmücken. Hier befindet sich auch ein Ableger des Allrounders [All Saints · 415 W 13th St]. Nicht ganz günstig, aber dafür absolut im Trend. [Levi's · 414 W 14th St], [Asics · 420 W 14th St], [SOREL · 345 W 14th St] oder die Marke [Kiehl's · 400 W 14th St] lassen hier die Kreditkarte glühen. Ein weiteres Shopping-Highlight ist der Chelsea Market – dort ganz besonders der Indoor-Flohmarkt [Artists & Fleas · 80 10th Ave]. Fans von kreativer und individueller Kleidung sowie von ausgefallenen Accessoires finden hier ihr Paradies. Viele junge Designer, Künstler und Handwerker bieten einmalige Schmuckstücke an.

Der Buchladen [Posman Books · 75 9th Ave zw. 15th St & 16th St] am Ende des Marktes ist ebenfalls sehr zu empfehlen. Von Karten über Bücher bis hin zu Magazinen warten hier tolle Erinnerungsstücke aus New York auf euch.

The Standard High Line

MEATPACKING DISTRICT HAT DIR GEFALLEN? DANN SCHAU AUCH HIER VORBEI:

SoHo
East Village

MEHR ÜBER DIESE SPOTS ERFAHREN: LNYC.DE/00032

MIDTOWN & HELL'S KITCHEN

Filmreife Großstadtatmosphäre

Wer im Big Apple nach einer Extraportion urbaner Großstadtatmosphäre sucht, wird in Midtown fündig. Auf den Straßen herrscht reges Treiben: hupende Yellow Cabs, telefonierende Businessmenschen auf dem Bürgersteig und dazwischen mobile Hot-Dog-Stände – ein Großstadtpanorama wie von der Kinoleinwand. Midtown ist nicht nur New Yorks zentrales Geschäftsviertel, sondern auch Standort eines Großteils der bekanntesten Wolkenkratzer. So findet ihr hier beispielsweise das Empire State Building und das Chrysler Building. Im Zentrum von Midtown liegt Hell's Kitchen – dort befindet sich auch das Hauptquartier der New York Times.

INSIDER GUIDES

1 [Empire State Building]
Das Empire State Building ist der wohl bekannteste Wolkenkratzer in New York und eine der beliebtesten Sehenswürdigkeiten der Stadt.
◊ *350 5th Ave* · zw. W 33rd St & W 34th St
Ⓑ Ⓓ Ⓕ Ⓜ Ⓝ Ⓠ Ⓡ Ⓦ · 34 St-Herald Sq

2 [Bryant Park]
Der Bryant Park ist eine kleine Oase inmitten des Trubels von Manhattan.
◊ *W 42nd St & 6th Ave*
Ⓑ Ⓓ Ⓕ Ⓜ · 42 St-Bryant Pk

3 [New York Public Library]
Die beeindruckende New York Public Library ist eine altehrwürdige Bibliothek.
◊ *476 5th Ave* · zw. W 40th St & W 42nd St
Ⓑ Ⓓ Ⓕ Ⓜ · 42 St-Bryant Pk

4 [Top of the Rock]
Die Aussichtsplattform vom Rockefeller Center bietet euch einen grandiosen Blick.
◊ *30 Rockefeller Plaza*
Ⓔ Ⓜ · 5 Av/53 St

5 [Museum of Modern Art (MoMA)]
Das MoMA beschäftigt sich, wie der Name schon verrät, ausschließlich mit moderner Kunst.
◊ *11 W 53rd St* · zw. 5th Ave & 6th Ave
Ⓔ Ⓜ · 5 Av/53 St

 MEHR ÜBER DIESE SPOTS ERFAHREN: LNYC.DE/00033

Times Square

MIDTOWN & HELL'S KITCHEN

VON TINO

Midtown umfasst gleich mehrere kleinere Stadtteile und ist daher wie eine Ansammlung von vielen verschiedenen Orten innerhalb New Yorks. Wir lieben diesen Part von Manhattan, weil er so unglaublich vielfältig ist. Ihr findet hier alles, was die Stadt ausmacht: Vom Times Square und dem Empire State Building bis hin zu kleinen und großen Rooftop Bars und Shopping-Spots ist alles dabei. Hier wird euch definitiv nicht langweilig!

BEGIB DICH AUF ENTDECKUNGSTOUR!

Anbindung
1 2 3 4 5 6 7 A C E B D F M L S N Q R W

Sights
- 01 · Empire State Building
- 02 · Bryant Park
- 03 · New York Public Library
- 04 · Top of the Rock
- 05 · Museum of Modern Art (MoMA)
- 06 · The Knickerbocker Hotel
- 07 · The Peninsula
- 08 · Marriott Vacation Club Pulse
- 09 · Hilton Times Square
- 10 · Pod 51 Hotel
- 11 · Yotel Times Square
- 12 · Element Times Square West
- 13 · Row NYC Hotel
- 14 · Museum of Sex
- 15 · Madame Tussauds
- 16 · Intrepid Sea, Air & Space Museum
- 17 · Gulliver's Gate
- 18 · Morgan Library & Museum
- 19 · Rare Bar & Grill Murray Hill
- 20 · Urbanspace Food Market
- 21 · Benoit
- 22 · Joe the Art of Coffee
- 23 · Blue Bottle Coffee
- 24 · Café Grumpy
- 25 · On the Rocks
- 26 · The Playwright Irish Pub
- 27 · Connolly's Pub & Restaurant
- 28 · Cantina Rooftop
- 29 · Sky Room
- 30 · Monarch Rooftop
- 31 · Sabbia
- 32 · Spyglass Rooftop Bar
- 33 · 230 Fifth Rooftop Bar
- 34 · Haven Rooftop & Restaurant
- 35 · Times Square
- 36 · 5th Avenue

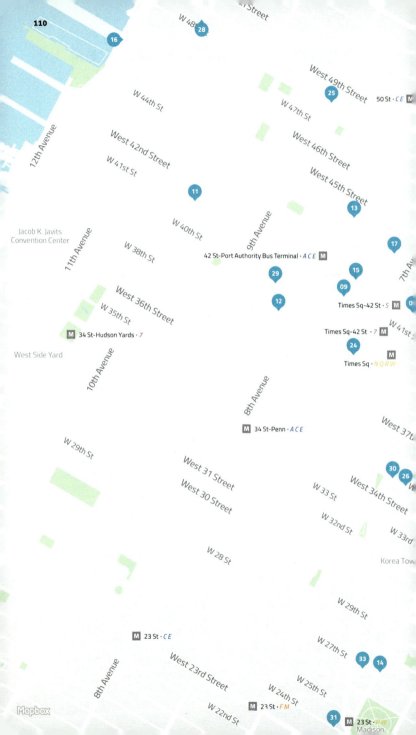

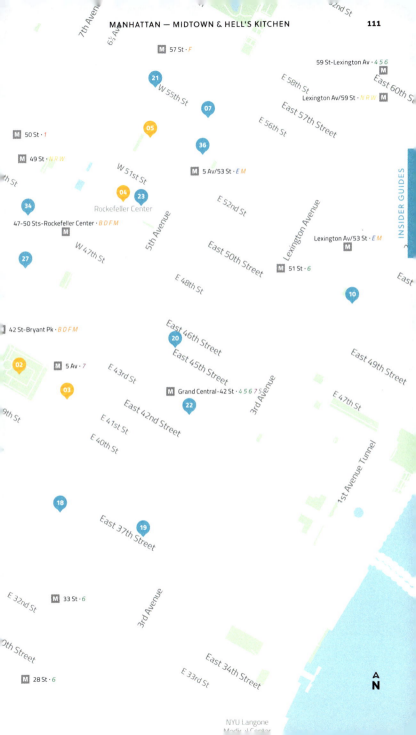

SIGHT-SEEING

Unzählige Touristen zieht es täglich nach Midtown. Hier befinden sich die bekanntesten Sehenswürdigkeiten der Stadt sowie die einzigartigen Wolkenkratzer. Das Wahrzeichen von New York ist ohne Zweifel das ⸢Empire State Building⸥. Von oben könnt ihr einen fantastischen Blick über die Stadt genießen. Je nach Anlass leuchtet der Wolkenkratzer in verschiedenen Farben. Am Nationalfeiertag (4. Juli) erstrahlt das rund 443 Meter hohe Gebäude in den Farben der Nationalflagge.

Die Aussichtsplattform ⸢Top of the Rock⸥ im Rockefeller Center ist eines der beliebtesten Sehenswürdigkeiten in New York und bietet euch einen tollen Blick auf den Central Park – und ihr habt eines der schönsten Fotomotive unverbaut vor euch: das Empire State Building.

Das meistbesuchte Gebäude ist nicht, wie man vielleicht vermuten könnte, das Empire State Building, sondern das ⸢Grand Central Terminal⸥. Jeden Tag nutzen knapp 600.000 Menschen den Bahnhof, aber trotzdem ist es hier ziemlich ruhig. Habt ihr gewusst, dass die Deckenbemalung spiegelverkehrt gemalt worden ist? Der Maler hatte die Karte versehentlich verkehrt herum gehalten. Das Grand Central Terminal dient immer mal wieder als Schauplatz romantischer Hollywood-Filmszenen. Der Flashmob aus dem Film »Freunde mit gewissen Vorzügen« wurde hier gedreht.

Auch bekannt aus einer Filmszene ist die ⸢New York Public Library⸥. Dort hätte Carrie aus »Sex and the City« beinahe ihren Mr. Big geheiratet, wenn er denn erschienen wäre …

Als eine der führenden Bibliotheken der Vereinigten Staaten ist die New York Public Library nicht nur eine Anlaufstelle für Studenten, Professoren oder Bücherwürmer, sondern viele Besucher kommen, um sich das beeindruckende Gebäude anzuschauen. Direkt an die New York Public Library grenzt der beliebte ⸢Bryant Park⸥. Im Sommer ist dieser bekannt für seine abendlichen Open Air-Filmvorstellungen und im Winter berühmt für eine der schönsten Eisbahnen und Weihnachtsmärkte der Stadt. Die New Yorker verbringen zudem hier gerne ihre Mittagspause. Der beliebte Central Park › *Mehr dazu auf Seite 137* grenzt an Midtown und lädt zu traumhaften Spaziergängen zu jeder Jahreszeit ein.

Eines der beeindruckendsten und lohnenswertesten Museen in Midtown ist das ⸢Museum of Modern Art⸥. Von Malerei über Skulpturen und Fotografien bis zu Architektur trifft man hier auf unschlagbare Kreativität.

Für alle Künstler unter euch: Skizzieren ist im MoMA erlaubt, aber nur mit Bleistift und Skizzierbüchern, die nicht größer als DIN A4 sind.

Ein beeindruckendes und sehenswertes Gebäude mitten auf der 5th Avenue in Midtown ist die im neugotischen Stil erbaute St. Patrick's Cathedral. Sie ist die elftgrößte Kirche der Welt und bietet Platz für über 2.500 Menschen.

Einer der großartigsten Plätze in New York ist definitiv der Times Square. Hier ist immer etwas los und es gibt so viel zu entdecken. Im blinkenden und bunten Herzen der Stadt befinden sich am weltbekannten Broadway über 40 Theater der besten Musicals der Welt, zahlreiche Stores und viele Restaurants und (Rooftop) Bars.

Am besten shoppen könnt ihr allerdings auf der 5th Avenue, der bekanntesten Einkaufsmeile der Welt. Hier findet ihr die bekanntesten Designer-Stores sowie viele Retailketten.

Bryant Park

New York Public Library

HOTELS

06 [The Knickerbocker Hotel] · *5 Sterne*
Das sehr elegante und luxuriöse Lifestyle-Hotel verfügt über eine tolle Rooftop Bar, von der ihr einen einzigartigen Blick über die Skyline genießen könnt. Das hoteleigene Restaurant Charlie Palmer at the Knicks ist kulinarisch kaum zu übertreffen. Der Service ist überragend gut.
6 Times Sq · zw. W 41st St & W 42nd St
N Q R W S · 42 St-Times Sq

07 [The Peninsula] · *5 Sterne*
Die Hotelzimmer im The Peninsula werden den fünf Sternen absolut gerecht – hier ist wirklich alles schön eingerichtet und die Zimmer und Suiten sind sehr geräumig. Ein besonderes Highlight ist der verglaste Pool auf der Dachterrasse – hier könnt ihr beim Schwimmen die tolle Aussicht auf die Stadt genießen. Das absolute i-Tüpfelchen ist die hoteleigene Rooftop Bar Salon de Ning.
700 5th Ave · zw. W 54th St & W 55th St
E M · 5 Av/53 St

08 [Marriott Vacation Club Pulse] · *4 Sterne*
Aus fast allen Zimmern des stylischen Hotels könnt ihr den Ausblick auf das Empire State Building genießen. Am Abend lädt die Rooftop Lounge zu einem Cocktail und leckeren Snacks ein. Die Zimmer versprühen eine Wohlfühl-Atmosphäre und auch im Badezimmer hält man sich gerne länger auf.
33 W 37th St · zw. 5th Ave & 6th Ave
B D F M N Q R W · 34 St-Herald Sq

09 [Hilton Times Square] · *4 Sterne*
Das kinderfreundliche Hotel verfügt über geräumige und moderne Zimmer. Das hauseigene Restaurant bietet typisch amerikanische Küche und in der Bar gibt es leckere Cocktails. Das Empire State Building ist in 15 Gehminuten zu erreichen.
234 W 42nd St · zw. 7th Ave & 8th Ave
1 2 3 · Times Sq-42 St

MEHR ÜBER DIESE SPOTS ERFAHREN: LNYC.DE/00034

Intrepid Sea, Air & Space Museum

10 [Pod 51 Hotel] · *4 Sterne*
Beim beliebten Hotel Pod 51 kommen gutes Design, die Lage und ein sehr gutes Preis-Leistungs-Verhältnis zusammen. Es liegt an der 51st Street (daher der Name) und ist schnell ausgebucht.
◉ *230 E 51st St* · *zw. 2nd Ave & 3rd Ave*
Ⓐ Ⓑ · *51 St oder 53 St/Lexington Av*

11 [Yotel Times Square] · *3 Sterne*
Das Hotel besticht ebenfalls durch sein unglaublich gutes Preis-Leistungs-Verhältnis. Von den Zimmern und der Dachterrasse erwarten euch fantastische Blicke auf die Stadt. In der Lounge könnt ihr den Abend bei einem Drink entspannt ausklingen lassen. Von 15:00–17:00 Uhr gibt es eine Happy Hour.
◉ *570 10th Ave* · *zw. W 41st St & W 42nd St*
Ⓐ Ⓒ Ⓔ · *42 St-Port Authority Bus Terminal*

12 [Element Times Square West] · *3 Sterne*
Das schicke Hotel befindet sich nur drei Blocks vom belebten Times Square entfernt. Auf Wunsch könnt ihr euch im Hotel Fahrräder ausleihen und so die Stadt erkunden. Im Preis inbegriffen sind ein leckeres Frühstücksbuffet sowie die Nutzung des Fitnessstudios.
◉ *311 W 39th St* · *zw. 8th Ave & 9th Ave*
Ⓐ Ⓒ Ⓔ · *42 St-Port Authority Bus Terminal*

13 [Row NYC Hotel] · *3 Sterne*
Das stylische und sehr moderne Hotel liegt im Herzen des Theaterdistrikts. Vom Hotel braucht ihr nur drei Gehminuten zum Times Square. Das absolute Highlight ist der an das Hotel angeschlossene Food Market »City Kitchen«.
◉ *700 8th Ave* · *zw. W 44th St & W 45th St*
Ⓐ Ⓒ Ⓔ · *42 St-Port Authority Bus Terminal*

MUSEEN

⭐ Museum of Modern Art (MoMA)
Im Museum of Modern Art gibt es echte Klassiker der Moderne zu entdecken, wie zum Beispiel das berühmte Werk »Seerosen« von Monet oder Vincent Van Goghs »Sternennacht«. Lange Zeit war »Der Schrei« von Edvard Munch aus dem Jahre 1895 das absolute Highlight, bis es für einen unglaublichen Preis von 120 Millionen $ verkauft wurde. Die gesamte Sammlung des MoMA's beläuft sich auf mehr als 100.000 Arbeiten, darunter 3.500 Gemälde und Skulpturen, 2.200 Designobjekte, 40.000 Drucke, 20.000 Fotos, 40 Videospiele und 9.000 Kinofilme. Genug Material also, um auch den stärksten Entdeckerdrang zu befriedigen.
◉ *11 W 53rd St · zw. 5th Ave & 6th Ave*
Ⓔ Ⓜ · *5 Av/53 St*

14 Museum of Sex
Das Museum ist für Personen ab 18 Jahren und beschäftigt sich mit der Sexualität sowie mit dem Sexleben von Tieren. 15.000 Ausstellungsstücke und ein angeschlossener Shop machen das Museum of Sex zu einem beliebten Ausflugsziel.
◉ *233 5th Ave · zw. 5th Ave & Madison Ave*
Ⓝ Ⓡ Ⓠ Ⓦ · *28 St*

15 Madame Tussauds
Nur einen Steinwurf vom Times Square entfernt befindet sich das weltbekannte New Yorker Madame Tussauds. Über 200 Prominente stehen als täuschend echte Wachsfiguren bereit, um euch ein fantastisches Erlebnis und großen Spaß zu bieten. Grandiose Schnappschüsse und jede Menge Unterhaltung sind garantiert.
◉ *234 W 42nd St · zw. 7th Ave & 8th Ave*
① ② ③ · *Times Sq-42 St*

16 Intrepid Sea, Air & Space Museum
Direkt am Hudson River gelegen befindet sich das Museum für Militär- und Seefahrtgeschichte. Das Highlight ist der 27.000 Tonnen schwere Flugzeugträger »USS Intrepid«, sowie das U-Boot »USS Growler«. Flugzeuge der US Marine Corps und Raumschiffe der NASA sind ebenfalls Teil der interessanten Ausstellung.
◉ *Pier 86, 12th Ave & W 46th St*
Ⓐ Ⓒ Ⓔ · *42 St-Port Authority Bus Terminal*

17 Gulliver's Gate
Gulliver's Gate ist ein 4.500 Quadratmeter großes Miniatur-Wunderland in der Nähe vom Times Square. Hier gibt es eine Vielzahl an unterschiedlichen (Fantasie-) Welten zu entdecken, die mit sehr viel Liebe zum Detail gestaltet wurden. Ein Besuch lohnt sich definitiv!
◉ *216 W 44th St · zw. 8th Ave & 7th Ave*
Ⓐ Ⓒ Ⓔ · *42 St-Port Authority Bus Terminal*

18 Morgan Library & Museum
Das Museum ist berühmt für seine Sammlungen europäischer Meister, wie zum Beispiel Dürer, Picasso, Rubens und da Vinci. Aber auch Zeichnungen von Michelangelo sowie original handgeschriebene Musikstücke von Beethoven und Mozart sind Teil der Sammlung.
◉ *225 Madison Ave · zw. E 36th St & E 37th St*
④ ⑥ · *33 St*

Museum of Modern Art

MEHR ÜBER DIESE SPOTS ERFAHREN: LNYC.DE/00035

RESTAURANTS & CAFÉS

19 [Rare Bar & Grill Murray Hill] · $$
Ein Restaurant, das für seine sehr guten Steaks und Burger (die wirklich ausgefallen sind) bekannt ist. »BBQ Brisket PO' Boy« mit Coleslaw oder »Jameson Black Barrel Burger« (mit Whiskey mariniert) – ihr seht, ihr habt die Qual der Wahl.
◊ *303 Lexington Ave · zw. E 37th St & E 38th St*
④ ⑥ · *33 St*

20 [Urbanspace Food Market] · $
Nur einen Steinwurf vom Grand Central Terminal entfernt befindet sich der Food Market im Inneren des Helmsley Building auf der Vanderbilt Avenue. Auf mehreren Hundert Quadratmetern ist hier für jeden Geschmack etwas dabei.
◊ *230 Park Ave · zw. E 45th St & E 46th St*
④ ⑤ ⑥ Ⓛ Ⓢ · *Grand Central*

21 [Benoit] · $$$
Ein Stück Frankreich mitten in New York. Der beste Beweis dafür sind die vielen Franzosen, die hierher kommen – ihr werdet mit Sicherheit französische Gespräche hören.
◊ *60 W 55th St · zw. 5th Ave & 6th Ave*
Ⓕ · *57 St*

22 [Joe the Art of Coffee] · $
Hier kauft ihr keine Tasse Kaffee, sondern einen »Cup of Joe's«. In dem winzigen Coffeeshop in der Graybar Passage werden am Tag 2.000 Kunden bedient. Die Schlange ist immer sehr lang – das Anstellen lohnt sich aber.
◊ *44 Grand Central Terminal*
④ ⑤ ⑥ Ⓛ Ⓢ · *Grand Central*

23 [Blue Bottle Coffee] · $$
Ein Highlight in der New Yorker Kaffee-Szene. Die individuelle »Aufbrüh-Methode« findet ihr wirklich nur in einer Handvoll Coffeeshops in New York City. Es ist eines der zeremoniellsten Cafés der Stadt – eine Hommage an den Kaffee Japans.
◊ *54 W 40th St · am Bryant Pk zw. 5th Ave & 6th Ave*
Ⓑ · *5 Av*

24 [Café Grumpy] · $
Wer frisch gebrühten Kaffee liebt, wird das Café lieben. Alles hat 2005 in Greenpoint (Brooklyn) angefangen. Heute gibt es Café Grumpy an vier Standorten in der Stadt.
◊ *200 W 39th St · zw. 7th Ave & 8th Ave*
Ⓝ Ⓠ Ⓡ Ⓦ · *Times Sq-42 St*

Blue Bottle Coffee

MANHATTAN — MIDTOWN & HELL'S KITCHEN

The Playwright Irish Pub

BARS

ROOFTOP BARS

25 [On the Rocks] · $$
Ihr könnt aus über 300 Whiskeys euren Favoriten auswählen. Die Barkeeper sind definitiv vom Fach und können richtig gute Cocktails damit mixen. Auch die Bierliebhaber kommen nicht zu kurz: Über 125 Biere stehen auf der Karte.
○ *696 10th Ave* · *zw. 48th St & 49th St*
Ⓐ Ⓒ Ⓔ · *50 St*

26 [The Playwright Irish Pub] · $
Der Pub bringt alles mit, was ein echter irischer Pub haben muss: eine tolle lange Bar, Sportübertragungen, eine gute Auswahl irischer Whiskeys und leckere Burger. Kurz gefasst: eine sensationelle Bar.
○ *27 W 35th St* · *zw. 5th Ave & 6th Ave*
Ⓒ Ⓑ Ⓕ Ⓜ Ⓝ Ⓠ Ⓡ Ⓦ · *34 St-Herald Sq*

27 [Connolly's Pub & Restaurant] · $
Auch ein irischer Pub, wie er im Buche steht: ein uriger Tresen, viele bunte Zapfhähne und Unmengen an gutem Whiskey. Nicht nur am St. Patrick's Day ist hier richtig viel los. Das Connolly's gibt es übrigens dreimal in Manhattan.
○ *121 W 45th St* · *zw. 6th Ave & 7th Ave*
Ⓑ Ⓓ Ⓕ Ⓜ · *47-50 Sts-Rockefeller Center*

28 [Cantina Rooftop] · $$
Hier fühlt ihr euch wie in der Karibik – umgeben von tropischen Pflanzen genießt ihr leckere Guacamole und trinkt dazu sehr gute Cocktails bei mexikanischer Musik. Neben Tequila in jeder Variation gibt es eine große Auswahl leckerer Drinks: Probiert unbedingt den Cantina Margarita! Täglich von 17:00–19:00 Uhr gibt es eine Happy Hour.
○ *605 W 48th St* · *zw. 11th Ave & 12th Ave*
Ⓐ Ⓒ Ⓔ · *50 St*

29 [Sky Room] · $$$
Eine der angesagtesten Lounges in 120 Meter Höhe auf dem Dach des Fairfield Inn and Suites by Marriott Times Square. Von hier aus könnt ihr einen sensationellen Ausblick auf so ziemlich alles genießen: vom Times Square über den Hudson bis zum Empire. Jeden Donnerstag und Freitag ist von 17:00–19:00 Uhr Happy Hour. Die Preise sind super und die Stimmung genial. Hier verbringen wir gerne mehrere Stunden.
○ *330 W 40th St* · *zw. 8th Ave & 9th Ave*
Ⓐ Ⓒ Ⓔ · *42 St-Port Authority Bus Terminal*

MEHR ÜBER DIESE SPOTS ERFAHREN: LNYC.DE/00036

230 Fifth Rooftop Bar

30 ⸢Monarch Rooftop⸥ · $$
Die Bar ist nicht nur schön designed, sondern bietet auch einen grandiosen Blick auf das Empire State Building. Ihr findet sie in der 18. Etage des Hotels »Marriott Courtyard Herald Square«. Ein toller Spot für gutes Essen zu fairen Preisen und mit entspannter Musik.
📍 *71 W 35th St · zw. 5th Ave & 6th Ave*
🅑 🅓 🅕 🅜 🅝 🅠 🅡 🅦 · *34 St-Herald Sq*

31 ⸢Sabbia⸥ · $$
Die Rooftop Bar ist einer dieser Spots, an denen man schon oft vorbeigelaufen ist, ohne sie zu entdecken. Ihr findet sie auf dem Dach des Eataly (eine Markthalle für italienisches Food-Shopping), wo ihr entspannt sitzen und essen könnt.
📍 *200 5th Ave · Ecke 23th St*
🅝 🅠 🅡 🅦 · *23 St*

32 ⸢Spyglass Rooftop Bar⸥ · $$$
Auch eine Rooftop Bar mit einem traumhaften Blick auf das Empire State Building. Ihr findet diese in der 2. Etage des Archer Hotels.
📍 *47 W 38th St · zw. 5th Ave & 6th Ave*
🅐 · *5 Av*

33 ⸢230 Fifth Rooftop Bar⸥ · $$$
Ob im Sommer oder Winter: Das 230 Fifth ist immer eine gute Idee. Der Sonnenuntergang ist ganz zauberhaft und im Winter eingekuschelt unter Decken und Heizpilzen zu sitzen, hat auch was. Auch wenn es im 230 Fifth sehr voll werden kann, ist diese Rooftop Bar ein absoluter Tipp. Die Bar besteht aus zwei Ebenen: Die erste Etage hat Lounge-Charakter und ist mit riesigen Panoramafenstern versehen. Eine Etage darüber befindet sich die Außenterrasse mit Palmen.
📍 *230 5th Ave · zw. 26th St & 27th St*
🅝 🅠 🅡 🅦 · *28 St*

34 ⸢Haven Rooftop & Restaurant⸥ · $$
Mitten im Theatre District findet ihr das Haven Rooftop & Restaurant. Es ist in der 10. Etage des Sanctuary und bietet euch eine sensationelle Perspektive auf die Stadt. Obwohl es am Times Square liegt, ist es erstaunlich ruhig. Auch das Restaurant ist ein Tipp. Wir können euch die Pizzen und Pastagerichte empfehlen.
📍 *132 W 47th St · zw. 6th Ave & 7th Ave*
🅑 🅓 🅕 🅜 · *47-50 Sts-Rockefeller Center*

SHOPPING

Midtown

Herzlich Willkommen im Shopping-Mekka der Stadt: In Midtown gibt es zahlreiche Möglichkeiten, sein Geld auszugeben. [**Macy's am Herald Square** · *151 W 34th St*] ist eine Ikone, die ihr nicht verpassen solltet. Von der 34th bis 35th Street zwischen dem Broadway und der 7th Avenue erstreckt sich das legendäre und riesige Modekaufhaus. Insgesamt elf Stockwerke hoch – inklusive Café, McDonald's und Starbucks – ist Macy's eines der bekanntesten Kaufhäuser der Welt.

Kaum aus der Tür von Macy's heraus, seid ihr schon im nächsten Shopping-Himmel: Der Victoria's Secret Flagship Store ist genau gegenüber von Macy's Haupteingang. Hier gibt es wirklich alles, was die weltbekannte Unterwäsche-Marke zu bieten hat. Biegt ihr bei Victoria's Secret links um die Ecke, stoßt ihr direkt auf einen tollen Levi's Store, Mango, Zara und Steve Madden. Von Macy's Haupteingang ausgesehen rechts hat Urban Outfitters einen erstklassigen Store. Hier gibt es neben super stylischen Klamotten auch eine gigantische Auswahl an Kleinigkeiten. Außerdem befindet sich hier ein riesiges im Jahr 2016 eröffnetes [**Foot Locker** · *11 W 34th St*] und ein [**H&M Flagship Store** · *1293 Broadway*]. Der Herald Square ist zwar immer erdrückend voll – gehört aber auf jeden Fall mit auf Eure To-do-Liste in Midtown Manhattan.

35 [Times Square]

Shopping am Times Square? Nur wer es mag: Die meisten Stores am Times Square kennt man aus Deutschland: H&M direkt auf der Ecke der 42nd Street ist eines der größten der Stadt. Sehr empfehlenswert ist auch die amerikanische Kette Express und der riesige Sephora Store. Wer Lust auf Süßigkeiten und Spielereien hat, der schaut zu jeder Tages- und Nachtzeit im M&M's Store direkt auf dem Times Square vorbei.

36 [5th Avenue]

Sie ist wohl der Traum eines jeden Shopping-Verrückten: die 5th Avenue in Midtown Manhattan. Bekannt als die teuerste und luxuriöseste Shopping-Meile, setzt hier bei fast jeder Frau (bestimmt auch bei einigen Männern) die Schnappatmung ein. Amerika's Billionäre und internationale Investoren haben der Straße mit grandiosen Gebäuden ihren Stempel aufgedrückt.

Der Teil der 5th Avenue zwischen Rockefeller Center und Central Park beherbergt alteingesessene Geschäfte wie [**Saks Fifth Avenue** · *611 5th Ave*] und [**Bergdorf Goodman** · *754 5th Ave*]. Es reiht sich Gucci an Louis Vuitton und Prada an Tiffany & Co. Dieser Teil der 5th Avenue ist mit Abstand New Yorks teuerste Einkaufsstraße.

Es muss aber nicht unbedingt immer High-End-Shopping sein. Ihr findet dort auch einen gut sortierten H&M (inklusive einer Etage mit H&M Home), Topshop, Niketown, Zara, Abercrombie & Fitch, Michael Kors, Hollister, den bekanntesten Apple Store der Welt, den [**Adidas Flagship Store** · *565 5th Ave*] und viele mehr.

VON SABRINA

Fahrt im Macy's auf jeden Fall die uralte Rolltreppe in den 11. Stock hinauf. Diese ist seit der Eröffnung im Jahr 1901 in Betrieb.

MEHR ÜBER DIESE SPOTS ERFAHREN: LNYC.DE/00037

CHELSEA

Weltoffenes Herzstück von New York

Eindrucksvolle Kunstwerke, ein stilvolles Nachtleben und großartige Restaurants – Chelsea ist nicht umsonst einer der beliebtesten Stadtbezirke New Yorks. Mit seinen umgebauten Lagerhallen und Wolkenkratzern hat Chelsea auch architektonisch einiges zu bieten. Vom 19. bis ins 20. Jahrhundert wohnten in der Gegend überwiegend irische Einwanderer, darunter viele Hafenarbeiter. In den Neunzigern zogen viele Galerien aufgrund ansteigender Mietpreise aus dem feinen SoHo nach Chelsea und markierten einen weiteren Meilenstein auf dem Weg zum In-Viertel. Geprägt von seiner Modernität und künstlerischem Flair ist Chelsea für den lockeren Lebensstil seiner Einwohner bekannt.

INSIDER GUIDES

1. Chelsea Gallery District
Viele bekannte Galerien haben sich seit den neunziger Jahren im charmanten Chelsea angesiedelt und warten nur auf euren Besuch.
W 19th St/W 29th St · zw. 10th Ave & 11th Ave
Ⓐ Ⓒ Ⓔ · *23 St*

2. High Line Park
Ein Spaziergang auf der ehemaligen Hochbahntrasse ermöglicht euch wunderbare Blickwinkel auf die Stadt.
S Gansevoort St-34th St · zw. 10th Ave & Ecke Washington St
Ⓐ Ⓒ Ⓔ Ⓛ · *14 St/8 Av*

3. The Frying Pan
Angelegt am Pier 66 inmitten des Hudson River Parks mit Blick auf die Skyline trifft man sich auf einem Schiff zum Lunch oder Dinner bei schönem Wetter.
Pier 66 in Hudson River Pk/207 12th Ave
Ⓐ Ⓒ Ⓔ · *23 St*

4. Hudson River Park
Mit einer Größe von 2,2 Quadratkilometern ist der Hudson River Park der zweitgrößte Park in Manhattan.
353 West St · Ecke W Houston St
❶ ❷ · *Houston St*

5. Gallow Green Rooftop Garden
The Gallow Green ist eine ganz tolle Rooftop Bar auf dem Dach des McKittrick Hotels, die urig und edel zugleich ist.
542 W 27th St · zw. 10th Ave & 11th Ave
Ⓐ Ⓒ Ⓔ · *23 St*

MANHATTAN — CHELSEA

CHELSEA

INSIDER TIPP

VON TINO

Ein toller Stadtteil – schlendert am besten direkt am Hudson River Greenway entlang. Ihr seid dann am Hudson River, lauft auf das One World Trade Center zu und könnt auf einem Schiff (Frying Pan) den Blick aufs Wasser genießen!

BEGIB DICH AUF ENTDECKUNGSTOUR!

Anbindung

Sights
- 01 · Chelsea Gallery Discrict
- 02 · High Line Park
- 03 · The Frying Pan
- 04 · Hudson River Park
- 05 · Gallow Green Rooftop Garden
- 06 · Kimpton Hotel Eventi
- 07 · Dream Downtown
- 08 · Chelsea Pines Inn
- 09 · Rubin Museum of Arts
- 10 · Museum at FIT
- 11 · Jun-Men Ramen Bar
- 12 · La Lasagna Restaurant
- 13 · Cookshop
- 14 · Rocking Horse Cafe
- 15 · Pierre Loti
- 16 · Cafeteria
- 17 · Blue Bottle Coffee
- 18 · Bathtub Gin
- 19 · Rare View Rooftop
- 20 · La Piscine
- 21 · Manhattan Mall

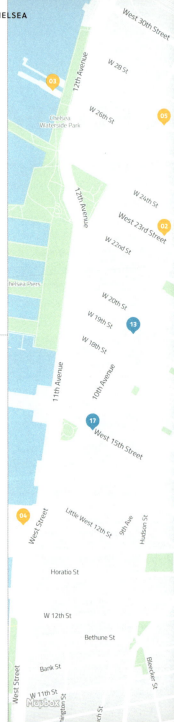

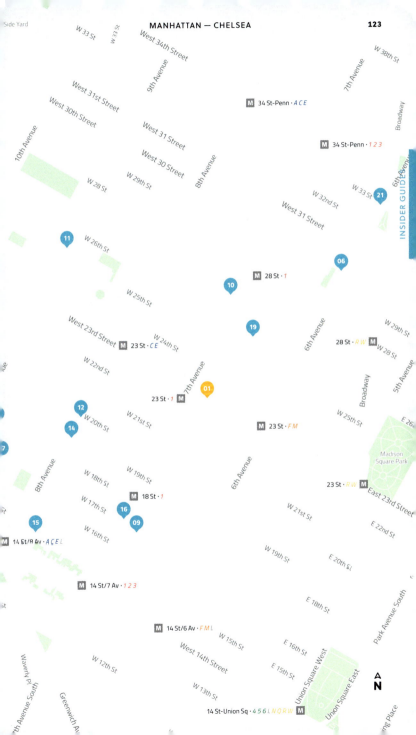

SIGHT-SEEING

In dem beliebten Stadtteil Chelsea gibt es knapp 200 Galerien. Besonders lohnenswerte Ziele für das sogenannte Galerie-Hopping sind [**Cheim & Read** · *547 W 25th St*], [**David Zwirner** · *519, 525 & 533 W 19th St*], die [**Gagosian Gallery** · *555 W 24th St*], die [**Mary Boone Gallery** · *541 W 24th St*] und die [**Matthew Marks Gallery** · *523 W 24th St*]. Ein künstlerisches Highlight ist zudem das [**Hotel Chelsea** · *222 W 23rd St*], in dem Bob Dylan und Leonard Cohen lebten.

Alle Sportfans sollten unbedingt zu den [**Chelsea Piers**] fahren – diese umfassen die Piers 59, 60 und 61 zwischen der 17th und der 23rd Street. Der Komplex besteht aus Bowling-Bahnen, Kletterwänden, Fitnessstudios, Basketballplätzen, einer Eislauf- und Skating-Fläche und einer Schwimmhalle. Die Chelsea Piers gehören zum Teil auch zum [**Hudson River Park**], der nach dem Central Park der zweitgrößte Park in Manhattan ist. Der Park ist besonders bei Radfahrern, Joggern und Spaziergängern sehr beliebt. Zudem könnt ihr auf dem Hudson River eine Kayak-Tour oder einen Segelausflug unternehmen.

Auf dem Hudson River befindet sich auch das Restaurant [**The Frying Pan**]. Dieses ist vor allem für den wundervollen Sonnenuntergang, den man von hier aus beobachten kann, bekannt. Es ist ein Treffpunkt für alle Romantiker und Liebhaber maritimer Atmosphäre. Über den Pier 66 gelangt man direkt auf das Schiff, welches zu einem tollen Grill & BBQ Restaurant mit angeschlossener Bar umfunktioniert wurde. An manchen Tagen gibt es sogar frische Muscheln. Das Restaurant ist vom 1. Mai bis 1. Oktober geöffnet.

Ein ganz besonderer Ort, um über die Dächer der Stadt zu schauen, ist die [**Gallow Green Rooftop Garden**]. Ihr könnt hier nicht nur am Abend die Aussicht mit einem Drink in der Hand genießen, sondern auch tagsüber. Den Start in den Tag könnt ihr in der Rooftop Bar mit einem leckeren Brunch beginnen – vorab solltet ihr aber unbedingt einen Tisch reservieren.

Alle Shopping-Liebhaber werden die [**Manhattan Mall** · *100 W 33rd St*] lieben. Hier findet ihr eine große Bandbreite an Marken und das ein oder andere Schnäppchen. Volle Einkaufstüten sind garantiert. Vor allem bei schlechtem Wetter lohnt sich ein Besuch, denn die Mall ist überdacht.

MANHATTAN — CHELSEA

 **HOTELS**

06 ⌈Kimpton Hotel Eventi⌉ · *5 Sterne*
Das luxuriöse Boutique-Hotel ist eine der Top-Adressen in Chelsea. Das hauseigene Restaurant bietet Frühstück, Mittag- und Abendessen à la carte.
○ *851 6th Ave* · *zw. W 29th St & W 30th St*
❶ ❷ · *28 St*

07 ⌈Dream Downtown⌉ · *4 Sterne*
Das Wohlfühl-Designerhotel punktet mit seiner eigenen Dachterrasse mit Clublounge und der atemberaubenden Aussicht auf die Skyline von New York. Die Zimmer sind mit Designermöbeln ausgestattet und den Ausblick genießt ihr durch Bullaugenfenster.
○ *355 W 16th St* · *zw. 8th Ave & 9th Ave*
Ⓐ Ⓒ Ⓔ Ⓛ · *14 St/8 Av*

08 ⌈Chelsea Pines Inn⌉ · *3 Sterne*
Das stylische Bed & Breakfast befindet sich direkt in Chelsea. Die Innenausstattung des Hotels ist ein echter Hingucker: Die Wände sind unter anderem mit Original-Filmplakaten aus Hollywood dekoriert.
○ *317 W 14th St* · *zw. Hudson St & 8th Ave*
Ⓐ Ⓒ Ⓔ Ⓛ · *14 St/8 Av*

 **MUSEEN**

09 ⌈Rubin Museum of Arts⌉
Eines der Highlights ist das weltbekannte Rubin Museum of Arts. Hier sammeln seit drei Jahrzehnten die New Yorker Shelley und Donald Rubin buddhistische Kunst. Mandalas, Meditationsbilder und Ausstellungen zeitgenössischer asiatischer Künstler sind sehr beeindruckend.
○ *150 W 17th St* · *zw. 6th Ave & 7th Ave*
❶ ❷ · *18 St*

10 ⌈Museum at FIT⌉
Für alle Modeinteressierten ein absolutes Muss! Seit 1975 gehört das preisgekrönte Museum at FIT zu den innovativsten Fashion-Museen der Welt. Das Fashion Institute of Technology präsentiert hier, neben stets wechselnden Ausstellungen, eine der weltweit größten Mode-Ausstellungen aus dem 18. Jahrhundert bis in die heutige Zeit.
○ *227 W 27th St* · *zw. W 26th St & 27th St*
❶ ❷ · *28 St*

INSIDER GUIDES

RESTAURANTS & CAFÉS

11 ⌈Jun-Men Ramen Bar⌉ · *$*
Jun-Men bedeutet »Nudeln pur« – und genau das zeichnet die Ramen Bar aus. Die tollen Suppen sind der Wahnsinn.
○ *249 9th Ave* · *zw. W 25th St & W 26th St*
Ⓐ Ⓒ Ⓔ · *23 St*

12 ⌈La Lasagna Restaurant⌉ · *$$*
Für alle Lasagna-Liebhaber unter euch ist das der »place to be«. Hier gibt es neben vielen weiteren Gerichten 13 verschiedene Lasagnen! Wenn ihr dort seid, müsst ihr unbedingt eine davon probieren.
○ *196 8th Ave* · *zw. W 19th St & W 20th St*
Ⓐ Ⓒ Ⓔ · *23 St*

Chelsea Piers

MEHR ÜBER DIESE SPOTS ERFAHREN: LNYC.DE/00039

13 ⌈Cookshop⌉ · $$

Direkt vom Grill bekommt ihr hier Gerichte aus frischen und nachhaltig produzierten Zutaten. Ihr solltet allerdings mit einer Wartezeit rechnen.
◊ **156 10th St** · zw. W 19th St & W 20th St
 · 23 St

14 ⌈Rocking Horse Cafe⌉ · $$

Hier gibt es mexikanische Köstlichkeiten. Besonders das Dinner-Menü ist sehr empfehlenswert. Und natürlich die Drinks. Achtung, die Margaritas sind nicht zu unterschätzen und ziemlich stark.
◊ **182 8th Ave** · zw. W 19th St & W 20th St
 · 18 St

VON TINO

Ich trinke meinen Kaffee gerne im Blue Bottle Coffee. Das Café setzt auf eine individuelle »Aufbrüh-Methode« für jede einzelne Tasse Kaffee. Und das schmeckt man.

 BARS

15 ⌈Pierre Loti⌉ · $$

Die Bar bietet Weine aus Ländern wie der Türkei, Israel, Griechenland, Bulgarien und Georgien. Dazu könnt ihr kleine Gerichte, die mit lokalen Zutaten zubereitet werden, bestellen.
◊ **258 W 15th St** · zw. 7th Ave & 8th Ave
 · 14 St/8 Av

16 ⌈Cafeteria⌉ · $$

Schon beim ersten Blick in das gut gefüllte Lokal ist klar: Hier kommen hauptsächlich Locals her. Auch am Abend ist die Bar richtig gut besucht.
◊ **119 7th Ave** · zw. W 17th St & W 18th St
❶❷ · 18 St

17 ⌈Blue Bottle Coffee⌉ · $$

Auch in Chelsea findet ihr eine Filiale dieser kleinen aber feinen Kaffee-Kette.
◊ **450 W 15th St** · zw. 9th Ave & 10th Ave
 · 14 St/8 Av

Blue Bottle Coffee

18 ⌈Bathtub Gin⌉ · $$

Eine tolle Bar mit einer super Auswahl an Cocktails und Ginsorten. Auf der Speisekarte findet ihr kleine Gerichte wie Crispy Calamari, Grilled Chicken oder Burrata.
◊ **132 9th Ave** · zw. W 18th St & W 19th St
 · 14 St/8 Av

MANHATTAN — CHELSEA

🍸 ROOFTOP BARS

⭐ **[Gallow Green Rooftop Garden]** · $$
Ein ganz besonderer Ort, um mit einem leckeren Cocktail den Blick auf die Stadt zu genießen! Die Bar ist urig und edel zugleich.
📍 *542 W 27th St · zw. 10th Ave & 11th Ave*
Ⓐ Ⓒ Ⓔ · *23 St*

19 [Rare View Rooftop] · $$
Die Rooftop Bar befindet sich auf dem Dach des Hilton-Hotels »Fashion 26«. Hier seid ihr umgeben von der fantastischen Skyline von Midtown und genießt einen tollen Blick auf das Empire State Building.
📍 *152 W 26th St · zw. 6th Ave & 7th Ave*
① ② · *28 St*

20 [La Piscine] · $$$
Diesen Spot findet ihr auf dem Dach des Boutique-Hotels Americano. Von hier aus habt ihr einen tollen Blick auf das Empire State Building und über den Hudson River.
📍 *518 W 27th St · zw. 10th Ave & 11th Ave*
Ⓐ Ⓒ Ⓔ · *23 St*

🛍️ SHOPPING

21 [Manhattan Mall]
Im nordöstlichen Teil von Chelsea in New York erreicht ihr die Manhattan Mall. Dort sind alle Top-Labels ansässig und man kann von Victoria's Secret bis hin zu H&M alles finden. Bei Aeropostale findet ihr lässige Freizeitkleidung und eure Kinder werden bei Toys 'r' us sicherlich auch fündig.
📍 *100 W 33rd St · zw. 6th Ave & 7th Ave*
Ⓑ Ⓓ Ⓕ Ⓜ Ⓝ Ⓠ Ⓡ Ⓦ · *34 St-Herald Sq*

Schlendern
Chelsea überzeugt durch viele, vereinzelte kleine Geschäfte. Schlendert ihr durch die Blocks, entdeckt ihr immer wieder neue Stores.

Der Secondhandladen **[Buffalo Exchange · 114 W 26th St]** ist einer der größten Stores der Kette. Erscheint am besten eine Stunde nach Ladenöffnung, um die frisch hereingebrachten Schnäppchen der New Yorker abzustauben. Buffalo Exchange hat ein buntes Programm – von völlig durchgeknallter Mode bis zum klassischen Vintage-Teil.

Foto: Conor Harrigan
Gallow Green Rooftop Garden

CHELSEA HAT DIR GEFALLEN?
DANN SCHAU AUCH HIER VORBEI:

 Lower East Side

 Williamsburg

MEHR ÜBER DIESE SPOTS ERFAHREN: LNYC.DE/00040

GRAMERCY PARK & FLATIRON DISTRICT

Bezaubernd ruhig

Östlich von Chelsea gelegen überzeugen die Viertel Gramercy & Flatiron mit der wohl unverkennbarsten Architektur der Weltmetropole. Allen voran das signifikante dreieckige Flatiron Building, das dem Flatiron District seinen Namen gab. Es ist eines der meistfotografierten Gebäude der Stadt und ein sehr beliebtes Postkartenmotiv. Aber auch die vielen einladenden Grünanlagen machen die Gegend besonders beliebt. Gramercy & Flatiron bieten neben tollen Restaurants, Bars, Parks und Museen vor allem aber auch viele historisch wertvolle Sehenswürdigkeiten.

---

1. [Flatiron Building]
Das »Bügeleisengebäude« gehört zu den meistfotografierten Gebäuden der Stadt.
📍 *175 5th Ave · zw. E 22nd St & E 23rd St*
N Q R W · *23 St*

2. [Madison Square Park]
Plätschernde Brunnen, bunte Blumen und eine Menge Eichhörnchen – der Park ist ein wahres Naherholungsgebiet.
📍 *Madison Ave · zw. E 23rd St & E 26th St*
N Q R W · *23 St*

3. [Union Square]
Der öffentliche Platz steckt voller Abwechslung und Vielfalt. Verpasst nicht den wöchentlichen Green Market!
📍 *14th St/Union Sq*
4 5 6 L N Q R W · *14 St-Union Sq*

4. [Eataly]
Der exquisite mediterrane Genusstempel lässt das Herz eines jeden Italien-Fans höher schlagen.
📍 *200 5th Ave · zw. W 23rd St & W 24th St*
N Q R W · *23 St*

5. [Museum of Mathematics]
Nach einem Besuch in diesem Museum werdet ihr garantiert zu Mathe-Fans.
📍 *11 E 26th St · zw. 5th Ave & Madison Ave*
4 6 · *28 St*

 MEHR ÜBER DIESE SPOTS ERFAHREN: LNYC.DE/00041

GRAMERCY PARK & FLATIRON DISTRICT

VON SABRINA

Burger mit Aussicht gefällig? Dann ist Shake Shack Burger im Madison Square Park mit Blick auf das Flatiron-Gebäude genau das Richtige!

BEGIB DICH AUF ENTDECKUNGSTOUR!

Anbindung

Sights
- 01 · Flatiron Building
- 02 · Madison Square Park
- 03 · Union Square
- 04 · Eataly
- 05 · Museum of Mathematics
- 06 · The Nomad Hotel
- 07 · Ace Hotel
- 08 · The Gregory
- 09 · Theodore Roosevelt Birthplace
- 10 · Basta Pasta
- 11 · Eleven Madison Park
- 12 · The John Dory Oyster Bar
- 13 · Toby's Estate Coffee
- 14 · Brooklyn Roasting Company
- 15 · Hanjan
- 16 · Dear Irving
- 17 · The 40/40 Club
- 18 · Ampersand
- 19 · Gramercy Ale House
- 20 · Up On 20 Rooftop Bar
- 21 · 230 Fifth Rooftop Bar
- 22 · Baita Rooftop Bar

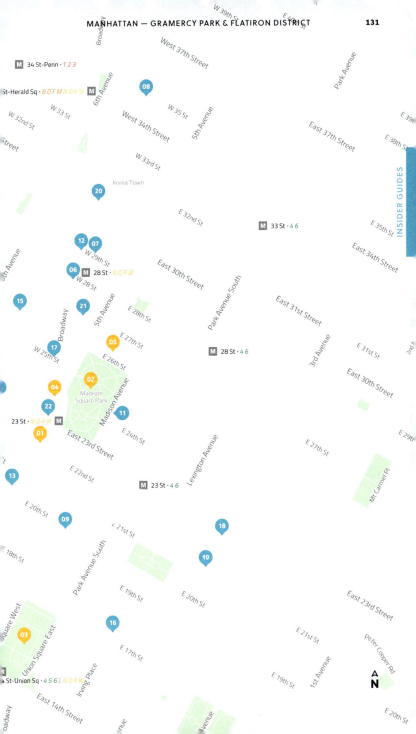

SIGHT-SEEING

Am nördlichen Ende des Flatiron Districts befindet sich der wunderschöne [Madison Square Park]. Dieser bietet euch eine tolle Aussicht auf das Empire State Building, das Flatiron Building und den MetLife Clocktower. Seinen Namen verdankt der Park übrigens James Madison, dem vierten Präsidenten der Vereinigten Staaten. Hier finden viele Open Air-Konzerte statt und mitten im Park befindet sich das Fast Food Restaurant [Shake Shack]. Es ist bekannt für die besten Burger New Yorks. Die Schlangen sind lang – das Warten lohnt sich aber allemal.

Das [Flatiron Building], welches man theoretisch beim Warten auf den Burger bewundern kann, ist definitiv eines der eindrucksvollsten Gebäude am Madison Square. Aufgrund des dreieckigen Grundrisses wurde es zum »Bügeleisen« ernannt. In dem Film Spider-Man spielt das Gebäude übrigens eine kleine Rolle: Hier befindet sich der Redaktionssitz der Zeitung Daily Bugle.

Ein absoluter Kult-Spot ist der [Union Square]. Hier gibt es einige Theater, ein großes Kino, Wochenmärkte und viele tolle Restaurants. Besonders beliebt ist das [Union Square Theatre], in welchem hauptsächlich Off-Broadway-Stücke gezeigt werden. Übrigens: Am Union Square gibt es kostenloses WLAN.

Als Symbol für das Verstreichen der Zeit, ja vielmehr des Lebens, wurde am südlichen Rand des Union Square eine Kunstinstallation von Kristin Jones und Andrew Ginzel platziert. Diese solltet ihr euch ansehen, wirklich sehr interessant. Wenn ihr echten New Yorker Honig kaufen wollt, dann verpasst nicht den wöchentlichen Markt auf dem Union Square.

Ihr liebt Pizza, Pasta, Käse, Schinken, Steaks, Wein, leckere Desserts und echtes italienisches Gelato? Dann solltet ihr dem [Eataly] unbedingt einen Besuch abstatten. Dieser Food Market (sein neuester Ableger befindet sich übrigens direkt am One World Trade Center) verfügt über das größte italienische Speisen- und Getränkesortiment der Stadt – hier findet ihr wirklich alles. Ihr solltet auch unbedingt der Nutella Bar einen Besuch abstatten, in der sündhaft leckere Crêpes (natürlich) mit Nutella serviert werden. Sehr speziell und eine beliebte Wohngegend ist der [Gramercy Park]. Diese grüne Idylle ist ein von teuren Brownstone Häusern umgebener Park. Zutritt verschafft man sich nur mit einem Schlüssel, der aber ausschließlich an die direkt am Park lebenden Anwohner ausgegeben wird. Über den Zaun hinüber oder hindurch zu schauen lohnt sich aber dennoch. Der Park ist einfach zauberhaft und wunderschön.

HOTELS

06 ⌈The Nomad Hotel⌉ · 5 Sterne
Das luxuriöse Hotel befindet sich lediglich fünf Gehminuten vom Madison Square Garden entfernt. Die Zimmer sind stilvoll eingerichtet und aus jedem Zimmer könnt ihr einen tollen Blick über die Stadt genießen.
◊ *1170 Broadway* · *zw. W 27th St & W 28th St*
Ⓝ Ⓡ Ⓡ Ⓦ · *28 St/Broadway*

07 ⌈Ace Hotel⌉ · 4 Sterne
Das hübsche Boutique-Hotel verfügt über zwei stylische Restaurants und eine Bar. Der U-Bahnhof Herald Square befindet sich in unmittelbarer Nähe zum Hotel. Jedes der geräumigen Zimmer ist individuell gestaltet.
◊ *20 W 29th St* · *zw. Broadway & 5th Ave*
Ⓝ Ⓡ Ⓡ Ⓦ · *28 St/Broadway*

08 ⌈The Gregory⌉ · 3 Sterne
Das Hotel befindet sich in einer zentralen Lage. Die Zimmer sind sehr sauber und ihr könnt jederzeit das Fitnessstudio nutzen. Nach einem langen Sightseeing-Tag könnt ihr zur Entspannung in der gemütlichen Lounge des Hotels einen Drink zu euch nehmen.
◊ *42 W 35th St* · *zw. 5th Ave & 6th Ave*
Ⓑ Ⓓ Ⓕ Ⓜ Ⓝ Ⓠ Ⓡ Ⓦ · *34 St-Herald Sq*

MUSEEN

09 ⌈Theodore Roosevelt Birthplace⌉
Gramercy Park ist bekannt für seine besonderen, uralten Brownstone Houses. Eines jedoch sticht hier besonders hervor: Auf der 28 East 20th Street steht das Geburtshaus des ehemaligen Präsidenten der Vereinigten Staaten: Theodore Roosevelt. Er wurde im Jahr 1858 in diesem Haus geboren und lebte dort bis zu seinem vierzehnten Lebensjahr. Heute ist es ein Museum, das Führungen anbietet. Am Sonntag und Montag ist das Museum geschlossen.
◊ *28 E 20th St* · *zw. Broadway & Park Ave S*
④ ⑥ · *23 St*

⭐ ⌈Museum of Mathematics⌉
In New York wurde für jeden Bereich und jedes Thema ein Museum errichtet – so bleibt auch eines über unser aller »Lieblingsschulfach« nicht aus. Das Museum of Mathematics zeigt seinen Besuchern, dass Mathe auch Spaß machen kann. Von Algebra bis Geometrie wird alles abgedeckt.
◊ *11 E 26th St* · *zw. 5th Ave & Madison Ave*
④ ⑥ · *28 St*

INSIDER GUIDES

Eataly

RESTAURANTS & CAFÉS

⭐ ⌈Eataly⌉ · $$
Im italienischen Food Market Eataly werden alle Produkte in einer attraktiven Marktatmosphäre präsentiert. Ihr könnt leckere italienische Köstlichkeiten kaufen und den Mitarbeitern bei der Herstellung zusehen. Bringt ordentlich Hunger mit – die Auswahl der Köstlichkeiten ist riesig.
◊ *200 5th Ave* · *zw. W 23rd St & W 24th St*
Ⓝ Ⓠ Ⓡ Ⓦ · *23 St*

MEHR ÜBER DIESE SPOTS ERFAHREN: LNYC.DE/00042

10 ⌊Basta Pasta⌉ · $$

Auch wenn die Mischung aus italienischer und japanischer Küche recht ungewöhnlich klingt, scheint das Konzept aufzugehen. Es gibt tolle Pasta und vor allem spannende Kombinationen der beiden Küchen – beispielsweise Pasta mit Shitake-Pilzen. Natürlich alles bio und homemade.

○ *37 W 17th St* · *zw. W 17th St & W 18th St*
 · *14 St/6 Av*

11 ⌊Eleven Madison Park⌉ · $$$

Die Kreationen von Daniel Humm sind stadtbekannt. Die Küche beschreibt sich als kreativ amerikanisch. Wenn ihr euch etwas Besonderes gönnen möchtet, seid ihr hier genau richtig. Achtung: Es ist sehr schwierig, einen Tisch zu bekommen.

○ *11 Madison Ave* · *zw. E 24th St & E 25th St*
 · *23 St*

12 ⌊The John Dory Oyster Bar⌉ · $$

Das Restaurant ist besonders empfehlenswert, wenn ihr Austern mögt. Aber auch alle anderen Fischgerichte sind köstlich. Eine Hauptspeise bekommt ihr ab 15 $ – die Preise sind also für die frischen Gerichte mehr als fair!

○ *1196 Broadway* · *zw. W 28th St & W 29th St*
 · *28 St/Broadway*

13 ⌊Toby's Estate Coffee⌉ · $

Eine sehr schöne Espresso-Bar mit ausgezeichnetem Kaffee und süßen Köstlichkeiten. Es gibt allerdings wenige Sitzgelegenheiten. Wenn ihr Zeit mitbringt, könnt ihr bestimmt einen Sitzplatz ergattern.

○ *160 5th Ave* · *zw. W 20th St & W 21th St*
 · *23 St*

14 ⌊Brooklyn Roasting Company⌉ · $$

Der Kaffee ist fantastisch, der Service super und die Location lädt zum Verweilen ein. Probiert zu eurem Heißgetränk auch unbedingt die Croissants. Diese sind besonders lecker.

○ *50 W 23rd St* · *zw. 5th Ave & 6th Ave*
 · *23 St*

BARS

15 ⌊Hanjan⌉ · $$

Ein Beispiel für ein »Jookmak« – das koreanische Exemplar eines Pubs. Das Essen ist köstlich und jeder Teller ist eine Überraschung für sich. Bestellt gern von allem etwas, denn alles ist köstlich!

○ *36 W 26th St* · *zw. 5th Ave & 6th Ave*
Ⓝ Ⓠ Ⓡ Ⓦ · *28 St/Broadway*

16 ⌊Dear Irving⌉ · $$

Das Ambiente der Bar ist im barocken Stil gehalten und sehr gemütlich. Die Drinks sind ausgezeichnet und ihr werdet super freundlich bedient. An den Tischen gibt es sogar eine Klingel, um den Service zu rufen.

○ *55 Irving Pl* · *zw. E 17th St & E18th St*
 · *14 St-Union Sq*

17 ⌊The 40/40 Club⌉ · $$$

Zu Gast bei Jay-Z? Kein Problem. Der 40/40 Club ist eine Sportsbar des Rappers, in der ihr auf riesigen Bildschirmen NBA, Football und noch mehr Sport anschauen könnt. Nachts verwandelt sich die Bar in einen angesagten Club.

○ *6 W 25th St*
Ⓝ Ⓠ Ⓡ Ⓦ · *23 St*

18 ⌊Ampersand⌉ · $$

Mit dem Ampersand verraten wir euch einen echten Geheimtipp: Die Cocktailbar ist klein, gemütlich und fest in den Händen der Locals. Auch die Auswahl an Whiskeys und lokalen Craft-Bieren lässt kaum Wünsche offen.

○ *294 3rd Ave* · *Ecke 23rd St*
④ ⑥ · *23 St*

19 ⌊Gramercy Ale House⌉ · $

Nur 100 Meter vom Ampersand entfernt wartet das nächste Highlight auf euch: Das Gramercy Ale House ist eine Sportsbar mit einer großen Auswahl gezapfter Biere und gutem Bar-Food. Jeden Mittwoch gibt es Live-Musik.

○ *272 3rd Ave* · *zw. 22nd St & 23rd St*
 · *23 St*

MANHATTAN — GRAMERCY PARK & FLATIRON DISTRICT

 SHOPPING

Das Viertel ist einst als die »Ladies Mile« bekannt gewesen. Die hochpreisigen Geschäfte sind allerdings in Richtung SoHo oder zum Meatpacking District gewandert. Was unserer Meinung nach dem Namen aber keinen Abbruch getan hat. Rund um den Union Square findet ihr eine Reihe bekannter Retailketten wie Zara, Steve Madden, Gap, American Eagle Outfitters, Foot Locker, Forever 21, H&M, Michael Kors und viele mehr.

Wenn ihr vom Madison Square Park hinunter auf der 5th Avenue in Richtung Downtown lauft, sind alle Querstraßen von der 23rd bis 14th Street ein reines Shopping-Paradies. Das Besondere: Hier ist es nicht so überlaufen wie zum Beispiel weiter Uptown.

Günstige Jeans findet ihr bei ⌈**Dave's · 581 Avenue of the Americas**⌉ – das Geschäft existiert seit 1963 und macht deutlich bessere Preise als zum Beispiel der ⌈**Levi's Store · 45 W 34th St**⌉. Ein Schnäppchen für das Schuhregal findet ihr bei ⌈**The Shoe Box · 123 5th Ave**⌉. The Shoe Box existiert schon seit dem Jahr 1954. 2016 bekam der Laden ein neues Design und hier herrscht absolute Wohlfühl-Atmosphäre. Neben Schnäppchen könnt ihr auch tolle Luxusschuhe ergattern.

 **ROOFTOP BARS**

20 ⌈**Up On 20 Rooftop Bar**⌉ · $
Wenn ihr in der Up On 20 Rooftop Bar sitzt, könnt ihr auf eine der beiden Ikonen der Stadt – das Empire State Building und das neue World Trade Center – schauen und den Tag mit leckeren Cocktails ausklingen lassen.
○ *30 W 31st St · zw. 5th Ave & 6th Ave*
Ⓝ Ⓠ Ⓡ Ⓦ · *28 St/Broadway*

21 ⌈**230 Fifth Rooftop Bar**⌉ · $$$
Die Bar 230 Fifth steht zwar in jedem Reiseführer und ist längst kein Insider mehr, aber hier solltet ihr auf jeden Fall einen Cocktail trinken. Der Blick auf das Empire State Building ist traumhaft. Und wenn das Wetter nicht mitspielen sollte: Auch die große Lounge bietet diese Aussicht!
○ *230 5th Ave · zw. W 26th St & W 27th St*
Ⓝ Ⓠ Ⓡ Ⓦ · *28 St/Broadway*

22 ⌈**Baita Rooftop Bar**⌉ · $$
Auf dem Dach der Eataly könnt ihr nicht nur selbstgebrautes Bier trinken, sondern auch wunderbar essen. Es ist – wenig überraschend – typisch italienisch und auf gehobenem Niveau: Es gibt unter anderem Sandwiches mit Portobello-Pilzen und Taleggio-Käse, Antipasti und viele andere leckere Sachen.
○ *200 5th Ave · zw. W 23rd St & W 24th St*
Ⓝ Ⓠ Ⓡ Ⓦ · *23 St*

GRAMERCY PARK & FLATIRON DISTRICT HAT DIR GEFALLEN? DANN SCHAU AUCH HIER VORBEI:

Greenwich Village
Chelsea
West Village

MEHR ÜBER DIESE SPOTS ERFAHREN: LNYC.DE/00043

UPPER EAST SIDE

Familiärer Luxuslifestyle

Reich, reicher, Upper East Side. Der Stadtteil ist der Präsentierteller der Superreichen. Im Zentrum liegt die von Wohnpalästen gesäumte Park Avenue – eine Zweizimmer-Wohnung kostet hier um die 5.000 $ Miete im Monat. Wer kurzzeitig in den Luxuslifestyle der New Yorker Schickeria eintauchen will, ist hier richtig. Teure Sportwagen röhren über die Straßen, exklusive Designer-Boutiquen verköstigen die gutbetuchte Kundschaft mit Champagner. Und wer bereit ist, etwas tiefer in die Tasche zu greifen, bekommt in den edlen Restaurants jede noch so seltene Delikatesse. Hinzu kommt ein echter Reichtum an Kunst- und Kultur auf der Museum Mile.

INSIDER GUIDES

1 [Central Park]
Der Central Park ist die grüne Lunge Manhattans und zu jeder Jahreszeit einen Besuch wert.
○ *W 85th St/Central Pk W*
Ⓐ Ⓒ Ⓑ · *86 St*

2 [Roosevelt Island]
Roosevelt Island ist eine kleine Insel im East River, die ihr über eine Seilbahn erreichen könnt.
○ *Main St*
Ⓕ · *Roosevelt Island*

3 [Metropolitan Museum of Art (Met)]
Das Met ist das größte Kunstmuseum der USA und zeigt eine große Bandbreite bedeutender kunsthistorischer Sammlungen aus der ganzen Welt.
○ *1000 5th Ave · Ecke 5th Ave & E 82nd St*
Ⓐ Ⓑ Ⓒ · *86 St*

4 [Guggenheim Museum]
Das Guggenheim Museum auf der 5th Avenue ist eine architektonische Meisterleistung und gehört nicht nur deshalb zu den Top 5 Museen in New York City.
○ *1071 5th Ave · zw. E 88th St & E 89th St*
Ⓐ Ⓑ Ⓒ · *86 St*

5 [Shopping in Upper East Side]
Auf vier Avenues findet ihr das reinste Shopping-Paradies.
○ *Lexington Ave, Park Ave, Madison Ave & 5th Ave*
Ⓐ Ⓑ · *59 St, 68 St, 86 St, 96 St & 103 St*
Ihr könnt an jeder Station aussteigen, um ausgiebig shoppen zu gehen.

 MEHR ÜBER DIESE SPOTS ERFAHREN: LNYC.DE/00044

UPPER EAST SIDE

VON TINO
Im Sommer habt ihr vom Dach des Metropolitan Museum einen unglaublichen Blick auf den Central Park!

BEGIB DICH AUF ENTDECKUNGSTOUR!

Anbindung
① ④ ⑤ ⑥ Ⓐ Ⓒ Ⓑ Ⓕ Ⓝ Ⓠ Ⓡ

Sights
- 01 · Central Park
- 02 · Roosevelt Island
- 03 · Metropolitan Museum of Art (Met)
- 04 · Guggenheim Museum
- 05 · Shopping
- 06 · The Mark
- 07 · Chambers Hotel
- 08 · The Franklin NYC
- 09 · Museum of the City of New York
- 10 · El Museo del Barrio
- 11 · Neue Galerie
- 12 · Jewish Museum
- 13 · Cooper-Hewitt, Smithsonian Design Museum
- 14 · The Frick Collection
- 15 · Dos Toros Taqueria
- 16 · Daniel
- 17 · Uva
- 18 · Jackson Hole
- 19 · Café Boulud
- 20 · Lexington Candy Shop
- 21 · Pastrami Queen
- 22 · Pony Bar
- 23 · Ryan's Daughter
- 24 · Eats on Lex
- 25 · J.G. Melon
- 26 · The Cantor Roof Garden Bar

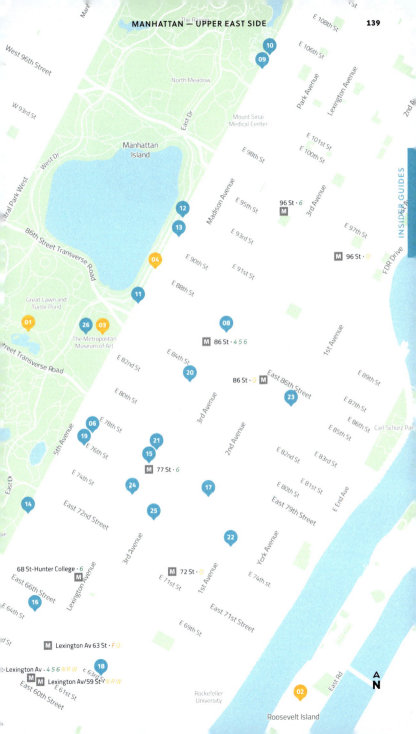

SIGHT-SEEING

Der **Central Park** ist mit seinen 340 Hektar Größe ein beliebter Treffpunkt für die New Yorker. Mit über 25 Millionen Besuchern ist das von Menschenhand erschaffene Idyll nicht nur für Touristen ein Anziehungspunkt. Hier finden die Großstädter Ruhe und Entspannung. Ein Highlight ist das Bootfahren – ausleihen könnt ihr euch die Boote im Loeb Boathouse, und ganz gemütlich schippert ihr dann auf dem Central Park Lake herum. Auch **Roosevelt Island** ist ein Ort für Entspannung und Idylle. Die kleine, knapp drei Kilometer lange Insel im East River befindet sich zwischen den Stadtbezirken Manhattan und Queens. Ihr erreicht sie beispielsweise bei einer romantischen Gondelfahrt mit der Roosevelt Tramway, die euch vom Wasser aus einen wundervollen Blick auf Manhattan bietet. Die Fahrt kostet so viel wie eine Subwayfahrt (3 $) und lässt sich ganz einfach mit der Metrocard bezahlen. Nach der entspannten Gondelfahrt lädt der Four Freedoms Park auf Roosevelt Island zum Relaxen ein. Der Park wurde im Herbst 2012 eröffnet und befindet sich am südlichen Zipfel der Insel.

Vor allem an regnerischen Tagen eignet sich ein Tag im Museum optimal. Dank vieler spendabler reicher New Yorker entstand in den vergangenen 130 Jahren eine spannende Ansammlung von Kunstausstellungen und kulturellen Einrichtungen auf der Upper East Side. Die Strecke von der 82nd bis 105th Street entlang der 5th Avenue wird deshalb auch »Museum Mile« genannt. Ganz besondere Highlights sind das Metropolitan Museum of Art und das Guggenheim Museum. Im **Metropolitan Museum of Art (Met)** findet ihr eine Bandbreite an kunsthistorischen Sammlungen aus der ganzen Welt. Besonderes Highlight: der Tempel von Dendur – ein ägyptischer Tempel, der vollständig erhalten wurde. Im Gegensatz dazu findet ihr im **Guggenheim Museum** moderne Kunst in einem wirklich absolut beindruckenden Bauwerk. Wer es entspannt mag, genießt in der dritten Etage bei einem Espresso oder einer Tasse Tee einen tollen Ausblick auf den Central Park. Das Guggenheim Museum ist übrigens auch ein sehr beliebter Drehort für viele bekannte Kino-Blockbuster. Will Smith jagte hier schon einen Alien in »Men in Black« die spiralförmige Rampe entlang.

In der Welt der Reichen und Schönen ist es kaum verwunderlich, dass sich hier die besten Shoppingmöglichkeiten befinden. Neben dem riesigen Kaufhaus **Bloomingdale's** sind nennenswerte Einkaufsstraßen die Lexington, Park, Madison und natürlich 5th Avenue. Neben den Designer-Stores befinden sich hier auch viele der Retailketten wie H&M, Zara und Nike.

 HOTELS

 MUSEEN

06 [The Mark] · *5 Sterne*
Das im Jahr 1929 erbaute Hotel wurde 2009 als eines der besten modernen Luxushotels in New York City neu eröffnet. Die Inneneinrichtung ist bunt und schrill. An der hauseigenen Bar könnt ihr euch abends die besten Cocktails mixen lassen.
25 E 77th St · zw. E 77th St & E 78th St
 · *77 St*

07 [Chambers Hotel] · *4 Sterne*
Das Hotel liegt in einem Einkaufsviertel und ist somit für alle Shopping-Liebhaber perfekt. Aus jedem der 77 stylisch eingerichteten Zimmer erwartet euch ein toller Ausblick. Wenn ihr nicht auswärts essen möchtet, könnt ihr im Restaurant des Hotels königlich dinieren.
15 W 56th St · zw. 5th Ave & 6th Ave
 · *57 St*

08 [The Franklin NYC] · *3 Sterne*
Das romantische Hotel befindet sich in einer ruhigen Ecke nahe des Central Parks. Die Zimmer sind zwar klein, dafür aber sehr schick und sauber. Auf Wunsch könnt ihr hier den Tag mit einem üppigen Frühstück beginnen.
164 E 87th · zw. Lexington Ave & 3rd Ave
 · *86 St*

⭐ [Metropolitan Museum of Art (Met)]
Im Met wird die Geschichte der Kunst vom Beginn der Menschheit bis heute dargestellt. Ein Besuch ist eine Reise in die Vergangenheit: Mit über zwei Millionen Kunstwerken aus über 5.000 Jahren auf einer Ausstellungsfläche von 16 Hektar, brachte es das Metropolitan Museum zur meistbesuchten Attraktion in New York City. Wir empfehlen euch, im Vorfeld einen Plan zu erstellen, welche Abschnitte ihr euch im Museum anschauen wollt. Es ist leider fast unmöglich, alles an einem Tag zu schaffen.
1000 5th Ave · Ecke 5th Ave & E 82nd St
❹❺❻ · *86 St*

09 [Museum of the City of New York]
Ein tolles Museum, um die Stadt noch besser kennenzulernen. Hier bekommt ihr einen spannenden Einblick in die Geschichte der Stadt. Neben Gemälden, Zeichnungen, Drucken, Karten und Fotografien werden hier auch Kleidungsstücke, Möbel, alte Spielsachen, seltene Bücher und Manuskripte ausgestellt.
1220 5th Ave · zw. Museum Mile & Madison Ave
 · *103 St*

⭐ [Guggenheim Museum]
Das Guggenheim Museum auf der 5th Avenue ist eine architektonische Meisterleistung: Der bizarre Bau des amerikanischen Meisterarchitekten Frank Lloyd Wright wird von seinen Kritikern oft als »Tasse aus Beton« bezeichnet. Es ist aber nicht ohne Grund eines der berühmtesten Gebäude der Stadt und eines der beliebtesten Museen für moderne Kunst. Werke von Wassily Kandinsky, Robert Delaunay, Fernand Léger, Vincent Van Gogh, Monet und Picasso sind ein Teil der wertvollen Ausstellung.
1071 5th Ave · zw. E 88th St & E 89th St
❹❺❻ · *86 St*

Guggenheim Museum

The Frick Collection

10 ⌈El Museo del Barrio⌉

Das Museo del Barrio, ganz im Norden der Museum Mile, widmet sich der Kultur und Kunst aus Lateinamerika. Nach einer 35 $ Millionen teuren Renovierung eröffnete das Museum im Jahr 2009 neu und ist seitdem beliebter denn je. Die Ausstellung zeigt ein weites Feld ausgefallener Kunst mit über 6.500 Ausstellungsstücken und bietet zudem noch interessante Wechselausstellungen.

1230 5th Ave · zw. E 104th St & E 105th St
④ ⑥ · *103 St*

11 ⌈Neue Galerie⌉

Auf den Spuren der deutschen und österreichischen Kunst könnt ihr hier einiges entdecken: Der erste Stock widmet sich der österreichischen Kunst des frühen 20. Jahrhunderts mit Werken unter anderem von Gustav Klimt, Egon Schiele und Oskar Kokoschka. Die zweite Etage befasst sich mit der deutschen, vornehmlich expressionistischen, Kunst jener Epoche. Beeindruckende Werke von Paul Klee, Ernst Ludwig Kirchner, Otto Dix und Wassily Kandinsky sind nur ein Auszug aus den Schätzen der Neuen Galerie.

1048 5th Ave · zw. E 85th St & E 86th St
④ ⑤ ⑥ · *86 St*

12 ⌈Jewish Museum⌉

Dieses Museum ist mehr als 100 Jahre alt und umfasst eine beeindruckende Sammlung von Kunst und religiösen Exponaten der vergangenen 4.000 Jahre. Mit 27.000 Ausstellungsstücken befindet sich hier die größte Sammlung jüdischer Kunst und Kultur weltweit.

1109 5th Ave · zw. E 92nd St & E 93rd St
④ ⑥ · *96 St*

13 ⌈Cooper-Hewitt, Smithsonian Design Museum⌉

Das Museum bietet nach dem Victoria and Albert Museum in London die drittgrößte Ausstellung für Design und Kunstgewerbe weltweit und hat in der Carnegie-Villa einen angemessenen Ausstellungsort gefunden.

2 E 91st St · E 90th St & E 91st St
④ ⑥ · *96 St*

14 ⌈The Frick Collection⌉

Auf dem südlichen Ende der Museum Mile gelegen befindet sich das Kunstmuseum The Frick Collection. Die Villa am Central Park war einst das Zuhause von Henry Clay Frick (1849–1919), ein wohlhabender Industrieller und Kunstsammler, der nach seinem Tod seinen repräsentativen Wohnsitz als Museum der Öffentlichkeit zugänglich machte. Zu den von Frick erworbenen 131 Gemälden kamen mit der Zeit 75 weitere Bilder hinzu, die durch die Stiftung angekauft wurden. Absolut sehenswert.

1 E 70th St · zw. 5th Ave & Madison Ave
④ ⑥ · *68 St-Hunter College*

RESTAURANTS & CAFÉS

15 ⌈Dos Toros Taqueria⌉ · $

Hier bekommt ihr eine große Auswahl an mexikanischen Köstlichkeiten. Egal ob Tacos, Burritos, Quesadillas oder Salate – die Portionen sind üppig. Und das zu unschlagbaren Preisen: Einen Salat gibt es ab 9 $, Burritos schon ab 10 $.

○ *1111 Lexington Ave* · *zw. E 77th St & E 78th St*
④ ⑥ · *77 St*

16 ⌈Daniel⌉ · $$$

Ein sehr elegantes französisches Restaurant mit exzellenter Küche. Ihr solltet euch hier auf jeden Fall schick anziehen. Kümmert euch vorher unbedingt um eine Reservierung.

○ *60 E 65th St* · *zw. Park Ave & Madison Ave*
Ⓕ Ⓝ Ⓠ · *Lexington Av/63 St*

17 ⌈Uva⌉ · $$

Uva ist ein italienisches Restaurant mit wunderbarer Atmosphäre, tollem Essen und fantastischen Weinen. Bella Vita in New York. Wir können euch die homemade Gnocchi empfehlen.

○ *1486 2nd Ave* · *zw. E 77th St & E 78th St*
④ ⑥ · *77 St*

18 ⌈Jackson Hole⌉ · $$

Richtig gute Burger und Chicken Sandwiches bekommt ihr hier. Aber Achtung – die Burger sind wirklich riesig! Nach einer langen Sightseeingtour werdet ihr hier definitiv gestärkt und zufrieden hinausgehen.

○ *232 E 64th St* · *zw. 2nd Ave & 3rd Ave*
Ⓕ Ⓝ Ⓠ · *Lexington Av/63 St*

19 ⌈Café Boulud⌉ · $$

Extravagante, französische Küche in einem Restaurant mit Bistro-Charakter. Sehr schick und exklusiv. Besonders empfehlenswert ist hier der Brunch am Wochenende.

○ *20 E 76th St* · *zw. Madison Ave & 5th Ave*
Ⓕ Ⓝ Ⓠ · *Lexington Av/63 St*

20 ⌈Lexington Candy Shop⌉ · $

Der Lexington Candy Shop erinnert an eine vergangene Ära in New York, als es in jedem Stadtteil noch sogenannte Luncheonettes gab. Genau so typisch wie der Laden selbst ist auch seine Karte. Besonders beliebt ist das Frühstück: Die French Toasts sind unfassbar lecker und auch die Pancakes mit Erdbeeren sind empfehlenswert.

○ *1226 Lexington Ave* · *zw. 82nd St & 83rd St*
④ ⑤ ⑥ · *86 St*

21 ⌈Pastrami Queen⌉ · $

Neben dem Katz's Delicatessen zählt die Pastrami Queen zu unseren Lieblingspastrami-Läden. Die Sandwiches sind koscher, unfassbar lecker und richtig dick belegt. Seit knapp 30 Jahren ist der Laden unverändert und steht für sehr gute Gerichte.

○ *1125 Lexington Ave* · *Ecke 78th St*
④ ⑥ · *77 St*

Lexington Candy Shop

MEHR ÜBER DIESE SPOTS ERFAHREN: LNYC.DE/00046

BARS

22 ⌜Pony Bar⌝ · $
Eine unserer Lieblingsbars auf der Upper East Side: Es gibt eine riesige Auswahl an Craft-Bieren, die in der Stadt ihresgleichen sucht!
◊ *1444 1st Ave* · *zw. E 75th St & E 76th St*
④ ⑥ · *77 St*

23 ⌜Ryan's Daughter⌝ · $
Die Bar ist ein typischer Irish Pub mit fantastischem Service. Probiert unbedingt das frischgezapfte Guinness – Chips gibt es kostenlos dazu!
◊ *350 E 85th St* · *zw. 1st Ave & 2nd Ave*
④ ⑤ ⑥ · *86 St*

24 ⌜Eats on Lex⌝ · $$
Von außen recht unscheinbar und eine der klassischen Bar & Burger-Locations, die wir so lieben. Probiert unbedingt den Dry Aged Steak-Burger mit karamellisierten Zwiebeln und French Fries.
◊ *1055 Lexington Ave* · *zw. E 74th St & E 75th St*
④ ⑥ · *77 St*

25 ⌜J.G. Melon⌝ · $$
Hier scheint die Zeit spurlos vorbeigegangen zu sein, denn der Pub versprüht noch den Glanz alter Tage – und es gibt einen der besten Burger der Stadt.
◊ *1291 3rd Ave* · *zw. 74th St & 75th St*
④ ⑥ · *77 St*

 **ROOFTOP BARS**

26 ⌜The Cantor Roof Garden Bar⌝ · $$
Ein toller Spot, in dem ihr von Mai bis Oktober Kunst, Kaffee, leichte Snacks und Cocktails genießen könnt. Und das mit einem sensationellen Blick über den Central Park, Midtown und die Upper East Side.
◊ *1000 5th Ave* · *zw. 79th St Transverse & 85th St Transverse*
④ ⑤ ⑥ · *86 St*

Ausblick vom The Cantor Roof Garden Bar

Dos Toros Taqueria

SHOPPING

Die wesentlichen Begriffe, die ihr euch im Zusammenhang mit der Upper East Side und Shopping merken müsst, lauten: Lexington, Park, Madison und Fifth. Diese vier Avenues sind das reinste Shopping-Paradies. Es reihen sich besonders auf der Madison Avenue die Top-Designer und Luxus-Boutiquen aneinander – aber auch »Normalsterbliche« können hier die Kreditkarte glühen lassen. Es muss nicht immer richtig teuer sein. Die großen Retailketten, wie Zara, Victoria's Secret, Superdry, H&M und viele mehr haben hier große Stores, die jedes Shoppingherz höher schlagen lassen. Startet eure Shoppingtour am besten auf der Lexington Avenue in Höhe der 59th Street.

Bloomingdale's · *1000 3rd Ave* und **Barneys New York** · *660 Madison Ave* sind auch einen Besuch wert. Bloomingdale's gehört neben Macy's am Herald Square zu den beliebtesten Shopping-Spots in New York City. Die Kaufhäuser führen neben lokalen Designern auch große Labels und haben ein breites Sortiment an Kleidung, Schuhen, Taschen, Schmuck und Kosmetik.

UPPER EAST SIDE HAT DIR GEFALLEN? DANN SCHAU AUCH HIER VORBEI:

 Park Slope

 West Village

MEHR ÜBER DIESE SPOTS ERFAHREN: LNYC.DE/00047

UPPER WEST SIDE

Kulturelle Vielfalt zwischen Hudson und Central Park

Im 17. Jahrhundert wurde die Upper West Side als »Bloomingdale« (das blühende Tal) bezeichnet. Zu dieser Zeit besaß das Viertel einen sehr ländlichen Charakter und viele reiche New Yorker Kaufleute hatten hier ihren Landsitz. 1859 eröffnete der berühmte Central Park und in der Folge entstanden im 19. Jahrhundert wunderschöne, imposante Häuser mit einem atemberaubenden Ausblick auf New Yorks grüne Lunge. Heute ist der Stadtteil geprägt von kultureller Vielfalt und bietet eine große Auswahl ausgefallener Restaurants.

1 ⌈Central Park⌋
Der Central Park ist mit seinen 340 Hektar ein beliebter Treffpunkt für Locals und Touristen und ist immer einen Besuch wert.
○ *1 W 72nd St · zw. Columbus Ave & Central Pk W*
Ⓐ Ⓒ Ⓑ · *72 St*

2 ⌈Columbia University⌋
In den sogenannten Morningside Heights befindet sich Manhattans Campus: die Columbia University – eine der ältesten Universitäten der Vereinigten Staaten.
○ *115th St · zw. Broadway & Amsterdam Ave*
❶ · *116 St-Columbia University*

3 ⌈Columbus Circle⌋
Der Columbus Circle ist ein mehrspuriger Kreisel direkt an der südwestlichen Ecke vom Central Park.
○ *Columbus Circle/59th St*
Ⓐ Ⓒ Ⓑ Ⓓ · *59 St-Columbus Circle*

4 ⌈Lincoln Center⌋
Das Lincoln Center reicht über acht Straßenblocks und bietet in sieben Konzerthallen und Theatern bis zu 15.000 Zuschauern Platz.
○ *10 Lincoln Center Plaza · zw. Amsterdam Ave & Columbus Ave*
❶ ❷ · *66 St-Lincoln Center*

5 ⌈American Museum of Natural History⌋
Auf fünf Stockwerken wird im bedeutendsten Museum für Naturgeschichte der Welt die Geschichte der Menschheit behandelt.
○ *Central Pk W, 79th St · zw. Columbus Ave & Central Pk W*
Ⓐ Ⓒ Ⓑ · *81 St-Museum of Natural History*

MEHR ÜBER DIESE SPOTS ERFAHREN: LNYC.DE/00048

UPPER WEST SIDE

VON SABRINA

Einen der besten Blicke über den Central Park habt ihr aus der MO bar des Mandarin Oriental direkt am Columbus Circle. Einfach beeindruckend!

BEGIB DICH AUF ENTDECKUNGSTOUR!

Anbindung

Sights
- 01 · Central Park
- 02 · Columbia University
- 03 · Columbus Circle
- 04 · Lincoln Center
- 05 · American Museum of Natural History
- 06 · The Mandarin Oriental
- 07 · Empire Hotel
- 08 · Hotel Newton
- 09 · Museum of Arts & Design
- 10 · New York Historical Society Museum
- 11 · American Folk Art Museum
- 12 · Barney Greengrass
- 13 · Boulud Sud
- 14 · Celeste
- 15 · Per Se
- 16 · Café Frida
- 17 · Irving Farm Coffee Roasters
- 18 · West End Hall
- 19 · The Empire Rooftop & Lounge
- 20 · Sky Terrace at Hudson
- 21 · Time Warner Center
- 22 · Broadway

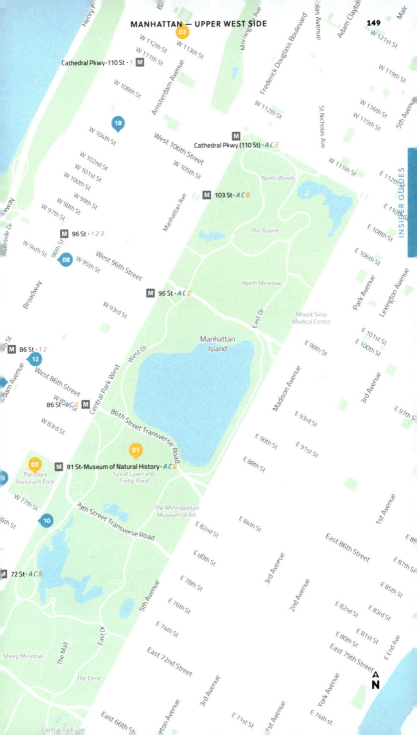

SIGHT-SEEING

Die Upper West Side erstreckt sich vom Columbus Circle an der 59th bis 110th Street in Richtung Norden, der Central Park West begrenzt sie an der östlichen und der Riverside Park an der westlichen Seite. Im [Central Park] gibt es vieles zu entdecken, ganz gleich zu welcher Jahreszeit ihr da seid – ob im Frühjahr, wenn alles grün wird und blüht, im Sommer, wenn Konzerte stattfinden und überall Sport getrieben wird, im Herbst, wenn das Laub der Bäume bunt leuchtet oder im Winter, wenn die Eislaufbahnen eröffnen.

An der südwestlichen Ecke vom Central Park befindet sich der [Columbus Circle], in dessen Mitte das 20 Meter hohe Columbus-Monument steht. Hier treffen verschiedene Straßen aufeinander: die 59th Street, 8th Avenue, der Broadway und Central Park West.

Direkt am Circle findet ihr die Mall Times Warner Center, in der ihr viele bekannte Brands und Labels findet – der »place to be«, wenn ihr ausgiebig shoppen wollt. Einer der kulturellsten Hotspots von New York ist das [Lincoln Center]. Es besteht aus mehreren Veranstaltungsgebäuden, zu denen die Metropolitan Opera, das Center Theater mit seinem Ballett-Programm, eine Kunstschule und mehrere Konzertsäle und Theaterräume gehören. Wenn ihr die Zeit habt, solltet ihr euch auf jeden Fall eine Veranstaltung anschauen oder an einem der geführten Rundgänge teilnehmen.

Eine weitere Attraktion ist das [American Museum of Natural History] – die Architektur des Gebäudes ist ebenso einzigartig wie seine Größe, denn das Museum besteht aus unglaublichen 25 miteinander verbundenen Gebäuden und umfasst eine gigantische Sammlung von teilweise originalen Dinosaurier-Skeletten. Wenn ihr eine der besten Universitäten der Welt sehen möchtet, dann solltet ihr euch die [Columbia University] anschauen. Unter den ehemaligen Absolventen finden sich berühmte Namen wie Alexander Hamilton, Allen Ginsberg und Barack Obama.

INSIDER TIPP

VON TINO

Leiht euch am Central Park ein Fahrrad aus (oder Citi Bike) und entdeckt die grüne Lunge Manhattans. Einmal rundherum sind knapp zehn Kilometer lang.

HOTELS

MUSEEN

06 ⌜The Mandarin Oriental⌝ · *5 Sterne*
Das Mandarin Oriental ist das Hotel mit dem wohl besten Blick über den Central Park und den Columbus Circle. Es bietet einen luxuriösen Mix aus asiatisch angehauchtem und klassischem Design. Der Service ist hervorragend und das erstklassige Restaurant sowie der Spa-Bereich schaffen eine Wohlfühl-Atmosphäre.
◌ *80 Columbus Circle · Ecke 60th St*
🅐 🅒 🅑 🅓 · *59 St-Columbus Circle*

07 ⌜Empire Hotel⌝ · *4 Sterne*
Das Empire Hotel zählt zu den bekanntesten Hotels in New York – schon allein durch den markanten Neon-Schriftzug auf dem Dach und seiner Hauptrolle in der Serie »Gossip Girl«.
◌ *44 W 63rd St · zw. Columbus Ave & Broadway*
🅐 🅒 🅑 🅓 · *59 St-Columbus Circle*

08 ⌜Hotel Newton⌝ · *3 Sterne*
Das gemütliche Hotel punktet mit seiner zentralen Lage. In nur wenigen Gehminuten seid ihr direkt am Central Park. Jedes Zimmer verfügt über eine Mikrowelle und einen Kühlschrank. Die Rezeption ist 24 Stunden besetzt.
◌ *2528 Broadway · zw. W 94th St & W 95th St*
❶ ❷ ❸ · *96 St*

⭐ **⌜American Museum of Natural History⌝**
Auf fünf Stockwerken wird im bedeutendsten Naturgeschichtemuseum der Welt die Geschichte der Menschheit behandelt – von der Steinzeit bis ins Weltraumzeitalter, vom Saurierknochen bis in weit entfernte Galaxien. Es ist eine spannende Reise auf über 110.000 Quadratmetern.
◌ *Central Pk W, 79th St · zw. Columbus Ave & Central Pk W*
🅐 🅒 🅑 · *81 St-Museum of Natural History*

09 ⌜Museum of Arts & Design⌝
Das Museum of Arts & Design widmet sich dem zeitgenössischen Kunsthandwerk und Design. Der Museumsshop ist großartig und bietet eine Auswahl verschiedenster Artikel rund um das Thema Design. Macht auf jeden Fall eine kleine Verschnaufpause in dem Café, denn es bietet euch einen sagenhaften Blick auf den Central Park.
◌ *2 Columbus Circle · zw. 8th Ave & Broadway*
🅐 🅒 🅑 🅓 · *59 St-Columbus Circle*

10 ⌜New York Historical Society Museum⌝
Das New York Historical Society Museum wurde 1804 gegründet und ist somit das älteste Museum in der Stadt. Im Museumsshop könnt ihr sehr interessante Bücher kaufen.
◌ *170 Central Pk W · zw. W 76th St & W 77th St*
🅐 🅒 🅑 · *72 St*

11 ⌜American Folk Art Museum⌝
Das American Folk Art Museum bietet seinen Besuchern über 5.000 Ausstellungsstücke der Volkskunst und des Kunsthandwerks. Zu den bekanntesten Werken gehört die Flag Gate, eine amerikanische Flagge aus Holz und Metall.
◌ *2 Lincoln Sq · Ecke 66th St*
❶ ❷ · *66 St-Lincoln Center*

American Museum of Natural History

MEHR ÜBER DIESE SPOTS ERFAHREN: LNYC.DE/00049

🍴 RESTAURANTS & CAFÉS

12 ⌈Barney Greengrass⌉ · $
Ein legendärer Deli auf der Upper West Side. Die Portionen sind riesig und die klassisch amerikanische Küche überzeugt auf ganzer Linie.
📍 **541 Amsterdam Ave** · *zw. W 86th St & W 87th St*
① ② · *86 St*

13 ⌈Boulud Sud⌉ · $
Mediterrane Küche mit Inspirationen aus Ägypten, Türkei, Frankreich und Griechenland. Großer Pluspunkt neben dem hervorragenden Essen: An den Tischen genießt ihr viel Bewegungsfreiheit – eine Seltenheit in Manhattan.
📍 **20 W 64th St** · *zw. Broadway & Central Pk W*
① ② · *66 St-Lincoln Center*

14 ⌈Celeste⌉ · $$
Ein sehr beliebtes und bekanntes Restaurant mit italienischer Küche. Hier ist es allerdings ziemlich eng – das Essen macht den Platzmangel aber wieder wett! Achtung: Cash only.
📍 **502 Amsterdam Ave** · *zw. W 84th St & W 85th St*
① ② · *86 St*

15 ⌈Per Se⌉ · $$
Exquisite französische Küche im Gebäude des Time Warner Centers. Geschmack, Service und Preis sind gleichermaßen auf einem sehr hohen Niveau.
📍 **10 Columbus Circle** · *The Shops at Columbus Circle*
Ⓐ Ⓒ Ⓑ Ⓓ · *59 St-Columbus Circle*

16 ⌈Café Frida⌉ · $
Unweit vom Museum of Natural History findet ihr das Café Frida. Wer mexikanisches Essen liebt, dem wird es hier gefallen. Egal ob zum Lunch, Brunch oder Dinner. Die Gerichte sind sehr liebevoll angerichtet und das Personal ist sehr zuvorkommend.
📍 **368 Columbus Ave** · *zw. W 77th St & W 78th St*
Ⓐ Ⓒ Ⓑ · *81 St-Museum of Natural History*

17 ⌈Irving Farm Coffee Roasters⌉ · $
Genau richtig für eine Pause zwischendurch. Und dabei könnt ihr sehr guten Kaffee genießen und kleine süße Köstlichkeiten dazu bestellen.
📍 **224 W 79th St** · *zw. Broadway & Amsterdam Ave*
① ② · *79 St*

 BARS

18 ⌈West End Hall⌉ · $$
Die Auswahl an internationalen und lokalen Bieren ist riesig – dazu gibt es sehr gutes Essen und eine Live-Übertragung von Sport-Events. Was will Mann mehr?
📍 **2756 Broadway** · *zw. W 105th St & W 106th St*
① · *103 St*

Time Warner Center

ROOFTOP BARS

19 ⌈The Empire Rooftop & Lounge⌉ · $$$
Das Empire Hotel hat eine tolle Rooftop Bar mit Blick auf das Lincoln Center und die Upper West Side.
📍 *44 W 63rd St · zw. Columbus Ave & Broadway*
❶❷ · *66 St-Lincoln Center*

20 ⌈Sky Terrace at Hudson⌉ · $$
Die Bar ist ein absoluter Geheimtipp. Die Drinks sind erstklassig und ihr könnt bis zum Hudson River schauen – und mit guten Augen sogar die Statue of Liberty sehen.
📍 *358 W 58th St · zw. 8th Ave & 9th Ave*
Ⓐ Ⓒ Ⓑ Ⓓ · *59 St-Columbus Circle*

SHOPPING

21 ⌈Time Warner Center⌉
Die Gegend rund um den Columbus Circle gilt als eine beliebte Shopping-Gegend. Zu Recht, denn hier reihen sich die Geschäfte rund um den bekanntesten Kreisverkehr der Stadt. Im Time Warner Center findet ihr eine Reihe von Retailketten wie zum Beispiel H&M, Michael Kors und Sephora. Für die Läufer unter Euch: In der Mall befindet sich der Store der Running Company New York. Hier ziehen sich nicht nur die Läufer für ihren Lauf im Central Park um (Wertsachen können kostenfrei in Schränken verstaut werden), sondern man findet hier auch hochqualifiziertes Personal, die neuesten Kollektionen der gängigen Sportlabels und eine riesige Auswahl an Laufschuhen.

22 ⌈Broadway⌉
Wenn ihr vom Columbus Circle in Richtung Broadway oder Amsterdam Avenue geht, stoßt ihr auch auf tolle Geschäfte, wie einen gut sortierten ⌈Zara · *1963 Broadway*⌉, das Schnäppchen-Kaufhaus ⌈Century 21 · *1972 Broadway*⌉, einen Apple Store · *1981 Broadway*⌉ und viele weitere bekannte Stores.

Auf der Upper West Side befindet sich einer der gemütlichsten ⌈Barnes & Noble-Läden · *82nd St & Broadway*⌉ der ganzen Stadt. Der Buchladen verfügt über ein riesiges Angebot an Literatur sowie ein Café.

The Empire Rooftop & Lounge

UPPER WEST SIDE HAT DIR GEFALLEN? DANN SCHAU AUCH HIER VORBEI:

Park Slope

Upper East Side

MEHR ÜBER DIESE SPOTS ERFAHREN: LNYC.DE/00050

HARLEM & WASHINGTON HEIGHTS

Crescendo afroamerikanischer Kultur

Verwahrlost und gefährlich? Das mag einst auf Harlem zugetroffen haben, doch diese Zeiten sind lange vorbei. Die einstige Wiege der Jazzmusik mit Bars und Nachtclubs ist eines der aufstrebendsten Viertel New Yorks und gilt als Zentrum afroamerikanischer Lebensart. Harlem mag nicht viele Sehenswürdigkeiten bieten, doch hier erlebt ihr ein mitreißendes Crescendo aus Soulfood-Restaurants, Gospel-Chören, einzigartigen Jazz-Clubs und Plattenläden, aus denen Hip-Hop-Beats auf die Straße dringen.

TOP 5 SIGHTS

1 ⸢Harlem Meer im Central Park⸥
Eine Gegend des Central Parks, die viele oftmals ganz vergessen, dabei ist es im Norden des Parks ebenso schön.
○ *Central Pk N · zw. Adam Clayton Powell Jr Blvd & Malcolm X Blvd*
❷ ❸ · *Central Pk N (110 St)*

2 ⸢Apollo Theatre⸥
Hier begann die Karriere vieler Weltstars, wie die von Duke Ellington, Louis Armstrong und Count Basie.
○ *253 W 125th St · zw. Frederick Douglas Blvd & Adam Clayton Powell Jr Blvd*
Ⓐ Ⓒ Ⓑ Ⓓ · *125 St*

3 ⸢The Cloisters⸥
Der 1934–1938 erbaute Komplex beherbergt die Sammlung mittelalterlicher Kunst des Metropolitan Museum.
○ *99 Margaret Corbin Drive*
Ⓐ · *190 St*

4 ⸢La Marina NYC – Restaurant & Beach Bar⸥
Von hier aus könnt ihr wunderbar den Sonnenuntergang mit einem Cocktail in der Hand genießen.
○ *348 Dyckman St*
Ⓐ · *Dykman St*

5 ⸢George Washington Bridge⸥
New York City's einzige Brücke über den Hudson River liegt im Herzen Harlems und ist ein wesentlicher Bestandteil der Gegend.
○ *George Washington Bridge*
Ⓐ · *175 St*

MEHR ÜBER DIESE SPOTS ERFAHREN: LNYC.DE/00051

HARLEM & WASHINGTON HEIGHTS

VON STEFFEN

Nehmt euch unbedingt die Zeit, auch diesen Stadtteil zu besuchen – ihr werdet überrascht sein, wie vielfältig er ist. Und das wohl beste Soul Food der Stadt gibt es hier auch: im Restaurant Red Rooster (dringend reservieren!).

BEGIB DICH AUF ENTDECKUNGSTOUR!

Anbindung
2 3 A C B D

Sights
- 01 · Harlem Meer im Central Park
- 02 · Apollo Theatre
- 03 · The Cloisters
- 04 · La Marina NYC – Restaurant & Beach Bar
- 05 · George Washington Bridge
- 06 · Aloft Harlem
- 07 · Edge Hotel
- 08 · Sugar Hill Harlem Inn
- 09 · Schomburg Center for Research in Black Culture
- 10 · Studio Museum
- 11 · Red Rooster
- 12 · Minton's
- 13 · Ponty Bistro Harlem
- 14 · Lenox Coffee Roastes
- 15 · Harlem Blues Cafe
- 16 · Shrine
- 17 · The Grange Bar & Eatery

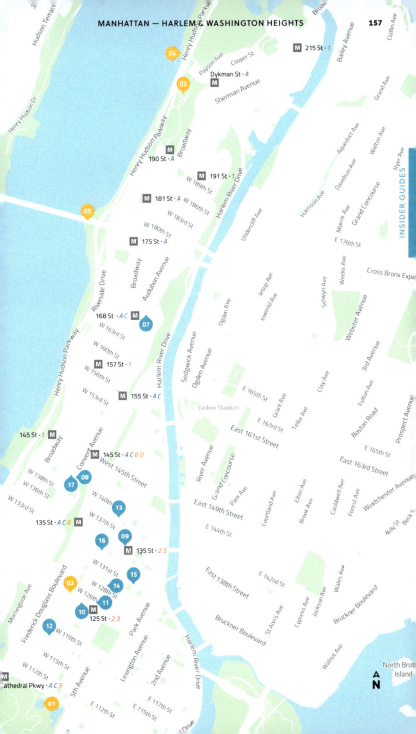

SIGHT-SEEING

Der Central Park lädt besonders in den Sommermonaten zum Verweilen ein. Von der 106th bis 110th Street erstreckt sich im Norden des Parks das Harlem Meer – hier seid ihr fernab von den touristischen Hot-Spots. Die wohl bekannteste Attraktion in Harlem ist das [**Apollo Theater** · *253 W 125th St*]: Es ist weltweit bekannt für seine Jazz-, Soul- und Blues-Konzerte. Im Apollo Theater begann die Karriere vieler Weltstars, wie von Duke Ellington, Louis Armstrong, Ella Fitzgerald, Sarah Vaughan und Billie Holiday. Später war es auch die große Bühne zahlreicher Motown-Künstler wie Diana Ross, den Jackson 5 und den Supremes.

Die [**Hamilton Heights** · *W 135th St bis W 155th St*] sind bekannt für ihre wunderschönen Reihenhäuser des frühen 20. Jahrhunderts – auch das [**Hamilton Grange National Memorial** · *St. Nicholas Pk, 414 W 141st St*] ist hier zu finden. Es ist das letzte Haus, in dem der Gründervater der Vereinigten Staaten lebte. Die Gegend von der West 155th bis 200th Street nennt sich die Washington Heights. Die wohl bekannteste Sehenswürdigkeit in den Washington Heights ist das Morris-Jumel Mansion – ein beeindruckendes Gebäude, das als eines der Hauptquartiere für George Washington im Herbst 1776 gedient hat. Für nur 5 $ könnt ihr einen aufregenden Blick hinter die Kulissen des historischen Bauwerkes werfen.

Die George Washington Bridge ist New Yorks einzige Brücke über dem Hudson River und liegt im Herzen Harlems. Ein Fußgängerweg über die 1.451 Meter lange Brücke lädt sowohl die Nachbarn aus New Jersey als auch die Bewohner Harlems zu einem Spaziergang ein. Die Ausblicke auf die Skyline sowie auf den Palisades National Park in New Jersey sind atemberaubend. Noch etwas weiter nördlich der Brücke befindet sich der Fort Tryon Park. In East Harlem ist die [**Graffiti Hall of Fame** · *106th St, zw. Madison Ave & Park Ave*] zu sehen – es ist der Insider-Spot für Street Art in New York. Ebenfalls in Harlem: das [**City College of New York** · *160 Convent Ave*] – ein Campus im gotischen Baustil.

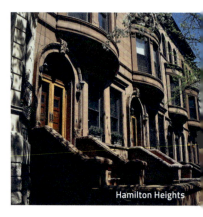

Hamilton Heights

MANHATTAN — HARLEM & WASHINGTON HEIGHTS

The Cloisters

MUSEEN

09 ⌈Schomburg Center for Research in Black Culture⌉
Im Schomburg Center for Research in Black Culture könnt ihr die Kultur und Geschichte der schwarzen Bevölkerung Amerikas erkunden. Regelmäßig finden hier kostenlose Ausstellungen und Veranstaltungen statt, etwa zu spannenden Persönlichkeiten wie Barack Obama, zu Musik oder zur Literatur.
📍 *515 Malcolm X Blvd · zw. W 135th St & W 136th St*
②③ · *135 St*

10 ⌈Studio Museum⌉
Das Studio Museum in Harlem wurde 1968 als erstes Museum seiner Art in Harlem gegründet und widmet sich ausschließlich den Arbeiten afroamerikanischer Künstler mit rund 1.600 Ausstellungsstücken.
📍 *144 W 125th St · zw. Adam Clayton Powell Jr Blvd & Malcolm X Blvd*
②③ · *125St*

⭐ ⌈The Cloisters⌉
The Cloisters ist eine Klosteranlage im Fort Tryon Park mit Blick auf den Hudson River und die George Washington Bridge. Der 1934–1938 erbaute Komplex beherbergt die Sammlung mittelalterlicher Kunst des Metropolitan Museum in einer ganz eigenen Kulisse. Der Eintritt ist kostenlos, eine Spende wird jedoch gern gesehen.
📍 *99 Margaret Corbin Drive*
Ⓐ · *190 St*

INSIDER GUIDES

HOTELS

06 ⌈Aloft Harlem⌉ · *3,5 Sterne*
Ein Hotel mit tollem Design und modernem Ambiente. Das Hotel befindet sich nur drei Gehminuten vom Apollo Theatre entfernt.
📍 *2296 Frederick Douglass Blvd · zw. W 123rd St & W 124th St*
ⒶⒸⒷⒹ · *125 St*

07 ⌈Edge Hotel⌉ · *3,5 Sterne*
Das Edge Hotel ist ein sehr beliebtes Hotel in den Washington Heights mit kostenlosem WLAN, bequemen Betten und nur zwei Minuten von der nächsten Subway-Station entfernt.
📍 *W 168th St · zw. Amsterdam Ave & Audubon Ave*
ⒶⒸ · *168th St*

08 ⌈Sugar Hill Harlem Inn⌉ · *3 Sterne*
Das Sugar Hill Harlem Inn ist ein kleines familiengeführtes Unternehmen in einem der historischen Brownstone Häuser.
📍 *W 141st St · zw. Amsterdam Ave & Convent Ave*
ⒶⒸⒷⒹ · *145 St*

Straßennamen von Harlem

MEHR ÜBER DIESE SPOTS ERFAHREN: LNYC.DE/00052

RESTAURANTS & CAFÉS

11 ⌈**Red Rooster**⌉ · $$$
Harlems Soul Food-Highlight. Die Küche greift die amerikanischen Wurzeln auf und interpretiert diese auf wundervolle Weise neu. Und nicht wundern, wenn ihr »Helga's Meatballs« auf der Karte entdeckt: Der Starkoch Markus Samuelsson hat äthiopisch-schwedische Wurzeln!
📍 *310 Lenox Ave* · zw. W 125th St & W 126th St
② ③ · 125 St

⭐ ⌈**La Marina NYC – Restaurant & Beach Bar**⌉ · $$
Direkt am Hudson River gelegen ist das La Marina ein idealer Ort, um zu entspannen und den Sonnenuntergang zu beobachten.
📍 *348 Dyckman St*
Ⓐ · Dykman St

12 ⌈**Minton's**⌉ · $$
Wenn ihr Lust auf Live-Jazz und erstklassige Küche habt, dann seid ihr hier genau richtig. Wir können euch die Crispy Chicken Wings empfehlen – einfach lecker.
📍 *206 W 118th St* · zw. Frederick Douglass Blvd & 7th Ave
② ③ · 116 St

13 ⌈**Ponty Bistro Harlem**⌉ · $
Ein schönes Bistro – egal ob tagsüber zum Brunchen oder abends für ein nettes Dinner. Fragt doch mal nach der Crème brûlée (steht nicht im Online-Menü).
📍 *2375 Adam Clayton Powell Jr Blvd* · zw. Odell Clark Pl & W 139th St
② ③ · 135 St

14 ⌈**Lenox Coffee Roaster**⌉ · $
Hier könnt ihr guten Kaffee in einer netten Atmosphäre genießen oder auch super frühstücken – es gibt frische Croissants und Bagels. Im Café gibt es auch WLAN.
📍 *60 W 129th St* · zw. Lenox Ave & 5th Ave
② ③ · 125 St

15 ⌈**Harlem Blues Cafe**⌉ · $
Ein nettes kleines Café zum Relaxen für zwischendurch. Probiert unbedingt die selbstgemachten Croissants!
📍 *2144 5th Ave* · zw. W 131st St & W 132nd St
② ③ · 135 St

INSIDER TIPP

VON TINO

Die Washington Heights sind eine lebhafte Gegend und vor allem in den Sommermonaten ist hier viel los. Das Kulturangebot ist grandios.

Red Rooster

Minton's

 BARS

16 [Shrine] · $
Live-Jazz mit klassischem Soul Food. Hier könnt ihr das wahre Harlem erleben.
- 2271 Adam Clayton Powell Jr Blvd · zw. W 133rd St & W 134th St
- ❷ ❸ · 135 St

17 [The Grange Bar & Eatery] · $$
Harlem wie es früher war: ländlich! Eine entspannte Location, in der ihr fantastische Cocktails genießen könnt.
- 1635 Amsterdam Ave · zw. W 140th St & W 141st St
- Ⓐ Ⓒ Ⓑ Ⓓ · 145 St

HARLEM & WASHINGTON HEIGHTS HAT DIR GEFALLEN? DANN SCHAU AUCH HIER VORBEI:

 Flushing

MEHR ÜBER DIESE SPOTS ERFAHREN: LNYC.DE/00053

BROOKLYN

Brooklyn gehört zu den beliebtesten Stadtteilen und ist ebenso bekannt wie Manhattan selber. Brooklyn ist ein eigenständiges Pflaster mit vielen spannenden und so wunderbar authentischen Gegenden.

Stadtteile
167 Brooklyn Heights & Dumbo
175 Williamsburg
183 Park Slope
191 Coney Island & Brighton Beach

LOVING NEW YORK

DAS SOLLTEST DU AUF KEINEN FALL VERPASSEN

- ○ **01** Manhattan Bridge an der Washington Street fotografieren
- ○ **02** Spaziergang über die Brooklyn Bridge
- ○ **03** Aussicht von Brooklyn Heights genießen
- ○ **04** Eis der Brooklyn Ice Cream Factory essen
- ○ **05** Ribs bei Fette Sau essen
- ○ **06** Ausflug nach Coney Island
- ○ **07** Konzerte im Prospect Park besuchen
- ○ **08** Entspannen im Brooklyn Bridge Park
- ○ **09** Tour durch die Brooklyn Brewery
- ○ **10** Smorgasburg in Williamsburg besuchen

NOTIERE DEINE PERSÖNLICHEN HIGHLIGHTS

BROOKLYN HEIGHTS & DUMBO

Das Trendviertel am Fuße der Brooklyn Bridge

Brooklyn Heights und Dumbo sind die Wohnzimmer wohlhabender Familien und Businessleute. Hier treffen von Bäumen gesäumte Straßen und historische Brownstone Houses auf stylische Lofts in stillgelegten Industrievierteln mit Blick auf die Brooklyn Bridge. Mit der Manhattan Bridge findet ihr hier außerdem noch eine zweite berühmte Brücke in New York. Sie ist zugleich Namensgeberin für das Viertel Dumbo, eine Abkürzung für »Down under the Manhattan Bridge Overpass«. Mit der Zeit verwandelten sich leerstehende Fabrikhallen in großzügige Lofts mit atemberaubender Aussicht auf die Skyline Manhattans.
Besucher empfängt Dumbo mit vielen kreativen Geschäften, tollen Restaurants und niedlichen Cafés.

TOP SIGHTS

1 [Brooklyn Bridge]
Es ist New Yorks älteste und bekannteste Brücke – ein Spaziergang über diese ist ein Muss.
◌ *High St*
Ⓐ Ⓒ · *High St*

2 [Brooklyn Bridge Park]
Am Fuße der Brooklyn Bridge befindet sich ein wunderschöner Park.
◌ *334 Furman St*
Ⓐ Ⓒ · *High St*

3 [Jane's Carousel]
Mitten im Brooklyn Bridge Park steht das ganze Jahr über ein wunderschönes Karussell für Jung und Alt.
◌ *334 Furman St*
Ⓐ Ⓒ · *Dock St*

4 [Brooklyn Heights Promenade]
Von hier aus könnt ihr einen fantastischen Blick über Lower Manhattan und das One World Trade Center genießen.
◌ *Pierrepont Pl*
❷ ❸ · *Clark St*

5 [Grimaldi's Pizza]
Wie der Name schon verrät, gibt es hier sehr leckere Pizza.
◌ *1 Front St*
Ⓐ Ⓒ · *High St*

 MEHR ÜBER DIESE SPOTS ERFAHREN: LNYC.DE/00054

BROOKLYN HEIGHTS & DUMBO

VON STEFFEN

Nehmt die East River Ferry, um von Manhattan nach Brooklyn Heights & Dumbo zu kommen. So könnt ihr auch schon vom Wasser aus die Brooklyn Bridge bestaunen!

BEGIB DICH AUF ENTDECKUNGSTOUR!

Anbindung
2 3 4 5 A C F N R W

Sights
- 01 · Brooklyn Bridge
- 02 · Brooklyn Bridge Park
- 03 · Jane's Carousel
- 04 · Brooklyn Heights Promenade
- 05 · Grimaldi's Pizza
- 06 · Dazzler Brooklyn
- 07 · Hampton Inn Brooklyn Downtown
- 08 · Brooklyn Historical Society Museum
- 09 · New York Transit Museum
- 10 · AlMar
- 11 · Shake Shack
- 12 · Juliana's Pizza
- 13 · Atrium
- 14 · Brooklyn Ice Cream Factory
- 15 · The River Café in Brooklyn
- 16 · Brooklyn Roasting Company
- 17 · One Girl Cookies
- 18 · Brooklyn Heights Wine Bar & Kitchen
- 19 · The Binc
- 20 · Floyd NY

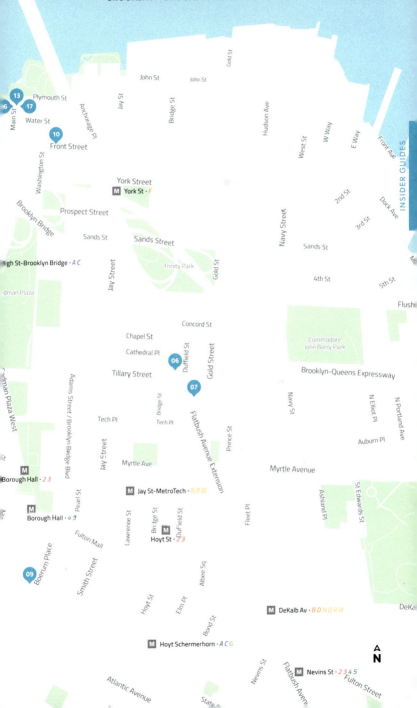

SIGHT-SEEING

Dumbo und die Brooklyn Heights sind ein beliebter Touristenmagnet. Dies ist kaum verwunderlich, denn hier eröffnen sich einem fantastische Blicke auf Manhattan. Die berühmte [Brooklyn Bridge] gehört zu den Wahrzeichen New Yorks und führt von Manhattan direkt in die Brooklyn Heights und Dumbo. Sehr empfehlenswert ist ein Spaziergang über die Brücke von Brooklyn in Richtung Manhattan – so habt ihr die Skyline immer gut im Blick.

Der [Brooklyn Bridge Park], direkt am Fuße der Brücke, bietet Platz zum Entspannen. Von den Piers habt ihr einen unvergleichlichen Blick auf die Stadt. Seit 2011 befindet sich mitten im Park [Jane's Carousel] – ein Spaß für die ganze Familie. Das Karussell eignet sich auch optimal für einmalige Bilder. Weitere tolle Ausblicke, insbesondere auf Lower Manhattan und das One World Trade Center, erhaltet ihr von der [Brooklyn Heights Promenade]. Bekannt als einer der beliebtesten Aussichtspunkte ist das [Fulton Ferry Landing]. Hier schmeckt das Eis übrigens besonders gut. Die [Brooklyn Ice Cream Factory] versorgt die Besucher hier das ganze Jahr mit dem wohl besten Eis weit und breit. Vergesst auf keinen Fall, auf der [Washington Street in Dumbo] das bekannteste Fotomotiv der Gegend einzufangen. Mit der [Manhattan Bridge] im Hintergrund ist die Straße bei allen Touristen beliebt, um das perfekte Foto zu machen. Die Manhattan Bridge ist die zweite weltberühmte Brücke in Dumbo. Wer mag, kann sie auch zu Fuß überqueren und von dort die tolle Sicht auf die Skyline sowie die Brooklyn Bridge genießen.

Im bekanntesten Museum des Stadtteils Dumbo, dem [Brooklyn Historical Society Museum], wird die Geschichte Brooklyns anschaulich erzählt.

Das kulturelle Angebot in Dumbo ist ohnehin riesig: Die Kunstszene wächst und wächst und es gibt eine Vielzahl an interessanten Galerien. Wir können euch die [Powerhouse Arena · *28 Adams St*] und [Smack Mellon · *92 Plymouth St*] empfehlen.

Und wenn der große Hunger kommt, solltet ihr unbedingt zu [Grimaldi's Pizza · *1 Front St*] gehen. Hier gibt es köstliche italienische Spezialitäten. Wer lieber Burger bevorzugt kommt bei [Shake Shack · *1 Old Fulton St*] voll auf seine Kosten.

 ## HOTELS

 ## MUSEEN

06 ⌈Dazzler Brooklyn⌉ · 4 Sterne

In einer tollen Lage in Brooklyn befindet sich das Hotel Dazzler. Als Gast habt ihr hier einen direkt Zugang zum Biergarten. Nach einer langen Sightseeingtour könnt ihr hier in einer schönen Atmosphäre ein Bier trinken. Dieser ist Montag–Samstag von 17:00–23:00 Uhr geöffnet. In nur knapp zwei Kilometer seid am Barclay Center.

○ 85 Flatbush Ave Ext
F · York St

07 ⌈Hampton Inn Brooklyn Downtown⌉ · 3 Sterne

Das schöne Hotel befindet sich nur wenige Kilometer vom Barclays Center und der Brooklyn Bridge entfernt. Die Zimmer sind gemütlich eingerichtet und jedes Zimmer verfügt über einen Fernseher. Ein leckeres Frühstück und WLAN ist im Preis inbegriffen.

○ 125 Flatbush Ave Ext
A C F · Jay St-MetroTech

08 ⌈Brooklyn Historical Society Museum⌉

Hier wird euch die Geschichte von Brooklyn erzählt. Gegründet im Jahr 1863 und erst kürzlich renoviert, verzaubert diese Ausstellung im britischen Baustil täglich seine Besucher. Die gut sortierte Bücherei, interessante Fotografien, sehr alte Landschaftskarten, alte Zeitungen und Auszüge aus Familiengeschichten geben euch einen sehr guten Überblick über vergangene Ereignisse in Brooklyn.

○ 128 Pierrepont St
N R W · Court St

09 ⌈New York Transit Museum⌉

Der Fokus des Museums liegt in der Entwicklung des 100 Jahre alten Subway-, Bus- und Trolley-Systems. Ein besonderes Highlight ist im Keller versteckt – hier befindet sich eine originalgetreue Subway-Plattform mit Vintage Subway-Wagen.

○ 99 Schermerhorn St
4 5 · Borough Hall

Brooklyn Bridge Park

MEHR ÜBER DIESE SPOTS ERFAHREN: LNYC.DE/00055

RESTAURANTS & CAFÉS

⭐ ⌈**Grimaldi's Pizza**⌉ · $$
Hier wird die Pizza in handgefertigten, von Kohle befeuerten Steinkohleöfen in alter italienischer Tradition zubereitet. Das Restaurant gilt als Nummer eins in New York. Achtung: Reservierungen und Kreditkartenzahlung nicht möglich.
📍 *1 Front St*
🅐 🅒 · *High St*

10 ⌈**AlMar**⌉ · $$
Ein beliebtes kleines Lokal mit toller Auswahl von köstlichem »Organic Food«. Achtung: Cash only – aber es gibt einen Geldautomaten.
📍 *111 Front St*
🅕 · *York St*

11 ⌈**Shake Shack**⌉ · $$
Der beste Burger der Stadt? Wir finden schon. Mittlerweile findet ihr in fast jedem Stadtteil von New York eine Filiale, ein Glück auch in Dumbo.
📍 *1 Old Fulton St*
🅐 🅒 · *High St*

12 ⌈**Juliana's Pizza**⌉ · $$
Die beste Pizza Brooklyns gibt es hier. Besser als bei Grimaldi's – oder ist es das wahre Grimaldi's? Findet es heraus! Auf einen Tisch müsst ihr manchmal warten . Es lohnt sich aber!
📍 *19 Old Fulton St*
🅐 🅒 · *High St*

13 ⌈**Atrium**⌉ · $$
Wer nach einem langen Tag hungrig geworden ist, sollte sich zum Abendessen hier einfinden. Herrliches Ambiente, eine offene Küche und köstliches Essen – was will man mehr?
📍 *15 Main St*
🅕 · *York St*

14 ⌈**Brooklyn Ice Cream Factory**⌉ · $
Die Ice Cream Factory befindet sich in einem umgebauten Feuerwehrhaus. Im Sommer pilgern die Menschen regelrecht hierher – das Anstellen lohnt sich aber auf alle Fälle.
📍 *1 Water St*
🅐 🅒 · *High St*

15 ⌈**The River Café in Brooklyn**⌉ · $$$
Ein erstklassiges Restaurant, das euch durch seine Lage am East River einen der besten Blicke auf Manhattan bietet. Prädestiniert für ein romantisches Candle-Light-Dinner.
📍 *1 Water St*
🅐 🅒 · *High St*

16 ⌈**Brooklyn Roasting Company**⌉ · $$
Eine Fairtrade Coffee-Bar, die den besten Kaffee der Gegend bietet. Die Donuts sind sagenhaft – unbedingt probieren.
📍 *25 Jay St*
🅕 · *York St*

17 ⌈**One Girl Cookies**⌉ · $
Das One Girl Cookies bietet eine große Auswahl an Schokolade und Süßigkeiten. Perfekt für einen Kaffee und Macarons während eines Erkundungsnachmittags in detailverliebtem Ambiente.
📍 *33 Main St*
🅕 · *York St*

VON SABRINA

Die urbane Gastronomie in den Brooklyn Heights und Dumbo hat ihren ganz besonderen Charme. Faire Preise und coole Locations locken die Besucher in die Gegend. Hier findet ihr eine Auswahl an Restaurants und Cafés, die ihr in dem spannenden Viertel nicht auslassen solltet.

BARS

18 **Brooklyn Heights Wine Bar & Kitchen** · $$
Eine schöne Bar zum Relaxen. Ihr findet eine gute Auswahl an Weinen und interessante lokale Biersorten. Das Personal ist sehr freundlich und es gibt eine ansprechende Speisekarte.
◊ *50 Henry St*
❷ ❸ · *Clark St*

19 **The Binc** · $$$
Wer Lust auf sehr gute Cocktails hat, ist hier genau richtig. Die Barkeeper mixen auch mal nach Geschmack: Ihr sagt einfach, auf was ihr Lust habt und bekommt den perfekten Drink.
◊ *60 Henry St*
Ⓐ Ⓒ · *High St*

20 **Floyd NY** · $$
Hier könnt ihr Boccia spielen, leckeren Bourbon oder gutes Bier trinken. Die Getränke gibt's zu normalen Preisen und Boccia ist kostenlos – dabei gilt nur »first come, first serve«.
◊ *131 Atlantic Ave*
❹ ❺ · *Borough Hall*

SHOPPING

Im **Modern Anthology Store** · *68 Jay St* findet ihr ausgewählte Haushaltswaren mit Unterhaltungsfaktor und modische sowie urbane Alltagskleidung für die Herren. Die **Powerhouse Arena** · *28 Adams St* ist ein riesiger Buchladen mit vielen speziellen Büchern der powerHouse Books Company. Das Schöne: Der Buchladen beinhaltet gleichzeitig auch eine Galerie. Im **Trunk** · *68 Jay St* findet ihr individuelle Accessoires und Schmuck von lokalen Designern aus Brooklyn. Ein ganz besonderes, aber auch etwas teureres Geschäft ist **AHA Front** · *147 Front St*. Perfekt geeignet, um Geschenke und Mitbringsel zu kaufen. Hier findet man alles von Keramik über Düfte, Kerzen und Accessoires der besonderen Art. Der Shop ist sehr modern und ausgefallen gestaltet. Wenn ihr schon in der Gegend seid, solltet ihr unbedingt an der Washington Street das berühmte Foto mit Blick auf die Manhattan Bridge knipsen! Im **Front General Store** · *143 Front St* gibt es von Schuhen über Accessoires, Geschirr bis hin zur Fahrradklingel wirklich alles. Der kleine, vollgestopfte Laden lädt mit der gemütlichen Atmosphäre zum Verweilen ein.

Shake Shack

BROOKLYN HEIGTS & DUMBO HAT DIR GEFALLEN? DANN SCHAU AUCH HIER VORBEI:

 Park Slope

 Chelsea

MEHR ÜBER DIESE SPOTS ERFAHREN: LNYC.DE/00056

BROOKLYN

WILLIAMSBURG

Mekka der Hipster

Williamsburg ist das Hipster-Wonderland in New York – längst angesagter als das East Village in Manhattan und auf keinen Fall eine gefährliche Gegend, wie viele immer noch denken. Besonders beliebt bei kreativen, künstlerischen, freiheitsliebenden Einwohnern New Yorks ist der Stadtteil momentan Dreh- und Angelpunkt. Die Gastronomie-Szene ist sehr empfehlenswert und auch das Nachtleben mit unzähligen Clubs wird hier groß geschrieben. Tolle Ausgehmöglichkeiten, viele Grünflächen, ein wundervoller Blick über den East River auf die Skyline sowie urbane Lofts oder Neubauten der Luxusklasse. Viele alte Fabrikhallen sind mit Graffitis bemalt, hier fährt man Rad oder Skateboard – ja, man sagt auch, der Vollbart hat hier seinen zweiten Frühling gefunden. Spitz gesagt ist es die Hipster-Hauptstadt.

INSIDER GUIDES

TOP 5 SIGHTS

1 ⸢**Grand Ferry Park**⸥
Grandiose Aussichten und Entspannung pur erwarten euch im Grand Ferry Park.
○ *Grand St & River St*
Ⓛ · *Bedford Av*

2 ⸢**Fette Sau**⸥
Hier gibt es sehr gutes BBQ.
○ *354 Metropolitan Ave*
Ⓖ · *Metropolitan Av*

3 ⸢**Smorgasburg Food Market**⸥
Auf dem hippen Lebensmittelmarkt gibt es tolle kulinarische Köstlichkeiten zu kaufen, und an einigen Ständen dürft ihr auch probieren. Bringt also unbedingt Hunger mit.
○ *E River State Pk · 90 Kent Ave, Ecke N 7th St*
Ⓛ · *Bedford Av*

4 ⸢**Brooklyn Brewery**⸥
Alle Bier-Liebhaber sollten der Brooklyn Brewery unbedingt einen Besuch abstatten.
○ *79 N 11th St*
Ⓛ · *Bedford Av*

5 ⸢**The Water Table**⸥
Absoluter Geheimtipp: Auf einem Boot könnt ihr neben einer tollen Aussicht wunderbares Essen genießen.
○ *10 India St · Ecke West St*
Ⓖ · *Greenpoint Av*

MEHR ÜBER DIESE SPOTS ERFAHREN: LNYC.DE/00057

WILLIAMSBURG

VON SABRINA

Williamsburg ist bei den New Yorkern ziemlich angesagt. Die Leute genießen hier wahrhaftig das Leben – sie gehen gerne essen, shoppen und vor allem feiern.

BEGIB DICH AUF ENTDECKUNGSTOUR!

Anbindung

Sights
- 01 · Grand Ferry Park
- 02 · Fette Sau
- 03 · Smorgasburg Food Market
- 04 · Brooklyn Brewery
- 05 · The Water Table
- 06 · The William Vale
- 07 · Wythe Hotel
- 08 · Le Jolie
- 09 · Roberta's
- 10 · Radegast Hall & Biergarten
- 11 · Walter Foods
- 12 · The Bagel Store
- 13 · Mountain Province
- 14 · Skinny Dennis
- 15 · The Commodore
- 16 · Duff's Brooklyn
- 17 · McCarren Rooftop Bar
- 18 · The Ides Bar
- 19 · Bedford Avenue
- 20 · Output
- 21 · Schimanski
- 22 · Knitting Factory

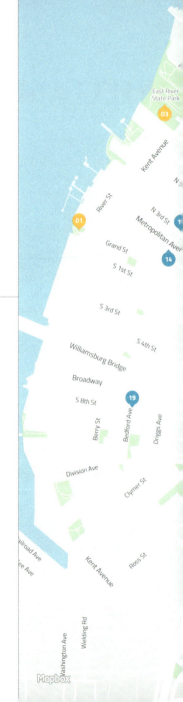

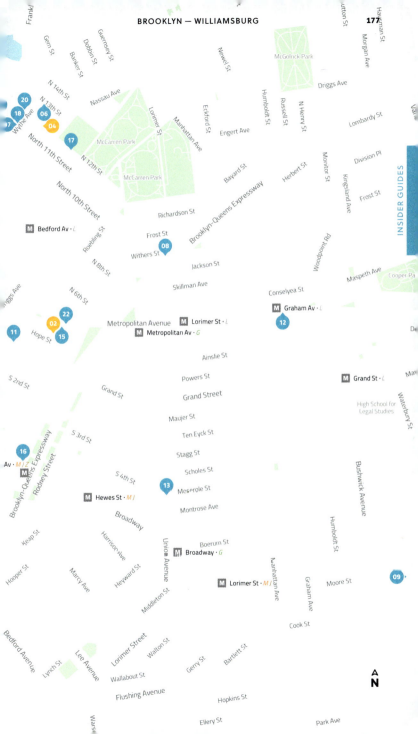

SIGHT-SEEING

Williamsburg bringt neben vielen tollen Bars, Clubs und Restaurants aber vorallem eines mit sich: eine grandiose Aussicht und ganz viel Erholung.

Der kleine Park direkt am East River, der Grand Ferry Park, ist der ideale Ort für tolle Fotomotive und Erholungspausen direkt am Wasser. Den Snack dafür bekommt ihr auf dem Smorgasburg Food Market in Williamsburg: von Donuts über Muscheln bis hin zu Bacon am Stiel, ausgefallene Burger und ein Dessert, das aussieht wie ein Regentropfen. Das alles gibt es hier: auf dem Smorgasburg Food Market.

Smorgasburg bedeutetet so viel wie »eine Mischung aus Essen« und bietet eine riesige Auswahl von kleinen Ständen, welche die leckersten Köstlichkeiten aus der Umgebung anbieten. Der angesagte Open Air Lebensmittelmarkt in New York City findet während der warmen Frühlings- und Sommermonate an jedem Samstag, übrigens auch bei Regen, im East River State Park auf der 90 Kent Avenue statt. Das beste BBQ hingegen gibt es in der Fetten Sau. Übrigens eines unserer Lieblingsrestaurants in Brooklyn. Etwas abseits und unscheinbar sitzt man hier zwischen Locals und Hipstern. Sollte Bier und dessen Herstellung von Interesse sein, ist die Brooklyn Brewery ein Must-See. Bekanntermaßen trinkt man in Williamsburg sehr gerne Bier. Die Brooklyn Brewery ist eine absolute Empfehlung von uns. Auch eine der wohl lohnenswertesten Bootstouren der Stadt starten in Williamsburg. The Water Table ist eine sehr private, ruhige Tour über den East River mit Abendessen und Getränken und natürlich einem sagenhaften Ausblick über die Stadt.

HOTELS

06 [The William Vale] · *5 Sterne*
Das luxuriöse Hotel verfügt über einen Pool auf dem Dach und ein exzellentes Restaurant. Aus einigen Zimmern könnt ihr eine wunderschöne Aussicht genießen. In der Lobby hängen und stehen verschiedene imposante Kunstwerke.
◉ *111 N 12th St*
Ⓖ · *Nassau Av*

07 [Wythe Hotel] · *4 Sterne*
Das Wythe Hotel befindet sich am East River – ihr seid hier also mitten im Geschehen. Die stylischen 72 Zimmer mit bodentiefen Fenstern sind in vielen unterschiedlichen Größen buchbar. In der hoteleigenen Rooftop Bar gibt es sehr gute Drinks, und die Aussicht auf die Skyline ist traumhaft.
◉ *80 Wythe Ave*
Ⓛ · *Bedford Av*

08 [Le Jolie] · *3 Sterne*
Beim dem kleinen Boutique-Hotel stimmt das Preis-Leistungs-Verhältnis. Es liegt auf der belebten Meeker Avenue und ist bekannt für seine gemütlichen und komfortablen Zimmer. Mit der Bahn seid ihr in elf Minuten in Manhattan.
◉ *235 Meeker Ave*
④ ⑥ · *Lorimer St*

🍴 RESTAURANTS & CAFÉS

09 [Roberta's] · $$
Eine der besten Pizzen Brooklyns könnt ihr hier essen. Der Pizzaboden ist lecker knusprig. Auf Wunsch könnt ihr eure Pizza auch mitnehmen oder besser noch, euch liefern lassen.
◯ 261 Moore St
Ⓛ · Morgan Av

10 [Radegast Hall & Biergarten] · $$
Live-Musik, deutsches Bier, Bratwurst, ausgelassene Stimmung und ein unheimlich netter Service – haben wir euch überzeugen können? Oh ja, wir lieben es auch! Hier fühlt man sich fast wie Zuhause.
◯ 113 N 3rd St
Ⓛ · Bedford Av

11 [Walter Foods] · $$
Sobald es die Temperaturen zulassen, könnt ihr wunderschön draußen sitzen. Im Hinterhof ist es ruhig und gemütlich. Die Empfehlung des Hauses? Fried Chicken. Die Portion ist sehr üppig – hier werdet ihr auf jeden Fall satt.
◯ 253 Grand St
Ⓛ · Graham Av

⭐ [Fette Sau] · $$
Erstklassiges BBQ. Das Konzept der Fetten Sau ist anders: Bestellt wird beim Metzger persönlich – ihr habt eine große Auswahl an unterschiedlichen Fleischsorten. Dann geht's weiter zu den Beilagen und am Ende wird nach Gewicht berechnet und gezahlt. Achtung: Tischreservierung ist leider nicht möglich.
◯ 354 Metropolitan Ave
Ⓖ · Metropolitan Av

12 [The Bagel Store] · $
Hier bekommt ihr die weltbekannten Rainbow Bagels. Aber Achtung, hier steht ihr schon mal lange an. Doch es lohnt sich – die bunten Bagels machen gute Laune und die Füllung schmeckt einfach himmlisch.
◯ 754 Metropolitan Ave
Ⓛ · Graham Av

13 [Mountain Province] · $$
Ein sehr schönes Café – egal ob zum Frühstück oder zwischendurch auf einen sehr guten Kaffee und einen Coconut Muffin. Der Service ist super nett und die Qualität ist top.
◯ 9 Meserole St
Ⓖ · Broadway

Fette Sau

MEHR ÜBER DIESE SPOTS ERFAHREN: LNYC.DE/00058

BARS

14 ⸢Skinny Dennis⸥ · $$
Eine schöne Bar mit Live-Musik, 18 verschiedenen Biersorten und coolen Shots. Abgefahren schmeckt zum Beispiel »Willie's frozen coffee« – ein Mix aus Bourbon, Kaffee-Likör und Brandy. Happy Hour ist täglich nachmittags bis 19:00 Uhr.
◯ *152 Metropolitan Ave*
L · *Bedford Av*

15 ⸢The Commodore⸥ · $$
Die Bar ist für ihre leckeren Fried Chicken bekannt. Gute Cocktails und super netter Service inklusive.
◯ *366 Metropolitan Ave*
G · *Metropolitan Av*

16 ⸢Duff's Brooklyn⸥ · $
Wer auf Punk und Metal steht, ist hier genau richtig. Die Drinks sind sehr gut – es gibt auch eine schöne Auswahl an verschiedenen Bieren – die Preise sind normal und der Service stimmt.
◯ *168 Marcy Ave*
M J Z · *Marcy Av*

# ROOFTOP BARS

17 ⸢McCarren Rooftop Bar⸥ · $$$
Die Rooftop Bar findet ihr auf dem Dach des McCarren Hotel & Pool. Von hier aus habt ihr einen tollen Blick auf den McCarren Park und die Skyline von Manhattan. Die Sunset Happy Hour ist täglich von 17:00–19:00 Uhr.
◯ *160 N 12th St*
L · *Bedford Av*

18 ⸢The Ides Bar⸥ · $$
Die Bar im Wythe Hotel ist total entspannt: kein Bottle-Service (das heißt ihr müsst keine ganze Flasche Champagner und Co. abnehmen) und kein Dresscode. Nebenbei habt ihr auch noch einen fantastischen Blick auf Manhattan.
◯ *80 Wythe Ave*
L · *Bedford Av*

# SHOPPING

19 ⸢Bedford Avenue⸥
Shoppen in Williamsburg ist so speziell wie der Stadtteil selbst. Im Vergleich zu vielen anderen Vierteln New York City's findet man hier weder einen H&M, einen Zara oder andere Retailketten. Hier wird Vintage gekauft, am liebsten auf Flohmärkten oder in Secondhandläden. Die meisten davon findet ihr auf der Bedford Avenue.

Street Art in Brooklyn

Die vielen kleinen Läden, wie man sie hier findet, gibt es in der Form wohl nur in Williamsburg. Eines der Highlights? Die [Bedford Mini-Mall · 218 Bedford Ave]. »Mall« klingt erst einmal riesig – ist sie aber nicht. Die Mall ist, wie der Name schon sagt, mini klein. Aber auch hier kommt man wieder aus dem Staunen nicht heraus. Ein alter Buchladen, ein verruchter Friseur inklusive selbst entworfener Modekollektion, indische Mode, ein uriger Plattenladen und vieles mehr. In Williamsburg geht man besonders gern auf Flohmärkte. Jedes Wochenende pilgern die Menschen regelrecht nach Brooklyn, um die angesagten Flohmärkte zu stürmen. Immer sonntags findet im hippen Williamsburg der beliebte Flohmarkt [**Williamsburg Flea** · 50 Kent Ave] statt. Hier findet ihr bestimmt das eine oder andere Designerstück.

Der [**Artists & Fleas** · N 7th St & Kent Ave], ein »Artist Fashion Design« und Vintage Market, ist ein Paradies für alle Fans der kreativen, individuellen Kleidung und der ausgefallenen Accessoires. Hier gibt es viele tolle ausgefallene Designer-Stücke und das eine oder andere Mitbringsel für die Liebsten zu Hause.

Das Publikum ist so bunt und einzigartig wie seine Schätze, die man dort kaufen kann. Geboten werden meist handgemachte Mode, Kunst, Schmuck, Möbel, Accessoires und vieles mehr. Der Markt befindet sich in einer alten Lagerhalle und ist das ganze Jahr über immer am Wochenende von 10:00–19:00 Uhr geöffnet.

WILLIAMSBURG HAT DIR GEFALLEN? DANN SCHAU AUCH HIER VORBEI:

Lower East Side
Chelsea
East Village

CLUBS

Williamsburg New York ist derzeit auch, was die Clubszene betrifft, angesagter als jedes andere Viertel im Big Apple. Hier tummeln sich die partywütigen New Yorker jedes Wochenende in den Clubs.

20 [Output]
Ein typischer Dance Club, der sehr stark am Berliner Berghain orientiert ist. Getanzt wird zu House, Deep House und Techno. Typisch für die Techno-Szene feiert man hier die Musik, nicht die Gäste, oder den, der die größte Champagner Flasche bestellt. Alles ist also sehr entspannt und eine lockere Location, um zu feiern.
○ 74 Wythe Ave
G · Nassau Av

21 [Schimanski]
Das Schimanski hat Freitag und Samstag geöffnet und das DJ Line-up kann sich sehen lassen. Hier wird jedes Wochenende ausgiebig gefeiert.
○ 54 N 11th St
L · Bedford Av

22 [Knitting Factory]
Seit den achtziger Jahren eine Ikone in der Stadt und seit 2009 endlich in Williamsburg: Die Knitting Factory ist speziell, aber lohnenswert für alle, die Dance, Livemusik und Electro mögen.
○ 361 Metropolitan Ave
G · Metropolitan Av

MEHR ÜBER DIESE SPOTS ERFAHREN: LNYC.DE/00059

BROOKLYN

PARK SLOPE

New Yorks Trendviertel

Park Slope ist Brooklyns Schokoladenseite. Grün, schön und sicher – diese Nachbarschaft ist eine der idyllischsten Wohngegenden New Yorks. Für New Yorker ist dieser Ort ein Viertel, dessen Bürgersteige wochentags in fester Hand von Kinderwagen schiebenden Müttern (und auch immer mehr Vätern) sind, während sich an den Wochenenden alle Sloper – wie die Einheimischen genannt werden – im Prospect Park versammeln. Hier seht ihr fröhlich picknickende Familien und könnt mit etwas Glück einem der kostenlosen Konzerte lauschen, die regelmäßig in der hiesigen Konzertmuschel stattfinden. Doch ein Spaziergang lohnt sich nicht nur durch die satten Grünflächen des Parks, sondern auch entlang der charmanten Brownstone Häuser, die das Stadtbild von Park Slope prägen.

---

1 [Barclays Center]
Die Multifunktionsarena dient in erster Linie als Heimspielstätte der Brooklyn Nets.
◊ 620 Atlantic Ave
❷ ❸ ❹ · Bergen St

2 [Brooklyn Museum]
Brooklyns Antwort auf das Metropolitan Museum of Art in Manhattan.
◊ 200 Eastern Pkwy
❷ ❸ ❹ · Eastern Pkwy Brooklyn Museum

3 [Green-Wood Cemetery]
New Yorks bekanntester Friedhof.
◊ 500 25th S
Ⓓ Ⓝ Ⓡ Ⓦ · 25 St

4 [Prospect Park]
Der Central Park in Brooklyn.
◊ Ecke Prospect Pk W & Prospect Pk SW
Ⓕ Ⓖ · 15 St-Prospect Pk

5 [Brooklyn Botanic Garden]
Vor allem zur Kirschblütenzeit ist ein Besuch im botanischen Garten besonders lohnenswert.
◊ 990 Washington Ave
❷ ❸ ❹ ❺ · Franklin Av

MEHR ÜBER DIESE SPOTS ERFAHREN: LNYC.DE/00060

PARK SLOPE

VON STEFFEN

Park Slope ist sehr entspannt und ein totaler Kontrast zum Trubel Midtowns. Eines der Highlights im Sommer sind die Konzerte im Prospect Park!

BEGIB DICH AUF ENTDECKUNGSTOUR!

Anbindung
2 3 4 B F G N Q R W

Sights
- 01 · Barclays Center
- 02 · Brooklyn Museum
- 03 · Green-Wood Cemetery
- 04 · Prospect Park
- 05 · Brooklyn Botanic Garden
- 06 · C.V. Starr Bonsai Museum
- 07 · al di la Trattoria
- 08 · Littleneck
- 09 · Rose Water
- 10 · Four & Twenty Blackbirds
- 11 · Gorilla Coffee
- 12 · Couleur Café
- 13 · Brookvin
- 14 · Commonwealth
- 15 · Parish Cocktail Bar

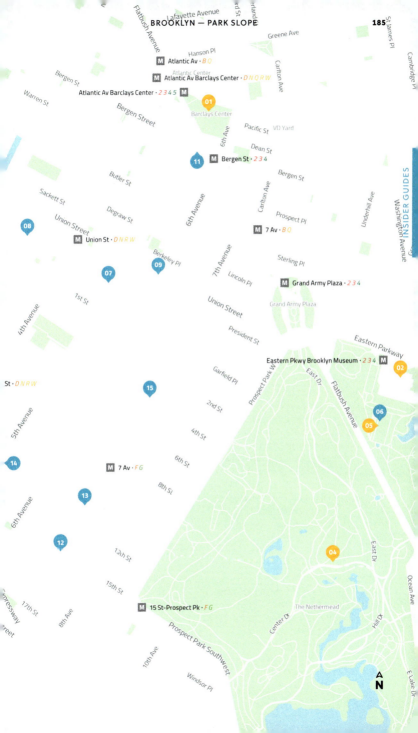

SIGHTSEEING

Park Slope ist eine sehr idyllische Nachbarschaft und der wunderschöne ⌈**Prospect Park**⌉ macht die Gegend perfekt. Der Park ist das Pendant zum Central Park in Manhattan. Beide Parks wurden vom gleichen Architekten angelegt. Die 2,4 Quadratkilometer große Parkanlage hat viel zu bieten: einige Grünflächen, einen See, die Litchfield Villa, einen Zoo, viele sportliche Unterhaltungsmöglichkeiten und einen botanischen Garten. Der ⌈**Brooklyn Botanic Garden**⌉ ist ein wahrhaftiges Naturwunder und vor allem zur Kirschblütenzeit sehr beliebt. Der japanische Hügel-Teich-Garten versprüht eine angenehme Ruhe, der Duft des Cranford-Rosengartens bleibt einem tagelang in der Nase und der Steinhardt-Wintergarten mit dem weltberühmten ⌈**C.V. Starr Bonsai Museum**⌉ lädt zum Staunen und Bummeln ein.

Eine etwas ungewöhnliche, aber dennoch sehenswerte Location ist der ⌈**Green-Wood Cemetery**⌉. Der Friedhof befindet sich etwa zehn Gehminuten vom Prospect Park entfernt. Auf einer Fläche von 1,9 Quadratkilometer befinden sich circa 600.000 Gräber, und auf dem Hügel Battle Hill könnt ihr grandiose Ausblicke auf Manhattan und die Statue of Liberty erhaschen.

Ein äußerst sehenswertes Museum ist das ⌈**Brooklyn Museum**⌉. Die gigantische Sammlung altägyptischer Kunstwerke ist wirklich beeindruckend und einen Besuch wert.

Für alle Sportfans ist das Barclays Center die Anlaufstelle Nummer eins. Es ist das Zuhause des NBA-Teams Brooklyn Nets und Austragungsort vieler großer Konzerte der bekanntesten Künstler auf der Welt. Rund um das ⌈**Barclays Center**⌉ findet ihr außerdem eine kleine Mall sowie ein Shake Shack Restaurant.

VON TINO

Ein echtes Highlight ist der Green-Wood Cemetery ganz in der Nähe des Prospect Parks. Auch wer sich normalerweise nur so wenig wie möglich auf Friedhöfen aufhält, könnte sich hier gemeinsam mit zahlreichen Eichhörnchen und verschiedensten Vögeln wohlfühlen!

 ## MUSEEN

 ## RESTAURANTS & CAFÉS

⭐ [Brooklyn Museum]
Das Brooklyn Museum ist die Antwort auf das Metropolitan Museum of Art in Manhattan. In dem von McKim und Mead & White 1897 designten Gebäude findet man in Brooklyn die siebtgrößte Kunstsammlung der USA mit mehr als zwei Millionen Objekten. Besondere Highlights sind die ägyptische und die präkolumbianische Sammlung. In den sogenannten Period Rooms, die sich im fünften Stock befinden, sind mehr als 20 Wohn- und Esszimmer aus New-England-Häusern von 1675–1830 ausgestellt.
200 Eastern Pkwy
❷ ❸ ❹ · *Eastern Pkwy Brooklyn Museum*

06 [C.V. Starr Bonsai Museum]
Die umfangreiche Bonsai-Kollektion befindet sich im Brooklyn Botanic Garden und gehört zu den schönsten der Welt. Die Sammlung umfasst etwa 350 Bäume. Hier erfahrt ihr alles Wissenswerte über die Geschichte der Bonsai-Bäume, deren Kultur und Pflege.
150 Eastern Pkwy
❷ ❸ ❹ · *Eastern Pkwy Brooklyn Museum*

07 [al di la Trattoria] · $$$
Erstklassige italienische Küche zu moderaten Preisen. Der Service ist top und das Publikum ist bunt gemischt. Ein Besuch lohnt sich, aber Achtung: Ihr könnt nicht reservieren.
248 5th Ave
Ⓓ Ⓝ Ⓡ Ⓦ · *Union St*

08 [Littleneck] · $$
Romantische Location im Insider-Viertel Gowanus. Das Essen ist ausgezeichnet, das Personal super freundlich und im Sommer könnt ihr wunderbar draußen essen.
288 3rd Ave
Ⓓ Ⓝ Ⓡ Ⓦ · *Union St*

09 [Rose Water] · $$$
Das Rose Water ist ein sehr kleines Restaurant, in dem ihr saisonale Gerichte essen könnt. Auch tagsüber zum Brunchen sehr schön. Kommt aber rechtzeitig, da es oft sehr voll ist. Das Anstehen lohnt sich aber auf jeden Fall.
787 Union St
Ⓓ Ⓝ Ⓡ Ⓦ · *Union St*

10 [Four & Twenty Blackbirds] · $
Lust auf ein leckeres Stück Kuchen? Die Blackbirds haben ein tolles Angebot hausgemachter Leckereien – immer frisch und kreativ. Hier bekommt ihr die wahrscheinlich besten Pies.
439 3rd Ave
Ⓓ Ⓝ Ⓡ Ⓦ · *9 St*

11 [Gorilla Coffee] · $
Das Café gehört zu den besten in Park Slope und der Fairtrade-Kaffee schmeckt köstlich. Unbedingt reingehen, wenn ihr gerne Kaffee trinkt und gerade in der Nähe seid.
472 Bergen St
Ⓑ Ⓠ · *7 Av*

Prospect Park

 MEHR ÜBER DIESE SPOTS ERFAHREN: LNYC.DE/00061

12 [Couleur Café] · $$

Ein nettes kleines Café, in dem ihr sehr gut frühstücken oder auch brunchen könnt. Das Personal ist super freundlich und ihr bekommt hier alles, was das Herz begehrt.

◯ 435 7th Ave

Ⓕ Ⓖ · 15 St-Prospect Pk

BARS

13 [Brookvin] · $$

Tolle Weinbar mit Snacks und romantischem Garten für die warmen Tage im Jahr. Bestellt euch unbedingt die Käseplatte – sehr empfehlenswert.

◯ 381 7th Ave

Ⓕ Ⓖ · 7 Av

14 [Commonwealth] · $$

Eine wirklich schöne Location mit einer großen Auswahl an Bieren. Der Service ist sehr gut und es gibt einen tollen Innenhof, der bei gutem Wetter offen ist.

◯ 497 5th Ave

Ⓓ Ⓝ Ⓡ Ⓦ · Prospect Av

15 [Parish Cocktail Bar] · $$$

Die Parish Cocktail Bar ist ein entspannter Spot. Hier seid ihr unter echten New Yorkern. Die Cocktails sind sehr lecker und die chillige Musik im Hintergrund macht diese Bar zu einem echten Highlight.

◯ 223 7th Ave

Ⓕ Ⓖ · 7 Av

**PARK SLOPE HAT DIR GEFALLEN?
DANN SCHAU AUCH HIER VORBEI:**

Upper East Side
West Village

SHOPPING

Bei einem Spaziergang durch die schöne Gegend in Park Slope und den Prospect Heights werdet ihr feststellen, dass man dort toll shoppen kann. Die Haupteinkaufsstraßen 5th und die 7th Avenue sind beliebter denn je und es reiht sich ein tolles Geschäft neben das andere.

Im [**Beacon's Closet** · *92 5th Ave*], einem angesagten Secondhandladen, findet ihr Designermode zu Schnäppchenpreisen. Wer auf der Suche nach echten Schätzen ist, der kommt in der [**Homebody Boutique** · *449 7th Ave #1*] auf seine Kosten, denn alle Dekorationsartikel sind handgefertigt. Super trendige, teilweise auch schwer zu findende Sneakers, findet ihr im [**Premium Goods** · *347 5th Ave*].

Die 7th Avenue überzeugt auch mit großartigen Geschäften einschließlich der [**Brooklyn Industries** · *206 5th Ave*], die ein riesiges Angebot an Designermode verkaufen. [**Lion in the Sun** · *232 7th Ave*] bietet kreative Schreibwaren und tolle Karten. Tolle Souvenirs gibt es aber auch in der [**Brooklyn Superhero Supply Company** · *372 5th Ave*].

Brookvin

Brooklyn Botanical Garden

CONEY ISLAND & BRIGHTON BEACH

New Yorks Spielplatz am Meer

Die Halbinsel am südlichen Zipfel Brooklyns ist nicht nur ein sommerliches Badeparadies, sondern auch der historische Standort von New Yorks bekanntestem Jahrmarkt, dem Luna Park.

Auch abseits der Bade- und Jahrmarktsaison (April bis Oktober) lohnt sich ein Besuch auf Coney Island. Sei es, um beim Erfinder des Hotdogs auf einen Snack einzukehren oder entlang des langen Sandstrands zu spazieren oder, um im New York Aquarium abzutauchen.

TOP 5 SIGHTS

1 [Luna Park]
Der Freizeitpark auf Coney Island ist ein Spaß für die ganze Familie.
○ *1000 Surf Ave*
⬤ ⬤ · *W 8 St-New York Aquarium*

2 [Coney Island Boardwalk]
Direkt am atlantischen Ozean gelegen befindet sich die Flaniermeile auf Coney Island.
○ *37 Boardwalk W*
⬤ · *Ocean Pkwy*

3 [Brighton Beach]
Ein Tag am Strand? Brighton Beach eignet sich mit seinem weitläufigen Sandstrand hierfür hervorragend.
○ *Brighton Beach Ave*
⬤ · *Ocean Pkwy*

4 [The Coney Island Museum]
Neugierig nach der Geschichte Coney Islands? Hier gibt es Antworten.
○ *1208 Surf Ave*
⬤ ⬤ ⬤ ⬤ ⬤ · *Coney Island-Stillwell Av*

5 [Nathan's Famous]
Jährlich findet genau hier am 4. Juli das Hotdog-Wettessen statt. Alle anderen Tage im Jahr Anlaufstelle Nummer eins für Hotdog-Fans.
○ *1310 Surf Ave*
⬤ ⬤ ⬤ ⬤ ⬤ · *Coney Island-Stillwell Av*

 MEHR ÜBER DIESE SPOTS ERFAHREN: LNYC.DE/00063

CONEY ISLAND & BRIGHTON BEACH

VON SABRINA

Im Sommer ist ein Besuch von Coney Island und Brighton Beach ein echtes Highlight! Euch erwartet ein toller Strand, ihr könnt im Atlantik schwimmen gehen und geht abends braungebrannt wieder durch die Straßen von New York – genial!

BEGIB DICH AUF ENTDECKUNGSTOUR!

Anbindung
B D F N Q

Sights
- 01 · Luna Park
- 02 · Coney Island Boardwalk
- 03 · Brighton Beach
- 04 · The Coney Island Museum
- 05 · Nathan's Famous
- 06 · New York Aquarium
- 07 · Grimaldi's Pizza
- 08 · Tatiana Restaurant & Grill
- 09 · Wise Espresso Bar
- 10 · Ruby's Bar & Grill
- 11 · Steeplechase Beer Garden

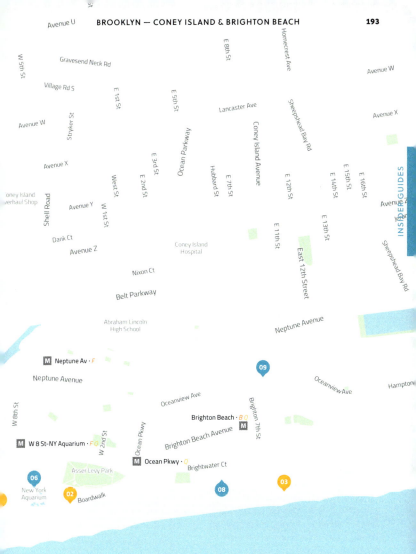

SIGHT-SEEING

Der ⌊Luna Park⌋ ist der Vergnügungspark am Atlantik. Nicht wirklich groß, aber mit einer Menge Spaßgarantie. Die berühmte Achterbahn ⌊Cyclone⌋ auf Coney Island gehört zu den Wahrzeichen der Stadt. In unzähligen Filmen stand sie schon Kulisse und musste schon vielen Naturgewalten, wie dem Hurricane Sandy im Jahr 2012, standhalten. Die Achterbahn, dessen Fahrvergnügen man nicht unterschätzen sollte, ist eine tolle Erinnerung an das ursprüngliche Coney Island. Ebenfalls ein Überbleibsel aus alten Zeiten ist ⌊Deno's Wonder Wheel Amusement Park⌋. Das Riesenrad ⌊Wonder Wheel⌋ ist bis heute neben dem Cyclone eine der Sehenswürdigkeiten von Coney Island. Seit 1989 gehört das 1920 errichtete Riesenrad zu den offiziellen Wahrzeichen der Stadt New York. Von hier aus gelangt man bequem auf den ⌊Coney Island Boardwalk⌋. Hier mag man manchmal seinen Augen kaum trauen, was einem über den Weg läuft. Coney Island ist berühmt für seine Kuriositäten, wie zum Beispiel die alljährliche und legendäre »Mermaid Parade« oder das Neujahrsschwimmen.

Ein besonderes Highlight auf Coney Island ist das jährliche Hotdog-Wettessen bei ⌊Nathan's Famous⌋. Seit 1972 trifft man sich jedes Jahr am 4. Juli, um herauszufinden, wer die meisten Hotdogs in zehn Minuten essen kann.

Willkommen in Amerika! Im ⌊Coney Island Museum⌋ geht man der Geschichte Coney Islands auf den Grund und erfährt alles zur spannenden Vergangenheit des Viertels. Sommer in New York City: Die Tage können sehr heiß werden und die Luftfeuchtigkeit ist unglaublich hoch. Warum also nicht einfach an den Strand von ⌊Brighton Beach⌋ fahren und sich angenehmen Wind um die Nase wehen lassen.

MUSEEN

⭐ ⌊The Coney Island Museum⌋
Im Coney Island Museum erhält man wertvolle Informationen über die Vergangenheit von Coney Island mit einer anschaulichen Miniaturausgabe des ursprünglichen Luna Parks. Das im Jahr 1917 gebaute Gebäude versprüht den typischen Coney Island Charme.

Die urbane und teils verrückte Lebenskultur auf Coney Island wird hier ebenfalls demonstriert: Lokale Künstler zeigen ihr Können in »Freak Shows«, Cabarets oder Comedy Events.
○ *1208 Surf Ave*
D F N Q · *Coney Island-Stillwell Av*

06 ⌊New York Aquarium⌋
Die Meeresbewohner im Aquarium bieten eine schöne Alternative, wenn das Wetter für einen Strandbesuch nicht mitspielt. Hier erfahrt ihr alles rund um die Unterwasserwelt der Meere.
○ *602 Surf Ave*
F Q · *W 8 St-New York Aquarium*

🍴 RESTAURANTS & CAFÉS

⭐ **[Nathan's Famous]** · $
Im Nathan's gibt es den besten Hotdog in New York City. Das Restaurant wurde bereits 1916 gegründet und hier im Stammhaus findet das weltberühmte Hotdog-Wettessen statt.
◉ 1310 Surf Ave
Ⓓ Ⓕ Ⓝ Ⓠ · Coney Island-Stillwell Av

07 [Grimaldi's Pizza] · $$
Nach einem schönen Tag am Strand könnt ihr hier die beste Pizza weit und breit genießen. Achtung: Cash only!
◉ 1215 Surf Ave
Ⓓ Ⓕ Ⓝ Ⓠ · Coney Island-Stillwell Av

08 [Tatiana Restaurant & Grill] · $$
Direkt am Brighton Beach gelegen könnt ihr, neben der schönen Aussicht, leckere Burger, Salate und gegrillten Fisch genießen.
◉ 3152 Brighton 6th St
Ⓑ Ⓠ · Brighton Beach

09 [Wise Espresso Bar] · $$
Perfekt für eine Pause zwischendurch. Egal ob Espresso, Snack oder auch Steak & Burger – ihr werdet freundlich bedient und das Essen ist frisch und sehr lecker.
◉ 3120 Coney Island Ave
Ⓑ Ⓠ · Brighton Beach

🍸 BARS

10 [Ruby's Bar & Grill] · $$
Ruby's gibt es schon seit 1934. Hier könnt ihr den Tag mit Cocktails, Wein oder Bier und einem Snack ausklingen lassen.
◉ 1213 Boardwalk W
Ⓓ Ⓕ Ⓝ Ⓠ · Coney Island-Stillwell Av

11 [Steeplechase Beer Garden] · $
Coney Island's bester Irish Pub mit guten Drinks und Live-Musik – und das bei sehr günstigen Preisen! Die Stimmung ist sehr ausgelassen und man kommt mit vielen Menschen ins Gespräch.
◉ 1904 Surf Ave
Ⓓ Ⓕ Ⓝ Ⓠ · Coney Island-Stillwell Av

🛍 SHOPPING

Wirklich shoppen kann man in Coney Island nicht. Es reiht sich aber ein Mitbringsel-Geschäft an das nächste und es erinnert vieles an einen Strandeinkauf, bei dem man noch schnell ein Andenken an den Urlaub kaufen möchte. Retailer und Modekaufhäuser sucht man hier allerdings vergebens.

New York Aquarium

Brighton Beach

MEHR ÜBER DIESE SPOTS ERFAHREN: LNYC.DE/00064

Queens

Queens ist der Gigant unter den fünf Stadtteilen. Flächenmäßig ist Queens beinahe sechsmal so groß wie Manhattan, allerdings ist der Stadtteil noch sehr unbekannt. Er entwickelt sich immer mehr zu einer der kulturellen Top-Destinationen – ein Besuch ist mehr als lohnenswert.

Stadtteile
201 Long Island City
209 Astoria
217 Flushing

LOVING NEW YORK

DAS SOLLTEST DU AUF KEINEN FALL VERPASSEN

- ○ **01** Aussicht im Gantry Plaza State Park genießen
- ○ **02** Spaziergang im Flushing Meadow Corona Park
- ○ **03** MoMA PS1 besuchen
- ○ **04** Spiel der New York Mets besuchen
- ○ **05** Fahrt mit dem International Express (Subway-Linie ❼)
- ○ **06** Roosevelt Island Tramway
- ○ **07** Penthouse808 Rooftop Bar besuchen
- ○ **08** Queens Museum of Art
- ○ **09** Eisessen bei Lemon Ice King of Corona
- ○ **10** Strandbesuch an Rockaway Beach

NOTIERE DEINE PERSÖNLICHEN HIGHLIGHTS

Queens

LONG ISLAND CITY

Queens Perle

Long Island City in Queens, nicht zu verwechseln mit Long Island, ist ein aufstrebendes Künstlerviertel am East River. Gerade einmal einen Subway-Stop von Manhattan entfernt, gilt der Stadtteil als das nächste Williamsburg. Touristen findet man in Long Island City nur wenig, denn viele kennen es entweder nicht oder denken, es sei zu gefährlich, was absolut nicht stimmt. Neben den unzähligen Bars und Restaurants ist besonders die Kunstszene in Long Island City nicht zu unterschätzen. In der Vergangenheit fand man hier vor allem Industrie. Viele bekannte große Unternehmen hatten oder haben hier immer noch ihren Firmensitz.

Long Island City wurde auch als Wohngegend aufgrund der Nähe zu Manhattan immer beliebter, was dazu führte, dass direkt am East River die Luxusappartement-Komplexe nur so in die Höhe schossen.

INSIDER GUIDES

1 ⸢Gantry Plaza State Park⸥
In diesem Park erwartet euch ein grandioser Blick auf die Skyline Manhattans.
○ 4-09 47th Road
● · Vernon Blvd-Jackson Av

2 ⸢Penthouse808⸥
In dieser Rooftop Bar könnt ihr bei einem großartigen Essen die tolle Skyline von New York bestaunen.
○ 8-08 Queens Plaza S
● · 21 St-Queensbridge

3 ⸢Sculpture Center⸥
Als Non-Profit-Organisation unterstützt das Sculpture Center Künstler aus aller Welt.
○ 44-19 Purves St
● · Court Sq

4 ⸢MoMA PS1⸥
Im Jahr 1971 wurde die Ausstellung der alternativen Kunst von Alanna Heiss gegründet.
○ 22-25 Jackson Ave
● · Court Sq

5 ⸢M. Wells Steakhouse⸥
Das Restaurant ist bekannt für die weltbesten Steaks und den Brunch am Wochenende.
○ 43-15 Crescent St
● ● ● · Queensboro Plaza

MEHR ÜBER DIESE SPOTS ERFAHREN: LNYC.DE/00065

LONG ISLAND CITY

VON TINO

Die Hotels sind sehr beliebt, weil das Preis-Leistungs-Verhältnis super ist. Und ihr seid dank perfekter Subway-Anbindung in wenigen Minuten am Times Square.

BEGIB DICH AUF ENTDECKUNGSTOUR!

Anbindung
7 E F M G N R W

Sights
- 01 · Gantry Plaza State Park
- 02 · Penthouse808
- 03 · Sculpture Center
- 04 · MoMA PS1
- 05 · M. Wells Steakhouse
- 06 · Paper Factory Hotel
- 07 · Wyndham Garden Long Island City Manhattan View Hotel
- 08 · City View Inn
- 09 · Socrates Sculpture Park
- 10 · Tournesol
- 11 · Manetta's
- 12 · Sweetleaf
- 13 · Triple Shot World Atlas
- 14 · The Beast Next Door
- 15 · Dutch Kills
- 16 · BLVD Wine Bar
- 17 · Gantry Bar LIC
- 18 · Z NYC Hotel Rooftop Bar

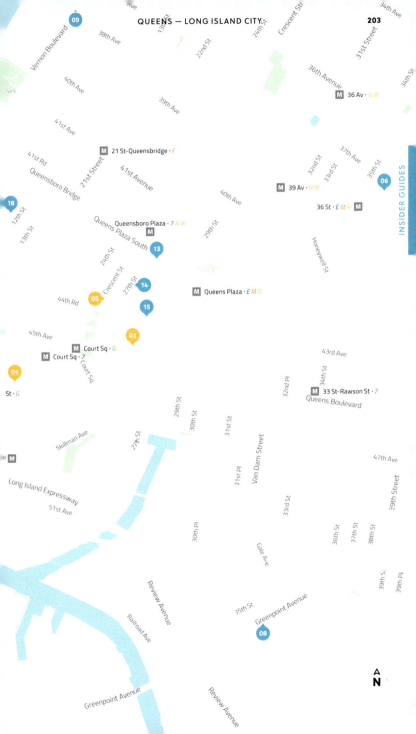

SIGHT-SEEING

Einer der beliebtesten Orte ist der [Gantry Plaza State Park]. Aufgrund der atemberaubenden Sicht auf Manhattan und den East River ist der Park besonders im Sommer ein beliebter Treffpunkt für Jung und Alt. Hier wohnen die wohlhabenden New Yorker, die eine ruhige Wohngegend bevorzugen, aber dennoch die Nähe zur Stadt nicht verlieren möchten. Der 16 Hektar große Park erstreckt sich über insgesamt vier Piers. In dem alten Hafengelände stehen die noch heute erhaltenen Brückenkräne. Hier findet ihr übrigens auch das bekannte [Pepsi Cola Sign].

Im [MoMA PS1] wird vor allem zeitgenössische Kunst ausgestellt. Die Gründerin Alanna Heiss sah im MoMA PS1 die Möglichkeit, ortsspezifische Kunst auszustellen, für die in den traditionellen Museen in New York kein Platz war. Über viele Jahre hinweg fanden die Ausstellungen an den unterschiedlichsten Orten in Manhattan statt, bis Alanna dann im Jahr 1976 eine alte Schule in Long Island City fand, die sich perfekt für ihr Museum eignete.

Das [Sculpture Center] ist ein weiterer perfekter Ort, um in die kreative Welt der aufblühenden Künstler abzutauchen. Dort, wo früher einmal eine Werkstatt ansässig war, hat die Architektin Maya Lin im Jahr 2002 dieses tolle Kunstmuseum geschaffen. Hier experimentieren die Künstler mit neuen Formen und Materialien. Die Ausstellungen tragen Titel wie »Cosmic Voodoo Circus« und »Vide-Poche« und lassen die Besucher mit ihrer Wahrnehmung spielen.

Wenn der große Hunger kommt, können wir euch das [M. Wells Steakhouse · *43-15 Crescent St, zw. 24th St & Hunter St*] empfehlen. Hier gibt es sehr leckere Steaks.

Gantry Plaza State Park im Winter

QUEENS — LONG ISLAND CITY

Gantry Plaza State Park

HOTELS

06 ⌜Paper Factory Hotel⌟ · *4 Sterne*
Dem Namen nach lässt sich schon erahnen, was dieses Hotel einst war: richtig, eine Papierfabrik. Heute ist das Hotel eines der angesagtesten der Gegend. Alle modernen Zimmer sind mit einer kleinen Küche und einem Flachbild TV ausgestattet. An der hoteleigenen Bar könnt ihr den Abend mit einem leckeren Cocktail abschließen.
○ *37-06 36th St*
Ⓔ Ⓜ Ⓡ · *36 St*

07 ⌜Wyndham Garden Long Island City Manhattan View Hotel⌟ · *3 Sterne*
Wie der Name schon verrät, bietet euch das Hotel einen tollen Blick über den East River. Wenn ihr nicht auswärts essen möchtet, könnt ihr auch im hoteleigenen Restaurant namens Fushia speisen. Das Hotel bietet euch einen Shuttleservice zur nächsten U-Bahn-Station — in nur zehn Minuten seid ihr am Times Square.
○ *44-29 9th St*
Ⓔ Ⓜ · *Court Sq-23 St*

08 ⌜City View Inn⌟ · *2 Sterne*
Die Unterkunft besticht durch das sehr gute Preis-Leistungs-Verhältnis. In unmittelbarer Umgebung befinden sich viele Shopping-Möglichkeiten sowie Restaurants. An alle Sportfans: Das Stadion Citi Field und die Tennisanlagen der US Open befinden sich nur wenige Gehminuten entfernt.
○ *3317 Greenpoint Ave*
➐ · *Hunters Point Av*

 MUSEEN

⭐ ⌜**MoMA PS1**⌟
Das MoMA kennen wir alle, klar! Ausgeflippter, unkonventioneller und progressiver geht es im MoMA PS1 zu. Im Januar 2000 wurde der Zusammenschluss der beiden Museen offiziell bekannt gegeben. Das MoMA PS1 hat sich mit Ausstellungen experimenteller Kunst international einen Namen gemacht und knüpft längst an die Erfolge seines großen Bruders am Central Park an.
○ *22-25 Jackson Ave*
Ⓖ · *Court Sq*

09 ⌜Socrates Sculpture Park⌟
Dort, wo sich einst eine illegale Müllhalde befand, findet ihr den wunderschönen Sculpture Park. Hier ist der Name Programm. Der Ort ist ein Freilichtmuseum für lokale Künstler und kreative Anwohner und zugleich ein ansehnliches Naherholungsgebiet am East River. Hier werden überdimensionale Skulpturen und Mixed-Media-Installationen produziert und ausgestellt. Die Aussicht auf Manhattan ist einzigartig und der Park wirklich ein ganz besonderes Stückchen Erde.
○ *32-01 Vernon Blvd*
Ⓔ Ⓜ · *Court Sq-23 St*

INSIDER GUIDES

VON SABRINA

Long Island City ist bekannt für seine Kunstszene. Ihr solltet daher unbedingt dem MoMA PS 1 einen Besuch abstatten. Von dem Café aus könnt ihr eine grandiose Aussicht auf Manhattan genießen.

 **RESTAURANTS & CAFÉS**

 BARS

10 ⌈Tournesol⌉ · $
Hier erwarten euch französische Köstlichkeiten zu super Preisen. Besonders charmant ist, dass fast jeder Kellner einen französischen Akzent hat. Absolut empfehlenswert ist hier der Brunch!
- 50-12 Vernon Blvd
- 7 · Vernon Blvd-Jackson Av

11 ⌈Manetta's⌉ · $$
In der Nähe des MoMA PS1 findet ihr das traditionelle italienische Restaurant mit leckeren Steinofen-Pizzen. Das Restaurant ist in der Nachbarschaft unheimlich beliebt. Viele Touristen werdet ihr dort nicht finden – also ein absoluter Insider-Tipp.
- 10-76 Jackson Ave
- 7 · Vernon Blvd-Jackson Av

⭐ ⌈M. Wells Steakhouse⌉ · $$
Die Location ist einzigartig: eine umgebaute Garage. Der Service ist großartig und ihr bekommt super leckere Steaks. Sonntags könnt ihr auch brunchen.
- 43-15 Crescent St
- N W 7 · Queensboro Plaza

12 ⌈Sweetleaf⌉ · $
Mehr Café als Restaurant – es gibt den besten Kaffee weit und breit. Das Café wurde im Jahr 2008 eröffnet und man vergrößerte die Fläche nur zwei Jahre später um das Dreifache – Platz findet ihr hier garantiert!
- 10-93 Jackson Ave
- G · 21 St-Van Alst

13 ⌈Triple Shot World Atlas⌉ · $
Hier bekommt ihr eine unglaublich kreative Auswahl an Bagels und leckeren Kaffee. Perfekt, um entspannt in den Tag zu starten. Das kleine Café ist sehr gemütlich und die Preise sind vollkommen in Ordnung.
- 2706 Queens Plaza S
- N W 7 · Queensboro Plaza

14 ⌈The Beast Next Door⌉ · $$
Eine sehr schöne Bar, um einen entspannten Abend mit leckeren Drinks zu verbringen. Das Personal ist super freundlich und es gibt hin und wieder coole Live-Musik. Auf der Website findet ihr den Veranstaltungskalender.
- 42-51 27th St
- E M R · Queens Plaza

15 ⌈Dutch Kills⌉ · $
Eine Bar wie aus einem alten Film: von außen heruntergekommen und unter einer Subway-Brücke. Wenn ihr reingeht, findet ihr jedoch eine langgezogene Theke und schickes Publikum. Hier bekommt ihr sensationelle Cocktails zu vernünftigen Preisen. Happy Hour: Montag–Donnerstag von 17:00–19:00 Uhr.
- 27-24 Jackson Ave
- E M R · Queens Plaza

16 ⌈BLVD Wine Bar⌉ · $$
Die Weinbar ist eine unserer Lieblinge: Tolle Weine treffen auf eine entspannte Atmosphäre, die ihr unter echten New Yorkern genießen könnt. Die Speisekarte ist klein, aber fein – asiatisch-amerikanisch angehauchte Tapas (!) und eine wöchentlich wechselnde Käseauswahl machen das BLVD so beliebt.
- 4720 Center Blvd
- E M · Court Sq-23rd St   G · 21 St-Van Alst

17 ⌈Gantry Bar LIC⌉ · $$$
Eine Bar, wie sie in jedem guten New York-Buch steht: Tolle Drinks und eine entspannte, authentische Atmosphäre treffen auf nette Barkeeper. Diese sind immer für einen guten Plausch zu haben. Probiert unbedingt den »Gantry Gin & Sin«! Der Drink ist äußerst lecker und erfrischend.
- 47-02 Vernon Blvd
- E M · Court Sq-23rd St   G · 21 St-Van Alst

QUEENS — LONG ISLAND CITY

Aussicht auf die Skyline

SHOPPING

Long Island City ist nicht gerade bekannt als das Shopping-Mekka, soviel sei verraten. Dennoch gibt es vereinzelt interessante Shops und Stores, in die es sich lohnt, mal reinzugehen. Einer davon ist der fast 30 Jahre alte Antiquitäten- und Secondhand-Store ⌈**Just Things**⌋ · *47-28 Vernon Blvd*⌋. Hier gibt es von Opas altem Fernsehsessel bis zum Designer Vintage-Stück alles – und das zu Schnäppchenpreisen. Eine Zeitreise in die Achtziger verspricht der Store ⌈**Long Island City Kleaners**⌋ · *45-03 Broadway*⌋. Viele Einwohner verwechselten diesen Laden schon öfter mal mit einer Wäscherei. Allerdings findet man hier die neuesten Sneakers, T-Shirts und Snapback-Hats.

INSIDER GUIDES

ROOFTOP BARS

⭐ ⌈**Penthouse808**⌋ · *$$$*
Das Penthouse808 ist Bar, Lounge und Restaurant. Serviert werden asiatisch angehauchte Küche und tolle Cocktails. Den atemberaubenden Blick auf die Skyline von Manhattan bekommt ihr gratis dazu.
📍 *8-08 Queens Plaza S*
🅕 · *21 St-Queensbridge*

18 ⌈**Z NYC Hotel Rooftop Bar**⌋ · *$$*
Der absolute Hipster-Ort in Long Island City. Lasst euch die knusprige dünne Pizza mit einem guten Glas Wein schmecken. Die Aussicht ist ebenso sagenhaft.
📍 *11-01 43rd Ave*
🅝 🅦 🅷 · *Queensboro Plaza*

Dutch Kills

LONG ISLAND CITY HAT DIR GEFALLEN? DANN SCHAU AUCH HIER VORBEI:

East Village
Lower East Side

MEHR ÜBER DIESE SPOTS ERFAHREN: LNYC.DE/00067

Queens

ASTORIA

Ganz großer Kleinstadt-Charme

Nur 15 Minuten von Midtown Manhattan entfernt, findet ihr in Astoria ganz großen Kleinstadt-Charme, obwohl die Einwohnerzahl eher einer Großstadt entspricht: Rund 250.000 Menschen leben im idyllischen Stadtteil nahe des East Rivers. Der Name geht zurück auf den einstigen reichsten Mann der Welt, Jacob Astor. Er selbst setzte angeblich nie einen Fuß in diesen Stadtteil. Dumm für ihn, denn Astoria ist eine der charmantesten Multikulti-Gegenden in ganz Queens und bietet neben tollen Restaurants und einer lebendigen Kunstszene auch viele großartige Aussichtspunkte auf die Skyline Manhattans.

1. [Astoria Park]
Der Park ist aufgrund des riesigen Pools sowie der unzähligen Tennis-, Basketball- und Spielplätzen bei den New Yorkern sehr beliebt.
◊ 19 19th St
N W · Astoria Blvd

2. [Astoria Market]
Ein toller Flohmarkt, auf dem lokale Designer und Künstler für kleines Geld ihre Schätze anbieten.
◊ 29-19 24th Ave
N W · Astoria Blvd

3. [Kaufman Astoria Studios]
Eine Tour durch die Studios verspricht eine filmreife Unterhaltung.
◊ 34-12 36th St
E M R · Steinway St

4. [Museum of the Moving Image]
Die Ausstellung umfasst alles Wissenswerte rund um die Geschichte, Produktion, Verbreitung und Darstellung von Film und Fernsehen.
◊ 36-01 35th Ave
E M R · Steinway St

5. [Bohemian Hall & Beer Garden]
Es ist der älteste Biergarten in ganz New York. Ein Besuch ist mehr als lohnenswert.
◊ 2919 24th St
N W · Astoria Blvd

  MEHR ÜBER DIESE SPOTS ERFAHREN: LNYC.DE/00068

ASTORIA

VON TINO

Ein fantastisches Fotomotiv habt ihr im Astoria Park: Sowohl die Robert F. Kennedy Bridge als auch die Hell Gate Bridge führen von hier über den East River.

BEGIB DICH AUF ENTDECKUNGSTOUR!

Anbindung

Sights
- 01 · Astoria Park
- 02 · Astoria Market
- 03 · Kaufman Astoria Studios
- 04 · Museum of the Moving Image
- 05 · Bohemian Hall & Beer Garden
- 06 · Boro Hotel
- 07 · Ravel Hotel
- 08 · La Quinta Inn Queens
- 09 · The Astor Room
- 10 · Max Bratwurst & Bier
- 11 · Elias Corner
- 12 · Arharn Thai
- 13 · Zenon Taverna
- 14 · Brooklyn Bagel & Coffee Co.
- 15 · Gossip Coffee
- 16 · Sunswick 35/35
- 17 · La Sala
- 18 · Luna Asian Bistro & Lounge
- 19 · Steinway Street

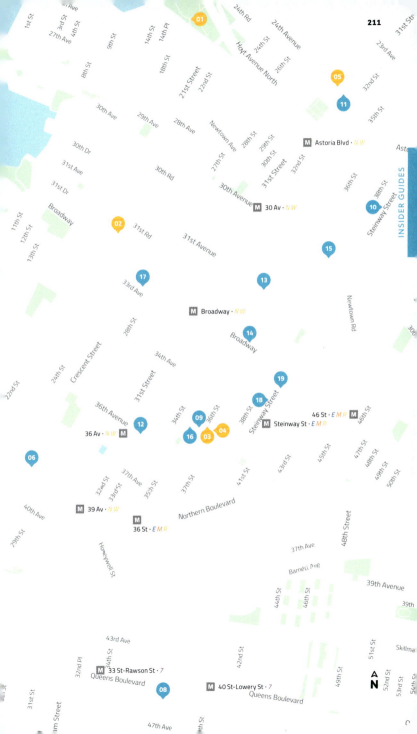

SIGHT-SEEING

Eines der schönsten Fleckchen in Astoria ist der [Astoria Park]. Der beliebte Park am East River ist besonders im Sommer ein populärer Rückzugsort für die New Yorker. An heißen Sommertagen springen sie in den ältesten Pool New Yorks, um sich abzukühlen. Ein übrigens seltener Anblick, denn Freibäder findet man in New York so gut wie gar nicht. Der Blick auf Manhattan und die beeindruckenden Brücken Robert F. Kennedey Bridge und Hell Gate Bridge machen den Astoria Park so speziell. Direkt an der Subway-Station Astoria Boulevard findet ihr den [Astoria Market]. Viele Designer und Künstler präsentieren hier ihre Schmuckstücke. Der Flohmarkt befindet sich in dem [Bohemian Hall & Beer Garden]. Ihr könnt hier nicht nur ausgiebig shoppen, sondern euch zudem mit verschiedenen Köstlichkeiten stärken. Das Essen im Biergarten schmeckt wirklich ausgezeichnet und das Bier ist sehr empfehlenswert.

In Astoria sollt ihr euch unbedingt die [Kaufman Astoria Studios] ansehen. In den späten Siebzigern wurden diese aufgrund der Bedeutsamkeit für die Stadt New York City zu einem »National Historic Landmark« erklärt. Zu dem Komplex gehören zudem das [Museum of the Moving Image] und das Restaurant Astor Room. In diesem bekommt ihr leckere amerikanische Küche. Dienstag–Samstag gibt es von 17:00–19:00 Uhr sogar Happy Hour – vorbeischauen lohnt sich. In dem historischen Filmstudio wurden bereits mehrere bekannte Blockbuster, wie zum Beispiel »Wall Street – Geld schläft nicht« oder »Men in Black«, gedreht. Vor allem werden hier auch bekannte US-Fernsehserien produziert, wie zum Beispiel: »Orange is the new Black«.

VON STEFFEN

Der Bohemian Hall & Beer Garden ist riesig und die Stimmung entspannt und unkompliziert. Weil von außen ganz unscheinbar, kann man leicht daran vorbeigehen – nur eine große Holztür verrät, dass hier einer der besten Biergärten von New York zu finden ist.

HOTELS

06 [Boro Hotel] · 4,5 Sterne
Das moderne Hotel verfügt über geräumige Zimmer mit großen Fenstern, Holzdielen und schicken Bädern. Aus einigen Zimmern könnt ihr einen gigantischen Blick über Long Island City oder die Skyline von Manhattan genießen. In unmittelbarer Nähe befindet sich die U-Bahn-Station 39 Avenue. Manhattan befindet sich in 7 Kilometer Entfernung.
◯ 38-28 27th St
N W · 39 Av

07 [Ravel Hotel] · 4 Sterne
Das luxuriöse Boutique-Hotel befindet sich neben dem Queensbridge Park. Wenn ihr zum Feiern nicht nach Manhattan fahren wollt, könnt ihr im hoteleigenen Nachtclub ausgiebig tanzen. Die modernen Zimmer bieten euch eine wunderschöne Aussicht auf die Skyline von Manhattan.
◯ 8-08 Queens Plaza S
F · 21 St-Queensbridge/41 Av

08 [La Quinta Inn Queens] · 2,5 Sterne
Das günstige Hotel befindet sich in einer sehr guten Lage, sodass ihr mit den öffentlichen Verkehrsmitteln sehr schnell überall seid. Im Preis inbegriffen ist ein leckeres Frühstück und ihr könnt das Fitnesscenter nutzen.
◯ 37-18 Queens Blvd
7 · 40 St-Lowery St

Astoria Park

MUSEEN

⭐ [Museum of the Moving Image]
Der Stadtteil Queens spielt eine sehr große Rolle in der US-Filmindustrie. Viele amerikanische TV-Serien werden hier gedreht. Auch bedeutsame Filme wie zum Beispiel »Der Pate« bedienten sich der schönen Kulisse von Astoria. Die eigentlichen Studios der ehemaligen Paramount East Coast Produktionsstätte sind zwar geschlossen, doch das Museum bietet Führungen zum Thema Filmproduktion, Make-up und Kostüme. Für Fans der Filmproduktion ein Muss.
◯ 36-01 35th Ave
E M R · Steinway St

RESTAURANTS & CAFÉS

09 [The Astor Room] · $$
Direkt in den Kaufmann Astoria Studios bietet The Astor Room leckere amerikanische Küche. Von Dienstag bis Samstag ist von 17:00–19:00 Uhr Happy Hour – es gibt zwei Gläser Wein oder Bier zum Preis von einem.
◯ 34-11 35th Ave
E M R · Steinway St

10 [Max Bratwurst & Bier] · $
Deutsche Küche mitten in Queens. Hier bekommt ihr von der Frikadelle bis zum Schnitzel wirklich alles. Die Auswahl an deutschen Speisen ist riesig – ebenso die Portionen. Es wird typisch deutsche Musik gespielt und die Stimmung ist grandios. Ihr könnt hier je nach Wetterlage auch draußen sitzen. Hunde sind ebenfalls willkommen.
◯ 4702 30th Ave
E M R · 46 St

MEHR ÜBER DIESE SPOTS ERFAHREN: LNYC.DE/00069

11 ⌈Elias Corner⌉ · $

In Elias Corner gibt es leckere griechische Gerichte – mit dem Schwerpunkt hauptsächlich auf Fisch und Meeresfrüchten. Achtung: Es gibt keine Karte. Schaut auf die Tafeln an der Bar oder informiert euch vorher online darüber, welche Speisen es gerade gibt!
◦ 2402 31st St
Ⓝ Ⓦ · *Astoria Blvd*

12 ⌈Arharn Thai⌉ · $

Thailändische Küche im lockeren Ambiente: Nirgendwo in Queens bekommt ihr besseres Pad Thai (traditionelles Nudelgericht). Der Service ist sehr zuvorkommend und falls ihr in der Nähe wohnt, könnt ihr euch das Essen auch liefern lassen.
◦ 3205 36th Ave
Ⓝ Ⓦ · *36 Av*

13 ⌈Zenon Taverna⌉ · $$

Hier kommen nur traditionelle griechische Gerichte auf den Tisch. Besonders empfehlenswert sind die verschiedenen Dips: Tzatziki, Hummus und Aubergine sind unsere Favoriten. Die Empfehlung der Küche? Oktopus. Achtung: nur Barzahlung.
◦ 34-10 31st Ave
Ⓝ Ⓦ · *Broadway*

14 ⌈Brooklyn Bagel & Coffee Co.⌉ · $

Das Brooklyn Bagel & Coffee liegt mitten im Herzen von Astoria. Hier könnt ihr zwischen verschiedenen Bagels und einer großen Auswahl an Aufstrichen auswählen. Der Kaffee schmeckt übrigens auch sehr gut.
◦ 3505 Broadway
Ⓝ Ⓦ · *Broadway*

15 ⌈Gossip Coffee⌉ · $

Im Gossip Coffee bekommt ihr neben leckeren Sandwiches und Donuts auch eine schöne Auswahl an Tees und Kaffees. Ein perfekter Ort, um mit einem Frühstück in den Tag zu starten.
◦ 3704 30th Ave
Ⓝ Ⓦ · *30 Av*

BARS

★ ⌈Bohemian Hall & Beer Garden⌉ · $$

Bereits seit 1910 existiert der Bohemian Hall and Beer Garden. Besonders im Sommer versprüht der großzügig angelegte Biergarten eine wundervolle Atmosphäre. Das Essen ist günstig und das Bier schmeckt. Beste Voraussetzungen also für einen gelungenen Sommerabend.
◦ 2919 24th Ave
Ⓝ Ⓦ · *Astoria Blvd*

16 ⌈Sunswick 35/35⌉ · $$

Eine kleine und gemütliche Bar. Die stylische Theke und die kleinen Rundtische laden ein, die verschiedenen Biere durchzuprobieren. Auch das Essen ist sehr zu empfehlen und passt gut zu einem entspannten Abend in einer der beliebtesten Bars in Astoria.
◦ 35-02 35th St
Ⓝ Ⓦ · *36 Av*

17 ⌈La Sala⌉ · $$

Eine sehr empfehlenswerte Cocktailbar ist das La Sala. Auf Sofas und Sesseln könnt ihr es euch bequem machen und euren Cocktail in einer entspannten Atmosphäre genießen. Die Bartender sind sehr zuvorkommend und mixen euch eure Wunschcocktails.
◦ 32-05 Crescent St
Ⓝ Ⓦ · *Broadway*

VON SABRINA

Ich verbringe gerne mit Freunden meinen Nachmittag im Gossip Coffee. Hier kann man in einer netten Atmosphäre ausgiebig quatschen.

ROOFTOP BARS

18 ⌈Luna Asian Bistro & Lounge⌉ · $
Das japanische Restaurant bietet neben Sushi und guter asiatischer Küche auch noch grandiose Ausblicke auf die Skyline.
○ 32-72 Steinway St
Ⓔ Ⓜ Ⓡ · Steinway St

Kaufman Astoria Studios

Wohngegend in Astoria

SHOPPING

19 ⌈Steinway Street⌉
Rund um die Steinway Street findet ihr eine multikulturelle Shopping-Meile, die nicht mit einer typischen Einkaufsstraße in Manhattan vergleichbar ist. Zwar gibt es auch hier Stores wie Victoria's Secret, Express und andere uns bekannte Geschäfte, den eigentlichen Charme machen aber die zahlreichen kleinen Stände und Läden aus, die Schmuck, Klamotten und Co. für kleines Geld anbieten. Fast alle von ihnen sind in Familienbesitz – die Atmosphäre ist also sehr entspannt und angenehm.

Verkauft werden hier von Schuhen und Kleidung über Gewürze bis hin zu nationalen Lebensmitteln die verschiedensten Güter. Was ihr hier kauft, findet ihr wirklich nirgendwo sonst in der Stadt.
Ⓔ Ⓜ Ⓡ · Steinway St

⭐ **⌈Astoria Market⌉**
An der Subway Station Astoria Boulevard findet ihr den Astoria Market. In der Haupthalle der Bohemian Hall & Beer Garden schlendert ihr über einen lohnenswerten Flohmarkt, auf dem ihr Produkte von lokalen Designern und Künstlern kaufen könnt.
Ⓝ Ⓦ · Astoria Blvd

ASTORIA HAT DIR GEFALLEN?
DANN SCHAU AUCH HIER VORBEI:

Chelsea
Lower East Side

MEHR ÜBER DIESE SPOTS ERFAHREN: LNYC.DE/00070

FLUSHING

Mehr als ein Wohnviertel mit Sitcom-Charme

Der nördliche Teil von Queens steckt voller Sehenswürdigkeiten – deshalb lohnt sich ein Besuch auf jeden Fall. Vor allem für Sitcom-Fans: Viele von euch kennen bestimmt die Szenen aus der Comedy-Serie »King of Queens«, in der Doug und Carrie im Flushing Meadows Corona Park vor dem Unisphere sitzen oder sich in Queens berühmtester Eisdiele, dem Lemon Ice King, ein Eis bestellen. Wer kein Serien-, aber dafür Sportfan ist, kennt das charmante Viertel bestimmt von den US Open – diese finden jährlich hier statt.

1. Flushing Meadows Corona Park
Der 3,6 Quadratkilometer große Park ist vor allem wegen der US Open bekannt – diese werden hier ausgetragen.
◯ 111th St
⑦ · 111 St

2. New York Hall of Science
Das interaktive Museum begeistert Jung und Alt. Es befindet sich im Flushing Meadows Park.
◯ 47-01 111th St
⑦ · 111 St

3. Citi Field
Das gigantische Stadion ist die Heimat der New York Mets. 45.000 Menschen feuern hier ihre Mannschaft an.
◯ 123-01 Roosevelt Ave
⑦ · Mets-Willets Point

4. Queens Museum
Es ist das wichtigste Kunstmuseum in Queens. Es spiegelt die kulturelle Vielfalt der einzelnen Stadtbezirke wider.
◯ New York City Building, Flushing Meadows Corona Pk
⑦ · 111 St

5. William F. Moore Park
Der Park ist bekannt für seine italienischen Besucher, die hier Boccia spielen.
◯ Corona Ave
⑦ · 111 St

MEHR ÜBER DIESE SPOTS ERFAHREN: LNYC.DE/00071

FLUSHING

VON TINO

Lohnenswert ist auch der Queens Botanical Garden, der zwar kleiner ist als seine Pendants in Brooklyn und der Bronx, der dafür aber auch viel weniger Eintritt kostet. Zum Frühlingsanfang könnt ihr die prächtig blühenden Kirschbäume bewundern (43-50 Main Street, Ecke Dahlia Ave).

BEGIB DICH AUF ENTDECKUNGSTOUR!

Anbindung
- 7

Sights
- 01 · Flushing Meadows Corona Park
- 02 · New York Hall of Science
- 03 · Citi Field
- 04 · Queens Museum
- 05 · William F. Moore Park
- 06 · Fu Run
- 07 · Spicy & Tasty
- 08 · Nan Xiang Xiao Long Bao
- 09 · Tortilleria Nixtamal
- 10 · New Flushing Bakery
- 11 · Zebra Lounge
- 12 · Roosevelt Sports Bar
- 13 · Leaf Bar & Lounge

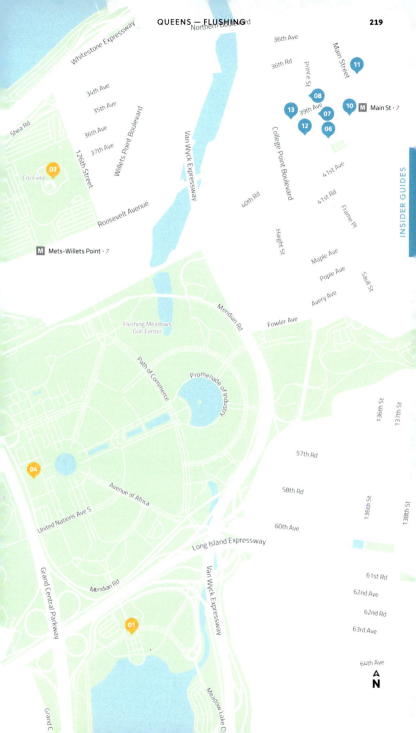

SIGHT-SEEING

Flushing ist ein pulsierendes Chinatown. Hier treffen die verschiedensten Menschen aufeinander. Über 50% der Einwohner sind asiatischer Herkunft. Man sagt, dass Chinatown in Flushing sei authentischer und zudem auch um einiges größer als das Chinatown in Manhattan.

Ein beliebtes Ausflugsziel ist der 3,6 Quadratkilometer große **Flushing Meadows Corona Park** mit seinen weitläufigen Wiesen und Sportanlagen. Auf dem Gelände des Parks befinden sich viele tolle Attraktionen. Ein Must-See ist die riesige Weltkugel Unisphere. Diese stellt das Symbol der Expo von 1964 dar. Und wenn ihr schon hier seid, könnt ihr dem **Queens Museum** einen Besuch abstatten. Im dem Museum wird Kunst aus dem 20. Jahrhundert und der Gegenwart ausgestellt. Es beherbergt zudem eine ständige Ausstellung von Tiffany Glass.

Ein weiteres Highlight des Parks ist der tolle Zoo. Hier könnt ihr auf nur zwei Hektar Fläche eine interessante Auswahl an Wildtieren des amerikanischen Kontinents bewundern. Das interaktive Museum **New York Hall of Science** befindet sich ebenfalls im Park. Mit über 450 interaktiven Exponaten ist es das einzige praxisbezogene Wissenschafts- und Technologiezentrum in New York.

Ein absoluter Insider-Tipp ist der **William F. Moore Park**. Der Park ist zwar klein, überzeugt aber durch sein magisches Ambiente. Um die schöne Grünfläche herum findet ihr viele gute italienische Restaurants.

Nicht nur für alle Baseball-Fans ein Muss: Das **Citi Field** Stadion wurde im Jahr 2009 neu erbaut und ersetzt das alte Shea Stadium. Bei den Spielen sorgen bis zu 45.000 Baseball-Fans für eine einzigartige Stimmung.

MUSEEN

⭐ **New York Hall of Science**
Das Wissenschaftsmuseum spricht vor allem Kinder an. Auf interaktive und spielerische Art und Weise können sie alles rund um Biologie, Chemie und Physik lernen.
- 47-01 111th St
- ⑦ · 111 St

⭐ **Queens Museum**
Das Museum wurde für die Weltausstellung 1939 errichtet und zeigt unter anderem »The Panaroma«, ein Modell von New York mit seinen fünf Stadtteilen. Viele der Ausstellungsstücke sind Dokumente, die im Zusammenhang mit der Weltausstellung stehen.
- New York City Building, Flushing Meadows Corona Pk
- ⑦ · 111 St

Citi Field

 **RESTAURANTS & CAFÉS**

 BARS

06 **⸢Fu Run⸥** · $$
Wenn ihr Lust auf klassische chinesische Küche habt, seid ihr hier richtig. Probiert doch mal das »Muslim Lamb Chop«.
📍 *40-09 Prince St*
🚇 · *Main St*

07 **⸢Spicy & Tasty⸥** · $$
Hier esst ihr wie auf einem lokalen chinesischen Markt. Der Name ist übrigens Programm. Wir können euch die gebratenen Nudeln mit Hähnchen empfehlen.
📍 *39-07 Prince St*
🚇 · *Main St*

08 **⸢Nan Xiang Xiao Long Bao⸥** · $
Das Restaurant ist bekannt für seine leckeren Dim Sum. Unbedingt probieren – sie schmecken einfach fantastisch.
📍 *38-12 Prince St*
🚇 · *Main St*

09 **⸢Tortilleria Nixtamal⸥** · $$
Unser Lieblings-Mexikaner. Hier gibt es frische Bio-Gerichte mit den besten Tortillas in ganz Queens. Die Gerichte sind alle gut gewürzt. Das Personal ist sehr zuvorkommend und das Preis-Leistungs-Verhältnis stimmt.
📍 *104-05 47th Ave*
🚇 · *103 St-Corona Plaza*

10 **⸢New Flushing Bakery⸥** · $
Habt ihr schon mal in China gefrühstückt? Wenn nicht, kein Problem – hier könnt ihr es ausprobieren. Unsere Empfehlung: die Lemon Egg Tarts. Die sind einfach köstlich.
📍 *135-45 Roosevelt Ave*
🚇 · *Main St*

11 **⸢Zebra Lounge⸥** · $
Lust auf Karaoke und leckere Drinks? Dann schaut doch mal hier vorbei. Zur Happy Hour (täglich bis 19:00 Uhr) gibt es außerdem frisch gezapftes und Flaschen-Bier zum halben Preis.
📍 *13611 38th Ave*
🚇 · *Main St*

12 **⸢Roosevelt Sports Bar⸥** · $$
Für alle Sportfans: Eine kleine Sports Bar mit einer guten Auswahl an Getränken und sehr freundlichem Personal. Wir können euch das Guinness empfehlen.
📍 *133-45 Roosevelt Ave*
🚇 · *Main St*

 **ROOFTOP BARS**

13 **⸢Leaf Bar & Lounge⸥** · $$
Diese Rooftop Bar findet ihr auf dem Hyatt Place Hotel. Es gibt außergewöhnliche Cocktail-Kreationen und eine kleine Speisekarte. Jeden Tag von 17:00–20:00 Uhr gibt es eine Happy Hour – vorbeischauen lohnt sich. Besonders die Mojitos sind hier sehr lecker.
📍 *133-42 39th Ave*
🚇 · *Main St*

FLUSHING HAT DIR GEFALLEN? DANN SCHAU AUCH HIER VORBEI:

 Harlem & Washington Heights

MEHR ÜBER DIESE SPOTS ERFAHREN: LNYC.DE/00072

BRONX

Viele verbinden mit der Bronx etwas Negatives, dabei gilt der Stadtteil heute weitestgehend als sicher. Ihr könnt einige wirklich lohnenswerte Ausflüge in die Bronx unternehmen.

LOVING NEW YORK

DAS SOLLTEST DU AUF KEINEN FALL VERPASSEN

- ○ **01** Spiel der New York Yankees ansehen
- ○ **02** Bronx Zoo besuchen
- ○ **03** New York Botanical Garden
- ○ **04** Bier in der Bronx Beer Hall trinken
- ○ **05** Museum of Bronx History besuchen
- ○ **06** Schlendern auf der Arthur Avenue
- ○ **07** Verschnaufen im Prince Coffee House
- ○ **08** Pizza bei Louie & Ernie's
- ○ **09** Courtland House Museum
- ○ **10** Cheesecake im Morrone Pastry Shop & Cafe essen

NOTIERE DEINE PERSÖNLICHEN HIGHLIGHTS

BRONX

Einstiges Ackerland vor den Toren der Stadt

Die Bronx ist der einzige Borough von New York City, der nahezu vollständig zum Festland der Vereinigten Staaten gehört.

Heute denken viele von euch beim Stichwort »Bronx« wohl an einen sozialen Brennpunkt mit hoher Kriminalitätsrate. Dies ist die Folge eines Abwärtsstrudels, der den Stadtteil zur Zeit des Zweiten Weltkriegs erfasste. Mittlerweile geht es zwar aufwärts mit der Region, doch gibt es immer noch Gegenden, die ihr besser meiden solltet, vor allem in der South Bronx die Gunhill Road und White Plaines Road. Auf der anderen Seite bietet der Stadtteil aber auch einige wirklich lohnende und sichere Ausflugsziele wie das Yankee Stadium oder den riesigen Zoo.

1 ⌈Yankee Stadium⌉
Wenn ihr Baseball in New York sehen wollt, dann müsst ihr unbedingt zu den New York Yankees gehen!
○ *1 E 161st St*
④ · *161 St-Yankee Stadium*

2 ⌈Bronx Zoo⌉
Der Bronx Zoo, mitten in der urbansten Gegend von New York City, zeichnet sich besonders durch die große Artenvielfalt und seine unfassbare Größe aus.
○ *2300 Southern Blvd*
② ⑤ · *E 180 St*

3 ⌈Museum of Bronx History⌉
Sehr historisch wird es in dem vier Stockwerke hohen Farmgebäude aus dem Jahr 1758 – dem Museum of Bronx History.
○ *3266 Bainbridge Ave*
Ⓓ · *Nordwood-205 St*

4 ⌈Van Cortlandt House Museum⌉
Ein sehr beliebtes Museum und Nationaldenkmal, das einen Einblick hinter die Kulissen des einstigen Hauptquartiers bietet.
○ *6036 Broadway · Van Cortlandt Pk*
① · *Van Cortlandt Pk-242 St*

5 ⌈Bartow-Pell Mansion Museum⌉
Die riesige Mansion eröffnet euch eine Reise in die Vergangenheit. Seit 1946 fungiert es als Museum.
○ *895 Shore Road*
⑥ · *Pelham Bay Pk*

BRONX

VON STEFFEN

Der Stadtteil ist viel besser als sein Ruf! Wenn ihr euch einen Überblick über die Bronx verschaffen wollt, könnt ihr das auch bequem mit den beliebten Hop-on Hop-off Bustouren machen. Bucht dafür einfach die spezielle Bronx-Route!

BEGIB DICH AUF ENTDECKUNGSTOUR!

Anbindung

Sights
- 01 · Yankee Stadium
- 02 · Bronx Zoo
- 03 · Museum of Bronx History
- 04 · Van Cortlandt House Museum
- 05 · Bartow-Pell Mansion Museum
- 06 · The Bronx Museum of the Arts
- 07 · Louie & Ernie's
- 08 · Trattoria Zero Otto Nove
- 09 · Packsun
- 10 · Morrone Pastry Shop & Cafe
- 11 · Prince Coffee House
- 12 · Bronx Alehouse
- 13 · The Bronx Beer Hall

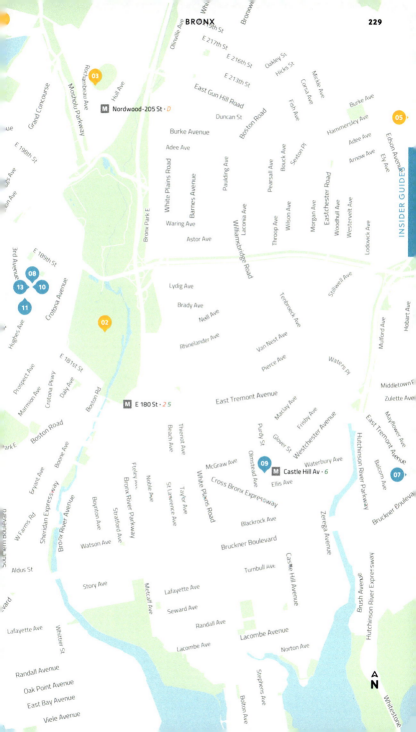

SIGHT-SEEING

Das ⸢Yankee Stadium⸥ ist oft der Hauptgrund, warum Besucher in die Bronx kommen. Richtigen Baseball seht ihr bei einem Spiel der New York Yankees. Das Stadium wurde 2009 neu eröffnet und über 50.000 Fans können die Spiele ansehen. Im ⸢Bronx Zoo⸥ könnt ihr mitten im Großstadttrummel in ferne Länder entfliehen. In eigens für die Tiere angelegten Themenwelten, wie die afrikanische Savanne oder das spannende Asien, könnt ihr die typische Atmosphäre dieser Erdteile spüren. Ein paar Straßenblocks östlich des Yankee Stadiums wartet auf alle Art Déco-Fans unter euch ein ganz besonderes Highlight. Die etwa sechs Kilometer lange Straße »Grand Concourse« ist unter Art Déco-Liebhabern ein absolutes Muss. Louis Risse gestaltete den Concourse im Jahr 1892 und nahm dabei die Pariser Champs-Élysées als Maßstab und Vorlage. Seit 1909 ist die Straße für die Öffentlichkeit zugänglich und wurde durch die Erschließung der Subway besonders als Wohngegend interessant. Der New York Botanical Garden ist rund 100 Hektar groß und mit über 50 Themengärten und Treibhäusern einer der sehenswertesten und größten botanischen Gärten des Landes. Der Peggy Rockefeller Rose Garden und das Herbarium mit über sieben Millionen Pflanzenproben aus mehreren Jahrhunderten sind die beiden Highlights des Gartens. In der Bronx gibt es auch viele tolle Museen, wie das ⸢Museum of Bronx History⸥, das ⸢Van Cortlandt House Museum⸥ und das ⸢Bartow-Pell Mansion Museum⸥. Die Museen eröffnen euch eine Reise in die spannende Vergangenheit des Stadtteils.

MUSEEN

06 ⸢The Bronx Museum of the Arts⸥
Im Bronx Museum of Arts erfahrt ihr alles über die amerikanische Kunst des 20. und 21. Jahrhunderts. Hinzu kommt ein sehr guter Einblick in die Kunst- und Design-Szene aus Afrika und Asien. Spannend ist insbesondere der Überblick der kreativen Szene in der Bronx.
◊ *1040 Grand Concourse*
Ⓑ Ⓓ · *167 St*

⭐ ⸢Museum of Bronx History⸥
Sehr historisch wird es im vier Stockwerke hohen Farmgebäude aus dem Jahr 1758. Wie der Name schon verrät, erfahrt ihr in diesem Museum alles über die Geschichte der Bronx. Die Location ist wunderschön und es verlangt keiner großen Vorstellungskraft mehr, wie die Bronx zur damaligen Zeit ausgesehen haben muss.
◊ *3266 Bainbridge Ave*
Ⓓ · *205 St*

Bronx Zoo

⭐ [Bartow-Pell Mansion Museum]

Das Museum liegt im wunderschönen Pelham Bay Park, dem größten öffentlichen Park New York Citys, in der Nordostecke der Bronx. Er ist mit 1.119 Hektar dreimal so groß wie der Central Park in Manhattan. Dieses Museum ist wohl am schönsten gelegen – umringt von einem Fluss, mehreren vorgelagerten Inseln und tollen Spazier- und Radwegen. Die riesige Mansion stammt aus dem Jahr 1654 und fungiert seit 1946 als Museum. Alle Möbel und Einrichtungsgegenstände sind aus diesen Jahren erhalten geblieben und ermöglichen eine spannende Reise die Vergangenheit.

◯ *895 Shore Road*

6 · *Pelham Bay Pk*

RESTAURANTS & CAFÉS

07 [Louie & Ernie's] · $

Wenn ihr Lust auf Pizza habt, seid ihr hier genau richtig. Bei Louie & Ernie's gibt es die beste Pizza in der Bronx. Leckere Kruste, köstliche Sauce und frische Beläge mit exzellentem Mozzarella.

◯ *1300 Crosby Ave*

6 · *Middletown Road*

08 [Trattoria Zero Otto Nove] · $$

Die Trattoria ist ein authentisches italienisches Restaurant. Hier bekommt ihr die klassische Küche Italiens: egal ob Pizza aus dem Steinofen, hausgemachte Pasta oder frische Meeresfrüchte.

◯ *2357 Arthur Ave*

B D · *182-183 St*

09 [Packsun] · $

Von außen sieht das Packsun nicht sehr einladend aus, aber es lohnt sich reinzugehen. Ihr bekommt authentisch bangladesische Küche.

◯ *2160 Westchester Ave*

6 · *Castle Hill Av*

10 [Morrone Pastry Shop & Cafe] · $

Hier gibt es eine schöne Auswahl an Kuchen und Backwaren, wie z. B. Cheesecake, Cookies, kleine Törtchen und viele andere Leckereien. Das Personal ist sehr freundlich und die Preise sind normal.

◯ *2349 Arthur Ave*

B D · *182-183 St*

11 [Prince Coffee House] · $

Im Prince Coffee House könnt ihr sehr guten Kaffee in einem schönen Ambiente genießen. Nebenbei gibt es auch noch kleine Leckereien dazu.

◯ *2306 Arthur Ave*

B D · *182-183 St*

Botanical Garden

BARS

12 [Bronx Alehouse] · $

Klassischer Pub mit viel Charme und einer riesigen Auswahl an lokalen Biersorten.

◯ *216 W 238th St*

1 · *238 St*

13 [The Bronx Beer Hall] · $$

Urbane Bier-Bar und Biergarten mit großer Auswahl lokaler und internationaler Biere.

◯ *2344 Arthur Ave*

B D · *182-183 St*

MEHR ÜBER DIESE SPOTS ERFAHREN: LNYC.DE/00074

Staten Island

Staten Island ist ein kleines Naturwunder, umgeben von Wasser und mit einer grünen Parkanlage verziert. Vielen ist bestimmt die Staten Island Ferry bekannt, die an der Statue of Liberty entlangschippert.

DAS SOLLTEST DU AUF KEINEN FALL VERPASSEN

- **01** Mit der Ferry fahren
- **02** Fotos von der North Shore Waterfront Esplanade aus machen
- **03** Staten Island Zoo besuchen
- **04** Schlendern auf der Strandpromenade South Beach
- **05** Jayques Marchais Museum of Art besuchen

NOTIERE DEINE PERSÖNLICHEN HIGHLIGHTS

STATEN ISLAND

Metropole trifft auf Vorstadt

Vorortcharakter, viel Grün, Strände und eine tolle Aussicht auf den New Yorker Hafen, das ist das, was man von Staten Island so hört. Oftmals fällt das Wort »langweilig« im nächsten Atemzug. New Yorks drittgrößter, jedoch am wenigsten besiedelter Stadtbezirk fühlt sich ein wenig abgeschieden vom Rest der Metropole an – zumindest physisch ist das auch so. Bei Touristen ist Staten Island nur für die Staten Island Fähre bekannt. Die Fähre, die die Statue of Liberty von New York, das Wahrzeichen des New Yorker Hafens, passiert und dabei keinen Cent kostet. Für die täglichen Pendler ist die Staten Island Ferry der einzige Link nach Manhattan und somit unersetzbar.

TOP 5 SIGHTS

1 [Staten Island Ferry]
Die Fahrt nach Staten Island ist äußerst lohnenswert. Ihr fahrt direkt an der Statue of Liberty vorbei.
◊ *Whitehall Ferry Terminal · 4 Whitehall St*
❶ · *South Ferry*

2 [Staten Island Museum]
Das Museum umfasst eine tolle naturwissenschaftliche und historische Kollektion.
◊ *A, 1000 Richmond Terrace*

3 [Jayques Marchais Museum of Art]
Hier erfahrt ihr alles Wissenswerte rund um die Kultur Tibets.
◊ *338 Lighthouse Ave*

4 [South Beach]
Hier befindet sich ein traumhafter Strand, der zum Entspannen und Spazierengehen einlädt.
◊ *South Beach, Staten Island*

5 [Staten Island Children's Museum]
Es warten über zwei Millionen Ausstellungsstücke darauf, von euch entdeckt zu werden.
◊ *M, 1000 Richmond Terrace*

MEHR ÜBER DIESE SPOTS ERFAHREN: LNYC.DE/00075

STATEN ISLAND

VON SABRINA
Ein Pflichtprogramm ist die Fahrt mit der kostenlosen Staten Island Ferry. Ihr seht so nicht nur die Statue of Liberty aus der Nähe, sondern könnt auch wunderbare Fotos von der Südspitze Manhattans mit dem One World Observatory machen!

BEGIB DICH AUF ENTDECKUNGSTOUR!

Anbindung
Auf der Insel fahren Busse sowie die Staten Island Railway (SIR).

Sights
- 01 · Staten Island Ferry
- 02 · Staten Island Museum
- 03 · Jayques Marchais Museum of Art
- 04 · South Beach
- 05 · Staten Island Children's Museum

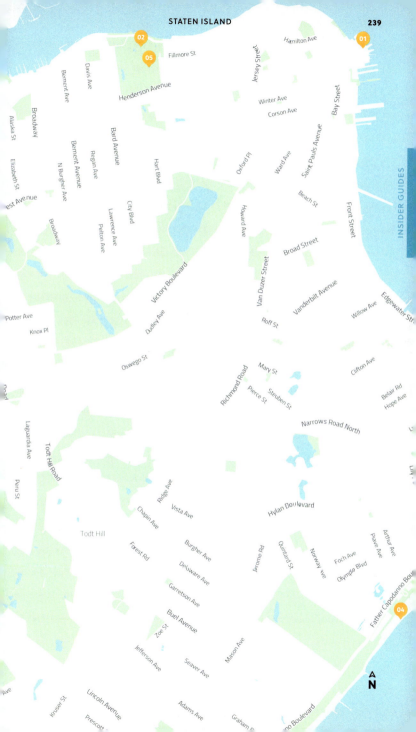

SIGHTSEEING

Must-do: Die Staten Island Ferry

Rund 19 Millionen (!) Fahrgäste befördert die Staten Island Ferry pro Jahr – Tendenz steigend! Ihre Fahrt vom Whitehall Ferry Terminal in Lower Manhattan ins 8,5 Kilometer entfernte Staten Island dauert ca. 25 Minuten. Es ist schon lange kein Geheimnis mehr, dass dies die günstigste Variante ist, um einen Schnappschuss von der Freiheitsstatue zu ergattern.

Was für die Touristen das Highlight des Tages darstellt, ist für die Pendler Alltag. Sie schauen in die Zeitung, lesen ihr Buch oder genießen einfach nur die Ruhe. Der atemberaubende Blick auf die Skyline fällt ihnen gar nicht mehr auf.

Museen

Mit Werken von Andy Warhol und Marc Chagall ist [Staten Island Museum · *A, 1000 Richmond Terrace*] das älteste interdisziplinäre Museum auf Staten Island. Es liegt nur zwei Straßenblocks vom Ferry Terminal entfernt und umfasst eine große naturwissenschaftliche, historische Kollektion und eine ausgefallene Kunstsammlung.

Im [Staten Island Children's Museum · *M, 1000 Richmond Terrace*] können die Kleinen auf Entdeckungsreise gehen. Über zwei Millionen Ausstellungsstücke von Fossilien bis hin zu Kunst und einer Ausstellung von nationalen Tieren werden die Kinderherzen hier sicher höher schlagen lassen. Hier wird gespielt, gelacht und kreativ gelernt. Ihr wolltet schon immer mal nach Tibet? Staten Island macht es möglich: Im [Jayques Marchais Museum of Art · *338 Lighthouse Ave*] könnt ihr ganz in die Kultur und Atmosphäre Tibets abtauchen. Ein Meditations-Garten sowie Lehrstunden im Tai Chi sind Teil des Museumsprogramms – ein ganz zauberhafter Ort, der in einem oftmals sehr stressigen Städtetrip die notwendige Ruhe zurückbringen wird.

Eine Reise in die Vergangenheit für Jung und Alt ist die Historic Richmond Town. Mit 28 historischen Häusern und alten Farmen in einem kleinen Dorf aus der damaligen Zeit wird dem Besucher anschaulich dargestellt, wie man vor vielen Jahrzehnten auf Staten Island lebte.

South Beach

Warum bis nach Miami fliegen, wenn man auch einen South Beach auf Staten Island findet? Die etwa 2,3 Kilometer lange hölzerne Strandpromenade ist immerhin die viertlängste der Welt. Von hier aus bietet sich eine schöne Aussicht auf die Verrazano-

Staten Island Ferry

Narrows Bridge. Auf der Strandpromenade sind Boccia- und Picknickplätze sowie weitere Sportmöglichkeiten gegeben. Der Strandabschnitt ist wirklich wunderschön und absolut lohnenswert.

Am Nordende des Boardwalks befindet sich der beliebteste Treffpunkt der Staten Islanders: ein Delphin Springbrunnen. Auf Staten Island sagt man nur: »I'll meet you at Dolphin Fountain.« Hier finden jährliche Events, kostenlose Konzerte und das ein oder andere spektakuläre Feuerwerk statt. Am südlichsten Punkt, der Ocean Breeze, seht ihr sicherlich einige Fischer, die am beliebtesten Fischerort in ganz New York City ihr Angelglück versuchen.

Die Zukunft: New York Wheel

New York ist eine Stadt der Superlative – und ein weiteres Highlight ist nun in der Planung: das »New York Wheel«. Es wird eines der höchsten Riesenräder der Welt. Mit dem 192 Meter hohen New York Wheel will New York City seinem großen Portfolio eine weitere Sehenswürdigkeit hinzufügen und das sogar auf Staten Island. Von dort aus ermöglicht es einen tollen Blick auf die Statue of Liberty und die Südspitze Manhattans mit der New York-Skyline.

VON TINO
Schöne Aufnahmen könnt ihr von der North Shore Waterfront Esplanade aus machen!

MEHR ÜBER DIESE SPOTS ERFAHREN: LNYC.DE/00076

SEHENS-WÜRDIGKEITEN

In der Stadt, die niemals schläft, gibt es so viel Faszinierendes zu sehen. Hinter jeder Ecke befindet sich ein neues großartiges Highlight: Das imposante One World Trade Center, der schillernde Times Square, die interessanten Museen und der abwechslungsreiche Central Park sind nur einige Punkte auf der Liste der besten Sehenswürdigkeiten.

VIELE TOLLE INSIDERBERICHTE UND VIDEOS VON UND MIT UNS FINDEST DU UNTER:

www.lovingnewyork.de/highlights

ALLE HIGHLIGHTS DER STADT AUF EINEN BLICK

New York ist die Stadt, die nicht nur uns völlig in ihren Bann gezogen hat – seid gespannt! Bevor ihr euch in die Metropole aufmacht, solltet ihr euch genau überlegen, was ihr alles sehen möchtet. Wir zeigen euch die Must-Sees der Stadt.

VON STEFFEN
Die allermeisten Sehenswürdigkeiten sind in den City-Pässen enthalten. Wenn ihr also schon einen Explorer Pass, New York Pass oder CityPASS habt, müsst ihr sie nicht extra buchen! Ein Video dazu zeige ich euch auf ›lny.my/sparen

AUSSICHTSPLATTFORMEN

⌜Empire State Building⌝
Das Empire State Building ist der wohl bekannteste Wolkenkratzer von ganz New York. Die Aussichtsplattform befindet sich in 320 Meter Höhe und bei schönem Wetter könnt ihr bis zu 80 Kilometer weit schauen und einen grandiosen 360 Grad-Rundumblick genießen. Was das Gebäude noch so besonders macht, ist seine Spitze – diese erstrahlt jeden Tag in anderen Farben.
350 5th Ave · zw. W 33rd St & W 34th St
B D F M N Q R W · *34 St-Herald Sq*

⌜One World Observatory⌝
Es ist das neue Wahrzeichen der Stadt und mit einer Höhe von 541 Metern das höchste Gebäude der westlichen Hemisphäre. Oben angekommen, hebt sich nach wenigen Sekunden der Vorhang und gibt den Blick auf das atemberaubende Großstadtpanorama frei, das New York euch zu bieten hat. Das One World Observatory ist aber nicht einfach nur eine Aussichtsplattform, es ist ein Erlebnis voller Highlights.
285 Fulton St · Eingang an der West St
A C · *Chambers St*

⌜Statue of Liberty⌝
Die Statue of Liberty ist das Symbol für Freiheit in den Vereinigten Staaten. Sie ist 46 Meter hoch und steht auf einem Sockel, der weitere 47 Meter hoch ist. Um zur Statue of Liberty zu gelangen, müsst ihr mit dem Boot von Lower Manhattan zur Liberty Island fahren, denn die Dame mit der Fackel steht auf ihrer eigenen Insel.
1 Battery Pl · Abfahrt mit Fähre
4 5 · *Bowling Green*

⌜Top of the Rock: Die Aussichtsplattform vom Rockefeller Center⌝
Die Aussichtsplattform ermöglicht euch einen atemberaubenden Blick über Manhattan und den Central Park. Es verzeichnet im Vergleich zum ebenfalls sehr beliebten Empire State Building weniger Besucher, hat dementsprechend kürzere Wartezeiten, ist aber mindestens ebenso sehenswert.
30 Rockefeller Plaza
E M · *5 Av/53 St*

One World Trade Center

MUSEEN

⌜Guggenheim Museum⌝
Das Guggenheim Museum auf der 5th Avenue ist eine architektonische Meisterleistung: Der bizarre Bau des amerikanischen Meisterarchitekten Frank Lloyd Wright wird von seinen Kritikern oft als »Tasse aus Beton« bezeichnet. Werke von Wassily Kandinsky, Fernand Léger, Vincent Van Gogh, Monet und Picasso sind Teile der wertvollen Ausstellung. Wer es entspannt mag, genießt in der dritten Etage des Museums den tollen Ausblick auf den Central Park bei einer Tasse Espresso.
1071 5th Ave · zw. E 88th St & E 89th St
4 5 6 · *86 St*

MEHR ÜBER DIESE SPOTS ERFAHREN: LNYC.DE/00077

Metropolitan Museum of Art

Das Metropolitan Museum of Art (Met) ist das größte Kunstmuseum der USA und zeigt eine Bandbreite bedeutender kunsthistorischer Sammlungen aus der ganzen Welt. Dargestellt wird die Geschichte der Kunst, vom Beginn der Menschheit bis heute.

📍 *1000 5th Ave*

 · *86 St*

American Museum of Natural History

Auf fünf Stockwerken wird im bedeutendsten Naturgeschichtemuseum der Welt die Geschichte der Menschheit behandelt. Es geht auf eine Reise von der Steinzeit bis ins Weltraumzeitalter, und das alles auf unglaublichen 111.483 Quadratmetern.

📍 *Central Pk W & 79th St*

 · *81 St-Museum of Natural History*

Museum of Modern Art (MoMA)

Das MoMA beschäftigt sich, wie der Name schon verrät, ausschließlich mit moderner Kunst. Von Malerei über Skulpturen und Fotografen bis zu Architektur trefft ihr hier auf unschlagbare Kreativität.

📍 *11 W 53rd St* · *zw. 5th Ave & 6th Ave*

 · *5 Av/53 St*

Ellis Island Immigration Museum

Ellis Island war für viele Einwanderer die erste Anlaufstelle – hier kamen die Schiffe aus allen Teilen der Welt an. Ellis Island liegt in einer Bucht vor New York, in direkter Nachbarschaft zur Statue of Liberty und war Heimat der amerikanischen Einwanderungsbehörden.

📍 *1 Battery Pl* · *Abfahrt mit Fähre*

 · *Bowling Green*

9/11 Memorial Museum

Der Besuch ist ein sehr ergreifendes Erlebnis und sollte bei jedem New York-Besuch zum Pflichtprogramm gehören. Direkt am Ground Zero gelegen zählt es für uns zu den bewegendsten Spots der Stadt.

📍 *180 Greenwich St*

 · *Cortlandt St*

Chelsea Market

Die erste Adresse für alle Gourmets unter euch ist definitiv der Chelsea Market im Meatpacking District. Dieser Ort war einst eine Keksfabrik und Geburtsstätte der berühmten Oreo-Kekse. Heute findet man in den ehemaligen Fabrikhallen Bäckereien, Weinhändler, Gemüsehändler, ein Fischgeschäft, eine Fleischerei, Restaurants, Sushibars und vieles mehr.

📍 *75 9th Ave* · *zw. W 15th St & W 16th St*

 · *14 St*

Eataly

Im wunderschönen Flatiron District befindet sich der italienische Food Market. Der exquisite mediterrane Genussstempel lässt das Herz eines jeden Italien-Fans höher schlagen – es bietet wirklich alles, was Italien kulinarisch so besonders macht: Pizza, Pasta, Käse, Oliven, Schinken, Steaks, Wein, leckere Desserts und echtes italienische Gelato soweit das Auge reicht.

📍 *200 5th Ave* · *zw. W 23rd St & W 24th St*

 · *23 St*

VON SABRINA

Ich bin das, was man einen Foodie nennt. Deshalb sind die Food Markets auch hier aufgeführt – besucht sie unbedingt, wenn ihr in der Stadt unterwegs seid. Gutes Essen, tolles Design und faire Preise kommen dabei zusammen!

⌈Smorgasburg Food Market⌉
Der Smorgasburg Food Market in Brooklyn ist einer der beliebtesten Lebensmittelmärkte der Stadt – hier treffen sich vor allem die Einheimischen zum Essen und Trinken. Smorgasburg bedeutet übrigens so viel wie »eine Mischung aus Essen« – und daher ist die Auswahl an kleinen Ständen, mit vielen verschiedenen internationalen Köstlichkeiten passenderweise sehr vielfältig.

East River State Pk, 90 Kent Ave · Ecke N 7th St
L · *Bedford Av*

⌈South Street Seaport⌉
Der South Street Seaport in Lower Manhattan ist eine der wohl schönsten und gut erhaltenen Gegenden aus dem 19. Jahrhundert. Hier befinden sich viele Restaurants und tolle Geschäfte.

19 Fulton St
2 3 · *Fulton St*

THINGS TO SEE

⌈Staten Island Ferry⌉
Eine der bekanntesten und beliebtesten Touristenattraktionen ist die Staten Island Ferry, die zwischen der Südspitze Manhattans und Staten Island pendelt. Und das Beste: Alle Fahrten sind kostenlos! Die Überfahrt dauert ca. 25 Minuten und bietet eine großartige Sicht auf die Wolkenkratzer.

Staten Island Ferry, 4 South St
1 · *South Ferry*

⌈9/11 Memorial⌉
Das 9/11 Memorial am Ground Zero ist eine Gedenkstätte und ein Ort der Stille. Wo früher die Twin Towers standen, gedenkt man nun an die Opfer der Terroranschläge auf das World Trade Center im Jahr 2001. Ein Besuch ist äußerst lohnenswert.

180 Greenwich St
N R W · *Cortlandt St*

⌈Roosevelt Island Tramway⌉
Roosevelt Island ist eine kleine knapp drei Kilometer lange Insel im East River und liegt zwischen den Stadtbezirken Manhattan und Queens. Eine Überfahrt mit der Roosevelt Island Tramway ist ein einzigartiges Erlebnis – es geht bis zu 80 Meter in die Höhe und ihr könnt einen tollen Blick über den East River genießen.

E 59th St & 2nd Ave
N R W · *Lexington Av/59 St* **4 5 6** · *59 St*

⌈Brooklyn Bridge⌉
Es ist die Brücke schlechthin – der Blick auf die Skyline ist einfach großartig. Die 1,8 Kilometer lange Brooklyn Bridge verbindet die Stadtteile Manhattan und Brooklyn und ist architektonisch ein echtes Schmuckstück. Zu Fuß dauert der Weg über die Brücke ca. 45 Minuten (Fotosessions mit einberechnet).

Brooklyn Bridge
4 5 6 · *Brooklyn Bridge-City Hall*

⌈New York Public Library⌉
Die New York Public Library ist eine altehrwürdige Bibliothek am Bryant Park. Man kennt sie aus Filmen, von Fotografien oder aus Erzählungen. Als eine der führenden Bibliotheken der Vereinigten Staaten ist sie nicht nur Ziel- und Anlaufstelle für Studenten, Professoren oder Bücherwürmer – nein, viele kommen in die Public Library, um sich dieses beeindruckende Gebäude anzusehen.

476 5th Ave · zw. W 40th St & W 42nd St
7 · *5 Av*

⌈Grand Central Terminal⌉
Das Grand Central Terminal ist der größte Bahnhof der Welt. Eine kleine Kuriosität: Die Deckenbemalung ist spiegelverkehrt gemalt worden. Der Grund: Der Maler hatte die Karte verkehrt herum gehalten! Das Gebäude ist von außen sowie innen wunderschön. Das Terminal ist auch eine der bekanntesten Filmkulissen in New York.

89 E 42nd St
4 5 6 7 · *Grand Central-42 St*

MEHR ÜBER DIESE SPOTS ERFAHREN: LNYC.DE/00078

Flatiron Building

Das Gebäude zählt zweifellos zu den markantesten, beliebtesten und schönsten der Stadt. Der Grundriss ist ein Dreieck und ähnelt ein wenig einem Bügeleisen – daher auch der Name! Es ist ein reines Bürogebäude und wurde vom Architekten Daniel Burn entworfen. Das 91 Meter hohe Gebäude gehört zu den Wahrzeichen der Stadt.

◦ *175 5th Ave*

 · *23 St*

Times Square

Am Times Square ist immer etwas los. Über 40 Theater, zahlreiche Restaurants, Hotels und Geschäfte befinden sich an diesem blinkenden und bunten Platz. Bei TKTS am Times Square könnt ihr günstig Musical- und Theaterkarten kaufen.
Die Subway-Station »Times Square« ist übrigens die am meisten frequentierte Subway-Station der Stadt.

◦ *Times Sq*

 · *Times Sq-42 St*

Flat Iron Building

VON TINO

Am eindrucksvollsten ist der Times Square bei Nacht – und den besten Blick auf das Treiben habt ihr von den 28 roten Stufen über TKTS. Ihr findet die Treppe am nördlichen Teil vom Times Square.

⌈St. Patrick's Cathedral⌉
Gegenüber vom Rockefeller Center befindet sich die größte, im neugotischen Stil erbaute Kathedrale der Vereinigten Staaten. Die St. Patrick's Cathedral ist das faszinierendste kirchliche Bauwerk in ganz New York. Die schlanken Türme erheben sich fast schon majestätisch in eine Höhe von über 100 Metern.
📍 *5th Ave · zw. E 50th St & E 51st St*
🄴 🄼 · *5 Av/53 St*

⌈Chrysler Building⌉
Das Chrysler Building ist mit seinen 319 Metern Höhe das vierthöchste Gebäude von New York und eines der vielen Wahrzeichen der Stadt. Seine Spitze macht das Gebäude so einmalig und unverwechselbar.
📍 *405 Lexington Ave · zw. E 42nd St & E 43rd St*
🟢④ 🟢⑤ 🟢⑥ 🟠⑦ · *Grand Central-42 St*

⌈5th Avenue⌉
Die Luxusstraße ist die Top-Adresse für alle Shoppingliebhaber. Die 5th Avenue beginnt direkt am Washington Square Park in Greenwich Village und führt bis zur 143th Street in Harlem. Die Länge der 5th Avenue beträgt über elf Kilometer – zu Fuß braucht ihr dafür ca. 2,5 Stunden.

⌈Wall Street & Charging Bull⌉
An der Wallstreet befinden sich viele der Großbanken und die weltgrößte Wertpapierbörse. Ein Wahrzeichen ist die Bronzestatue Charging Bull. Der Bulle symbolisiert den aggressiven finanziellen Optimismus und Erfolg. Ganz in der Nähe befinden sich auch die Trinity Church und das 9/11 Memorial.
📍 *Wall St*
🔴② 🔴③ · *Wall St*

SEHENSWÜRDIGKEITEN

MEHR ÜBER DIESE SPOTS ERFAHREN: LNYC.DE/00079

⌈Union Square⌋

New York City steckt voller Vielfalt und Abwechslung. Der pulsierende Union Square ist dafür ein besonderes Beispiel, denn hier treffen Geschäftsmänner, kreative Freiberufler, wie Schriftsteller und Künstler, aber auch Demonstranten und die Bewohner der Gegend aufeinander. Als Symbol für das Verstreichen der Zeit wurde am südlichen Rand des Union Squares eine Kunstinstallation von Kristin Jones and Andrew Ginzel platziert. Im Winter gibt es hier einen tollen Weihnachtsmarkt, auf welchem ihr ganz gemütlich Weihnachtsgeschenke shoppen und lecker essen könnt.

Union Sq

 · *14 St-Union Sq*

⌈New York Wheel auf Staten Island⌋

Das New York Wheel ist ein Teil eines großen Umgestaltungsprojekts, das Staten Island zu mehr Popularität verhelfen soll. Es soll eine tolle Sicht auf Manhattan und den Atlantik bieten. Die Überfahrt von Manhattan könnt ihr - wenn es fertig gebaut wurde - mit der kostenlosen Staten Island Ferry machen.

75 Richmond Terrace

⌈Governors Island⌋

Auf der rund 70 Hektar großen Insel in der Upper New York Bay gibt es vieles zu entdecken – alte Häuser, die Kaserne Fort Jay, diverse Schulen, das Gefängnis Castle Williams, ein Krankenhaus, eine Kirche, alte Supermärkte sowie ein altes Theater. Am besten erkundet ihr die Insel mit dem Fahrrad.

10 South St · Abfahrt vom Battery Maritime Building

❶ · *South Ferry*

⌈Broadway⌋

Der Broadway ist die wohl bekannteste Straße von New York. Es ist nicht nur die längste Geschäftsstraße der Welt, sondern auch ein kommerzielles Herzstück der Stadt. Es ist das Shopping-Paradies überhaupt. Hier geht keiner mit leeren Tüten nach Hause.

 PARKS

⌈Brooklyn Bridge Park⌋

Direkt unter der Brooklyn Bridge beginnt der Brooklyn Bridge Park. Er bietet einen umwerfenden Blick auf die Skyline von Manhattan. Für alle Sportler unter euch: Hier entlang zu joggen ist ein absolutes Highlight! Im Park befindet sich auch das nostalgische Jane's Carousel.

334 Furman St

 · *Court St*

⌈Central Park⌋

Der Central Park, mit über 500.000 Bäumen, ist mit seinen 340 Hektar Größe ein beliebter Treffpunkt der New Yorker. Erkunden könnt ihr den Park entweder zu Fuß oder per Fahrrad. Zu jeder Jahreszeit ist hier immer etwas los. Im Sommer gibt es viele tolle Konzerte (auch kostenlose) und im Winter könnt ihr Schlittschuhlaufen.

⌈High Line Park⌋

Ihr findet den High Line Park auf der Westseite von Manhattan. Er erstreckt sich von der Gansevoort Street (da befindet sich auch das tolle Hotel »Gansevoort«) bis hoch zur 34th Street zwischen der 10th und 11th Avenue. Ein Team von mehreren Gärtnern kümmert sich um die über 200 Pflanzenarten entlang der High Line. So eine grüne Terrasse inmitten von Manhattan ist ein wirklich tolles Erlebnis!

The High Line

 · *23 St*

⌈Washington Square Park⌋

Als einer von insgesamt 1.700 Parkanlagen der Stadt, ist der Washington Square Park einer der beliebtesten in New York. Wenn ihr Glück habt, kommt ihr sogar in den Genuss eines kostenlosen Jazzkonzertes der vielen Jazzkünstler des Village. Hier trifft sich Jung und Alt zum Entspannen, zum Schachspielen oder um zu plaudern.

Washington Sq

Madison Square Park

Der Park bietet eine tolle Aussicht auf das Empire State Building, das Flatiron Building (23rd Street und 5th Avenue) und den MetLife Clocktower (24th Street/Madison Avenue). So vergisst man trotz der Ruhe und der vielen Blumen nicht, wo man sich eigentlich befindet: mitten in New York City. Seinen Namen verdankt der Park übrigens James Madison, dem vierten Präsidenten der Vereinigten Staaten.

Madison Ave · Ecke E 23rd St
N Q R W · 23 St

Bryant Park

Der Bryant Park ist eine kleine Oase inmitten des Trubels von Manhattan. Zwischen der 40th und 42th Street sowie 5th und 6th Avenue gelegen grenzt er direkt an die Public Library. Besonders magisch ist der Park übrigens im Winter, denn dann friert der Brunnen am Eingang vollständig zu und der Anblick dessen ist wirklich magisch.

W 42nd St & 6th Ave
B D F M · 42 St-Bryant Pk

High Line

Central Park

MEHR ÜBER DIESE SPOTS ERFAHREN: LNYC.DE/00080

AKTIVITÄTEN

New York ist eine grandiose Stadt. Es gibt so vieles zu entdecken und zu erleben. Ihr könnt die Stadt per Schiff, auf einem Hop-on Hop-off Bus oder einfach zu Fuß erkunden. Eine einzigartige Entdeckungstour könnt ihr mit dem Helikopter erleben. Egal für welche Tour ihr euch entscheidet, es erwartet euch in jedem Fall eine unglaubliche Aussicht auf Manhattan! In diesem Kapitel stellen wir euch unsere Lieblings-Aktivitäten vor.

ZAHLREICHE REISEBERICHTE UND VIDEOS VON TOUREN UND AKTIVITÄTEN GIBT ES AUF:

 www.lovingnewyork.de/aktivitaeten

THINGS TO DO

New York ist äußerst vielfältig und bekannt für spektakuläre Events. Im Sommer könnt ihr euch kostenlose Konzerte sowie zahlreiche Summer-Movies anschauen, am Broadway erwarten euch tolle Musicals und auch alle Sportfans werden auf ihre Kosten kommen – sei es beim Baseball, Basketball, Football oder Eishockey. Und in den winterlichen Monaten eröffnen die Schlittschuhbahnen, die euch in eine besinnliche Stimmung versetzen. Schaut euch auch unbedingt unseren New York Eventkalender an, damit ihr keine Veranstaltung mehr verpasst.

VON TINO
Genau wie bei den Attraktionen gilt auch hier: Viele der Touren sind Bestandteil der Sightseeing-Pässe von New York. Mit ein wenig Planung könnt ihr so richtig eure Reisekasse schonen! Welcher Pass der Beste für dich ist, ermittelt unser kostenloser Pass-Berater: › www.lovingnewyork.de/passberater

ROOFTOP BARS

New York und ⸢Rooftop Bars⸥ gehören einfach zusammen – über 30 von ihnen haben wir schon besucht! Ihr sitzt in luftiger Höhe, hört entfernt den Trubel der Stadt, habt einen sensationellen Blick auf die Skyline und entspannt bei leckeren Drinks und Musik. In jedem Teil der Stadt gibt es mindestens eine Rooftop Bar, die oftmals mit einer Lounge kombiniert ist. Egal bei welcher Wetterlage, ihr könnt immer die tolle Atmosphäre genießen.

Eine lohnenswerte Location ist die **Rooftop Bar 230 Fifth**. Nicht nur der Blick auf das Empire State Building ist unbezahlbar, auch die Drinks sind nicht ganz kostengünstig. Erleben sollte man diese Kulisse aber auf jeden Fall. Die Bar besteht aus zwei Ebenen: Die erste Etage hat Lounge-Charakter und ist mit riesigen Panoramafenstern versehen. Die Möbel sind hier sehr plüschig – aber im positiven Sinne. Eine Etage darüber befindet sich die Außenterrasse mit Palmen. Auch an kalten Tagen ist es hier oben wohlig warm – Heizstrahler, kuschelige Decken und Mäntel spenden euch ausreichend Wärme.

Die **Rooftop Bar Spyglass** ist immer noch ein kleiner Geheimtipp. Hier könnt ihr die wirklich köstlichen Cocktails äußerst stilvoll zu euch nehmen. Der Indoor-Bereich mit seinen großen Fenstern eignet sich optimal für die kälteren Wintertage. Zudem punktet die Bar mit ihrer super Lage: unmittelbar am Empire State Building.

Achtung: Der Einlass in die Bars ist ab 21 Jahren! Die Ausweise werden oftmals schon am Eingang oder eben am Tisch verlangt. Es werden keine Ausnahmen gemacht, auch nicht, wenn die Eltern dabei sind oder derjenige unter 21 nur ein Wasser trinkt.

VON STEFFEN
Meine zehn Lieblings-Rooftop Bars findet ihr auf › Seite 276!

Ausblick von der Loopy Doopy Rooftop Bar

MEHR ÜBER DIESE SPOTS ERFAHREN: LNYC.DE/00081

HOP-ON HOP-OFF TOUREN PER BUS

⌈Hop-on Hop-off⌉ ist in New York sehr beliebt. Und das zu Recht! Ihr bekommt einen schnellen Überblick über die Stadt und könnt einfach an den Stationen aussteigen, die euch gefallen (»Hop-off«) und später wieder irgendwo einsteigen (»Hop-on«), um die Tour fortzuführen. Die Busse halten regelmäßig an verschiedenen Orten und führen euch durch alle Stadtteile. Vor allem für Erstbesucher eignet sich die Bustour besonders gut. Auch wenn ihr mit eurer Familie unterwegs seid, sind die Bustouren eine tolle Möglichkeit, entspannt die Stadt zu entdecken. Die Bustour gibt es schon ab 40 $, und während der Fahrt erzählt euch ein Guide alle wichtigen Informationen über die Sehenswürdigkeiten, an denen ihr vorbeifahrt. Über ein Audiosystem könnt ihr ihm ebenfalls zuhören (auf Deutsch oder Englisch). Kopfhörer gibt es kostenlos dazu, ihr könnt aber natürlich auch eure eigenen benutzen. Wir empfehlen euch, die Tickets für die Tour bequem online zu kaufen. Je nach Angabe bzw. Wunsch von euch sind die Tickets 24, 48 oder 72 Stunden lang gültig.

Es gibt verschiedene Routen, welche die Busse fahren. In der Regel stoppen diese alle 15 Minuten. Das sind die drei beliebtesten Routen:
- Downtown (Dauer insgesamt ca. 2,5 Stunden)
- Uptown (Dauer insgesamt ca. 2 Stunden)
- Brooklyn (Dauer insgesamt ca. 2 Stunden)

BOOTSTOUREN IN NEW YORK CITY

Ihr wollt im Urlaub noch ein Extra-Kurzurlaubsgefühl und New York von einer interessanten Perspektive sehen? Dann empfehlen wir euch eine entspannte ⌈Bootstour⌉. Es ist ein tolles Gefühl, auf dem Wasser unterwegs zu sein und dabei die bekannten Brücken und Gebäude der Stadt zu sehen.

Eine sehr beliebte Tour ist die zur Statue of Liberty & Ellis Island. Diese dauert ca. 75 Minuten und startet am Pier 83. Ihr fahrt auf dem Hudson River entspannt Richtung Süden und seht gleich am Anfang das Empire State Building, etwas später das One World Trade Center sowie den Financial District.

Die Best of NYC Cruise können wir euch ebenfalls empfehlen – auf drei Flüssen unter sieben großen Brücken hindurch und an allen fünf Stadtbezirken New Yorks vorbei – auf dieser Tour umrundet ihr komplett die Insel Manhattan und seht mehr als 25 der weltbekannten Wahrzeichen der Stadt. Diese Tour dauert ca. 2,5 Stunden.

Unser-Tipp: Setzt euch auf die linke Seite, denn die Bootstour umrundet Manhattan entgegengesetzt des Uhrzeigersinns. Wenn ihr links sitzt, sitzt ihr immer auf der Seite, die Manhattan zugewandt ist, und genießt uneingeschränkten Blick auf die Sehenswürdigkeiten der Stadt. Wenn ihr nicht so viel Zeit habt, dann könnt ihr auch die etwas kürzere Variante dieser Tour buchen: die Landmarks Cruise, die nur halb um die Insel Manhattan führt und 1,5 Stunden dauert.

Steffen und Tino während einer Helikoptertour

NEW YORK VON OBEN PER HELIKOPTERFLUG

Die [Helikoptertouren] in New York sind ein spektakuläres Erlebnis. Nirgends sonst bekommt ihr einen so fantastischen Blick auf Manhattan geboten. Ihr fliegt vorbei am imposanten Empire State Building, dem glänzenden Chrysler Building, der beeindruckenden Statue of Liberty und dem riesigen Central Park. Einen Vergleich der Touren, Tickets und unsere Videos dazu findet ihr auf unserer Website.

Eine unserer Lieblingstouren ist die Manhattan Sky Tour. Sie bietet den perfekten Einstieg für Erstbesucher. In circa 12 Minuten erlebt ihr einige der sehenswertesten Höhepunkte Manhattans aus der Luft. Ihr erhaltet auf eurer Tour einen eindrucksvollen Blick auf die Statue of Liberty, den Financial District und den Ground Zero. Zurück geht es am Hudson River entlang, mit einer wunderbaren Sicht auf die Silhouette von New York mit dem Empire State Building, dem Chrysler Building und dem MetLife Building.

Ihr möchtet gerne so lange es geht in der Luft sein? Dann solltet ihr die Manhattan-, Brooklyn- und Staten Island-Helikoptertour buchen. Mit 30 Minuten ist diese die längste. Auf dieser Tour seht ihr neben Manhattan und Brooklyn auch Coney Island mit seinem bekannten Vergnügungspark mit Riesenrad und dem schönen langen Strand. Zuerst überfliegt ihr Governor's Island und nach einigen Minuten baut sich die filigrane und vielbefahrene Verrazano Bridge vor euch auf, bis es dann nach Coney Island geht.

VON SABRINA
Bucht ca. 1–2 Wochen im Voraus die Tickets – dann gibt es die ersten sicheren Wetter-Prognosen!

MEHR ÜBER DIESE SPOTS ERFAHREN: LNYC.DE/00082

SPORT-EVENTS

In New York habt ihr als Sportfan die Qual der Wahl: In jeder Sportart der US-amerikanischen Ligen gibt es im Big Apple mindestens eine Profimannschaft. Aber auch allen, die nicht sportbegeistert sind, können wir den [Besuch eines Sport-Events] in New York nur empfehlen. Die Stimmung ist einfach einmalig und in den Halbzeit-Shows wird mit großem Aufwand für beste Unterhaltung gesorgt!

Basketball zählt zu den vier großen und wichtigen Sportarten in den USA und ist fester Bestandteil der nationalen Sport-DNA. Die New York Knicks sind eines der bekanntesten Basketball-Teams der NBA. Wenn ihr Stimmung auf höchstem Niveau erleben wollt, dann seht euch unbedingt ein Heimspiel im Madison Square Garden an. Die Brooklyn Nets sind die zweite New Yorker Mannschaft, die in der National Basketball Association (NBA) spielt. Bei den Heimspielen der Nets im Barclays Center erlebt ihr professionellen, spannenden und mitreißenden Basketball mit einzigartiger Stimmung.

Die New York Giants sind das beste Team der National Football League – kurz NFL. **Football** ist eine der größten und wichtigsten Sportarten der USA, und wenn ihr euch von dem packenden Spiel mitreißen lassen wollt, dann ist der Besuch eines Matches der New York Giants genau das Richtige! Das MetLife-Stadium bietet 82.500 Football-Fans Platz. Die New York Jets sind das zweitgrößte American Football Team, das New York zu bieten hat. Wie die New York Giants tragen auch die New York Jets ihre Heimspiele im beeindruckenden MetLife-Stadium aus. Die Stimmung bei den Spielen der New York Jets ist immer gut – daher sollte es auf jeden Fall auf der To-do-Liste für euren New York-Urlaub stehen.

Die New York Rangers sind das bekannteste der drei New Yorker NHL-**Eishockey**-Teams. Die Stimmung bei ihren im Madison Square Garden mitten in Manhattan stattfindenden Spielen ist unübertroffen: ein Spektakel, das ihr euch unbedingt ansehen solltet!

Beim **Baseball** (MLB) könnt ihr zwischen den New York Yankees oder den New York Mets auswählen. Aber auch die **Tennis**-Fans kommen nicht zu kurz – schließlich finden die US Open im Tennis in Flushing Meadows statt.

Da die Amerikaner generell sehr sportbegeistert sind, sind viele der Spiele oft ausverkauft. Auf ›www.lovingnewyork.de/sport könnt ihr euch über alle anstehenden Sport-Events informieren und auch Tickets kaufen – so verpasst ihr kein Event.

Basketballspiel im Madison Square Garden

MUSICALS & BROADWAY-SHOWS

Der Big Apple ist weltbekannt für seine [Musicals und Broadway-Shows]. Von kleinen Shows bis hin zu den ganz großen Veranstaltungen ist alles dabei. Ein Musical in New York ist immer eine tolle Idee und sorgt für einen unvergesslichen Tag. Direkt an der Ecke vom Times Square und Broadway an den roten Treppen gelegen findet ihr TKTS. Hier gibt es günstige Karten für die Abendveranstaltungen des gleichen Tages. Das ist super, wenn ihr euch spontan für einen Besuch entscheidet. Es kann aber auch sein, dass es manchmal keine Tickets mehr gibt. Wenn ihr ein Musical oder eine spezielle Show unbedingt sehen wollt, kauft das Ticket lieber vorab.

Unsere drei Lieblingsmusicals:

Aladdin
Die Broadway-Produktion ist genauso magisch wie der gleichnamige Disney-Film aus dem Jahr 1992. Die Kostüme sind einzigartig und erfüllen die Bühne mit den unterschiedlichsten Farben. Das Musical beinhaltet nicht nur Hits wie »A Whole New World« und »Prince Ali«, sondern auch neue Songs, die eigens für das Musical komponiert wurden. Neben dem fliegenden Teppich ist unser absolutes Highlight der urkomische Flaschengeist Genie. Er sorgt für gute Unterhaltung und wir bekamen dank ihm so einige Lachanfälle.

König der Löwen
»Nants ingonyama bagithi baba ...« Ertönt dieses Lied, bekommen wir jedes Mal Gänsehaut. Ihr werdet in die magische Welt des afrikanischen Tierreiches entführt. Vor allem die Kostüme und die Bühnenlandschaft sind äußerst beeindruckend. Die Geschichte des kleinen Löwen Simbas, der es kaum abwarten kann, ein ebenso tapferer König zu werden wie sein Vater, ist liebevoll inszeniert.

Kinky Boots
Eine große Portion Spaß, Show und tolle Musik gibt es im Kinky Boots Musical am Broadway. Seit nun mehr als 5 Jahren existiert der Tony Award-Gewinner schon am Broadway und bietet täglich ausverkauftes Haus im Al Hirschfeld Theatre.

Wer Jazz, Pop und Dance Music mag, wird Kinky Boots lieben. Das Musical ist ein großartiger Mix aus einer sehr gut erzählten und auf einer wahren Begebenheit beruhenden Geschichte sowie exzellenten Showeinheiten mit viel Glitzer und Glamour.

VON TINO

Bei TKTS am Times Square bekommt ihr Tickets für den gleichen Tag bis zu 50 % günstiger! Informiert euch auch gerne vorab auf › www.lovingnewyork.de/musicals über die beliebtesten und aktuellsten Musicals und Broadway-Shows.

SUMMER MOVIES IN THE PARK

Jedes Jahr im Sommer gibt es kostenlose ⌈Filmvorführungen in New York⌉. Filme inmitten der Häuserschluchten oder mit Blick auf die Skyline von New York zu genießen, ist etwas, das ihr euch im New Yorker Sommer nicht entgehen lassen solltet.

An gleich mehreren Orten könnt ihr das Open Air-Feeling genießen. Am bekanntesten sind die Veranstaltungen im Bryant Park direkt an der Public Library in Midtown. Jeden Montag gibt es hier kostenlos Filme zu sehen. Kommt am besten schon zum Nachmittag hierher und bringt euch eine Decke und Verpflegung mit. Nach und nach füllt sich die Wiese und die Lichter der umliegenden Gebäude fangen mit Einbruch der Dunkelheit an zu leuchten. Wenn dann noch die Filmvorführung beginnt, liegt endgültig Magie in der Luft. Ein Must-do für jeden, der im Sommer in New York ist!

FREE CONCERTS IN THE PARK

Eines der beeindruckendsten Events in New York sind die ⌈Free Concerts in the Park⌉. Größen wie James Taylor, Elton John, Simon & Garfunkel, Jackson Browne, Diana Ross, Bruce Springsteen und Linda Ronstadt haben hier vor über 100.000 Personen schon gesungen. Kostenlose Konzerte in den Parks der Stadt haben eine lange Tradition. Diese reicht bis in das Jahr 1850 zurück, als im Battery Park die ersten Musikevents stattfanden. Im Central Park gibt es die kostenlosen Konzerte mittlerweile seit mehr als 50 Jahren. Das Repertoire reicht von Pop über Rock bis hin zur klassischen Musik vom weltberühmten New York Philharmonic Orchestra.

Unser Tipp: Plant etwas mehr Zeit ein und geht schon nachmittags in den jeweiligen Park (die Konzerte starten meist in der Abenddämmerung). So könnt ihr euch einen schönen zentralen Platz sichern und zusehen, wie sich die weitläufige Rasenfläche Stück für Stück mit Besuchern füllt. Die Atmosphäre in den Parks ist dabei wirklich einzigartig. Stellt euch vor: Ihr liegt mitten im Grünen, um euch herum eine Millionenstadt, deren Geräuschkulisse durch das Dickicht leise und gedämpft in euer Ohr dringt. Die Sonne geht langsam unter und taucht eure Umgebung in ein warmes, orangefarbenes Licht. Wenn dann das Orchester zu spielen beginnt, ist Gänsehaut garantiert.

VON STEFFEN

Wenn ihr nach Aktivitäten sucht, die man entweder nur im Sommer oder Winter machen kann, dann empfehle ich euch unser Sommer- oder Wintermagazin. Ihr findet die Magazine in unserem Onlineshop › shop.lovingnewyork.de

SCHLITTSCHUH LAUFEN

Nicht nur im Sommer gibt es tolle Events, auch der Winter hat tolle Aktivitäten zu bieten – zum Beispiel **Schlittschuhlaufen**. Ab Oktober bis April ist dies an verschiedenen Orten in New York möglich.

Die kleine Eisbahn »Rockefeller Rink« befindet sich direkt unterhalb des pompösen Weihnachtsbaumes am Rockefeller Center. Sie zählt zu den Klassikern unter den Eisbahnen. Besonders in der Vorweihnachtszeit versprüht die Schlittschuhbahn ihren ganz eigenen Charme.

Im wunderschönen Central Park habt ihr zwei Eislauf-Möglichkeiten: Ihr könnt entweder auf dem »Wollman Rink« oder auf dem »Lasker Rink« Schlittschuhlaufen. Der Wollmann Rink gehört definitiv zu den schönsten Eisbahnen der Welt. Er befindet sich im östlichen Teil des Central Parks. Etwas weiter nördlich im Park befindet sich der Lasker Rink, in der Nähe des Harlem Meers, am bekannten Harlem Hill. Ihr könnt auch im Bryant Park Schlittschuhlaufen. Die Nutzung ist kostenlos und die Eisbahn ist etwas größer als die am Rockefeller Center.

Schlittschuhlaufen im Central Park

 MEHR ÜBER DIESE SPOTS ERFAHREN: LNYC.DE/00084

BESTENLISTEN

Wo gibt es eigentlich die besten Burger und wo die besten Cocktails der Stadt? Welche Tour darf ich auf keinen Fall verpassen? Diese und weitere Fragen beantworten wir euch auf den nächsten Seiten. Unsere persönlichen Geheimtipps möchten wir euch natürlich nicht vorenthalten.

10 ATTRAKTIONEN PRO KATEGORIE REICHEN DIR NICHT? KEIN PROBLEM! HIER GIBT ES NOCH MEHR HIGHLIGHTS ZU ENTDECKEN:

 www.lovingnewyork.de/bestenlisten

MUSEEN

New York ist die Hochburg toller Museen der verschiedensten Stil-Richtungen. Je nachdem, für was ihr euch interessiert, ihr findet es definitiv in einem der Museen.

1 ⟦**Metropolitan Museum of Art**⟧
Das Met ist das größte Kunstmuseum der USA und zeigt eine Bandbreite bedeutender kunsthistorischer Sammlungen aus der ganzen Welt. Dargestellt wird die Geschichte der Kunst, vom Beginn der Menschheit bis heute.
○ *1000 5th Ave* ④ ⑤ ⑥ · *86 St*

2 ⟦**Museum of Modern Art (MoMA)**⟧
Das MoMA widmet sich auf sechs Ebenen ausschließlich der modernen Kunst. Zu der Ausstellung gehören unter anderem die Klassiker der Moderne wie Van Goghs »Sternennacht« und Monets »Seerosen«.
○ *11 W 53rd St* · zw. 5th Ave & 6th Ave Ⓔ Ⓜ · *5 Av/53 St*

3 ⟦**Whitney Museum**⟧
Das Whitney Museum besitzt einen der spektakulärsten Bestände zeitgenössischer Kunst. Andy Warhol, Keith Haring, Jackson Pollock und Robert Rauschenberg sind nur einige der Namen, deren Gemälde, Zeichnungen, Skulpturen, Fotos und Installationen als Teil der Ausstellung im Whitney Museum zu bestaunen sind.
○ *99 Gansevoort St* · zw. 10th Ave & Washington St Ⓐ Ⓒ Ⓔ Ⓛ · *14 St*

4 ⟦**9/11 Memorial Museum**⟧
Das Museum zeigt auf sieben unterirdischen Etagen die Überreste der Anschläge auf das World Trade Center am 11. September 2001. Es befindet sich auf dem Gelände des ehemaligen World Trade Centers.
○ *180 Greenwich St* Ⓝ Ⓡ Ⓦ · *Cortlandt St*

5 ⟦**The Frick Collection**⟧
Am südlichen Ende der Museum Mile gelegen befindet sich das beeindruckende Kunstmuseum. Die Villa war einst das Zuhause von Henry Clay Frick (1849–1919), einem wohlhabenden Kunstsammler, der nach seinem Tod seinen repräsentativen Wohnsitz als Museum der Öffentlichkeit zugänglich machte.
○ *1 E 70th St* · zw. 5th Ave & Madison Ave ④ ⑥ · *68 St-Hunter College*

6. **Museum of Moving Image**
Das Museum in Queens befindet sich auf dem ehemaligen Gelände der Kaufman Astoria Studios. Die Ausstellung umfasst alles, was mit der Geschichte, Produktion, Verbreitung und Darstellung von Film und Fernsehen zu tun hat. Hier finden auch aktuelle Filmvorführungen statt.
36-01 35th Ave **E M R** · *Steinway St*

7. **Guggenheim Museum**
Das Guggenheim Museum auf der 5th Avenue ist eine architektonische Meisterleistung: Es wird oft auch als Betonschneckenhaus bezeichnet. Das Grundgerüst der Sammlung bilden Werke der abstrakten Malerei, die der Kupferbaron Solomon R. Guggenheimer in New York zusammengetragen hatte. Werke von Wassily Kandinsky, Vincent Van Gogh, Monet und Picasso sind Teil der wertvollen Ausstellung.
1071 5th Ave · zw. E 88th St & E 89th St **4 5 6** · *86 St*

8. **Tenement Museum**
In diesem Museum erfährt man alles über die Lebensumstände der New Yorker Immigranten im 19. Jahrhundert. In der beeindruckenden Location gibt es ausschließlich geführte Touren
103 Orchard St · zw. Broome St & Delancy St **F** · *Delancey St*

9. **American Museum of Natural History**
Auf fünf Stockwerken geht es auf eine Reise von der Steinzeit bis ins Weltraumzeitalter. Auf unglaublichen 111.483 Quadratmetern erwarten euch unter anderem Dinosaurier, ausgestopfte Tiere in einer 3-D-Umgebung und vieles mehr.
Central Pk W & 79th St **A C B** · *81 St-Museum of Natural History*

10. **The Cloisters**
The Cloisters, ganz im Norden von Harlem, beherbergt über 5.000 mittelalterliche Kunstwerke, unter anderem prächtige Skulpturen, illuminierte Manuskripte, Glasmalereien und den berühmten Einhorn-Gobelin.
99 Margaret Corbin Drive **A** · *190 St*

MEHR ÜBER DIESE SPOTS ERFAHREN: LNYC.DE/00085

STEAKS

Was darf es sein? Rib-Eye-Steak, Rib-Eye-Roast oder T-Bone-Steak? In New York gibt es wirklich alles, was euer Steak-Herz begehrt. Wir haben euch die besten Restaurants herausgesucht – hier sind wir immer gerne.

1 ⟦**Old Homestead Steakhouse**⟧ · $$$
Für das Old Homestead Steakhouse kommt nur das Fleisch der obersten Kategorie »Prime aged USDA« infrage. Das Restaurant befindet sich im hippen Meatpacking District.
📍 *56 9th Ave* · *zw. W 14th St & W 15th St* Ⓐ Ⓒ Ⓔ · *14 St*

2 ⟦**Keens Steakhouse**⟧ · $$$
Das Keens ist ein Urgestein der New Yorker Steak-Szene. Es wurde bereit 1885 eröffnet und ist für das Hammelkotelett und Dry-Aged-Porterhouse-Steak bekannt.
📍 *72 W 36th St* · *zw. 5th Ave & 6th Ave* Ⓑ Ⓓ Ⓕ Ⓜ Ⓝ Ⓠ Ⓡ Ⓦ · *34 St-Herald Sq*

3 ⟦**Peter Luger Steakrestaurant**⟧ · $$$
Seit 1887 der Steak- und Fleischtempel schlechthin. Schon seit Gründung kommt hier nur das allerfeinste USDA Prime Beef auf den Grill.
📍 *178 Broadway* · *Ecke Driggs Ave* Ⓜ Ⓙ Ⓩ · *Marcy Av*

4 ⟦**Wolfgang's Steakhouse**⟧ · $$$
Das Restaurant vermittelt das klassische Steakhouse-Ambiente – eine gemütliche Einrichtung mit viel dunklem Holz. Neben den klassischen Steaks wie Rib-Eye, Sirloin oder Filet Mignon gibt es auch die Porterhouse-Varianten für zwei, drei sowie vier Personen.
📍 *409 Greenwich St* · *zw. Beach St & Hubert St* Ⓐ Ⓒ Ⓔ · *Canal St*

5 ⟦**Minetta Tavern**⟧ · $$$
Die Minetta Tavern ist ein französisch angehauchtes Restaurant mit gehobener Küche. Absolutes Highlight: der 26 $-Black Label Burger.
📍 *113 Macdougal St* · *zw. Bleecker St & Minetta Lane*
Ⓐ Ⓒ Ⓔ Ⓑ Ⓓ Ⓕ Ⓜ · *W 4 St-Washington Sq*

6 **⸢Quality Eats⸥** · $$$
In einer lockeren Atmosphäre wird leckeres Steak serviert. Hier wird besonders auf die Qualität der Steaks und der Zutaten geachtet.
📍 *19 Greenwich Ave* · *W 10th St & Christopher St* ❶ ❷ · *Christopher St-Sheridan Sq*

7 **⸢St. Anselm⸥** · $$
Hier stehen primär Steaks und Meeresfrüchte auf der Speisekarte. Wer einen Platz an der Bar hat, kann den Köchen beim Grillen zusehen.
📍 *355 Metropolitan Ave* Ⓖ · *Metropolitan Av*

8 **⸢Benjamin Steakhouse⸥** · $$$
Der Aufenthalt im Benjamins ist immer wieder eine Gaumenfreude. Die Steak- sowie Weinkarte ist sehr umfangreich. Ein Besuch mit Kindern ist ebenfalls lohnenswert – es gibt ein Kindermenü.
📍 *Dylan Hotel, 52 E 41st St* · *zw. Madison Ave & Park Ave*
❹ ❺ ❻ ❼ · *Grand Central-42 St*

9 **⸢Porter House Bar & Grill⸥** · $$$
Die Speisekarte ist sehr abwechslungsreich. Von Prime Steaks über Meeresfrüchte bis hin zu Pasta gibt es hier alles. Auch die Weinkarte kann sich sehen lassen.
📍 *10 Columbus Circle* · *The Shops at Columbus Circle* Ⓐ Ⓒ Ⓑ Ⓓ · *59 St-Columbus Circle*

10 **⸢Quality Meats⸥** · $$$
In einem sehr schönen Ambiente kann man außerordentlich gut dinieren. Das Personal ist sehr freundlich und das Preis-Leistungs-Verhältnis stimmt. Die Wartezeiten auf einen Tisch sind angenehm kurz.
📍 *57 W 58th St* · *zw. W 58th St & W 59th St* Ⓝ Ⓡ Ⓦ · *5 Av*

MEHR ÜBER DIESE SPOTS ERFAHREN: LNYC.DE/00086

VEGETARISCH

New York ist absolut vegetarierfreundlich. Auf jeder Speisekarte sind eigentlich immer vegetarische Gerichte zu finden. Wir haben euch eine Liste der ausschließlich vegetarischen Küche zusammengetragen. Auch die Nicht-Vegetarier unter euch werden begeistert sein.

1 — [Jack's Wife Freda] · $$
Das trendige Café im wunderschönen Nolita ist ein Magnet für Liebhaber der gesunden und authentischen Küche. Hier wird überwiegend vegan, koscher und kalorienarm gekocht.
50 Carmine St · zw. Bedford St & Bleecker St   A C E B D F M · W 4 St-Washington Sq

2 — [By Chloe.] · $$
Die Top-Adresse für vegane Burger – das Anstellen lohnt sich. Die Gründer engagieren sich für einen nachhaltigen und veganen Lebensstil.
185 Bleecker St · zw. Macdougal St & Sullivan St
A C E B D F M · W 4 St-Washington Sq

3 — [Taïm] · $
Hier gibt es die besten Falafel der Stadt. Die Speisen sind glutenfrei und werden immer frisch zubereitet.
45 Spring St · zw. Mulberry St & Mott St   4 6 · Spring St

4 — [Avant Garden] · $$
In dem gemütlichen Restaurant im East Village wird das Essen stylisch angerichtet – und das Beste: Es schmeckt auch noch.
130 E 7th · zw. 1st Ave & Avenue A   F · 2 Av

5 — [The Butcher's Daughter] · $$
Die Zutaten sind 100 % organic und stammen von lokalen Farmern. Man sitzt hier an großen Tischen oder an der Fensterfront auf Barstühlen.
19 Kenmare St · zw. Elizabeth St & Bowery   J Z · Bowery

6 **[Urban Vegan Kitchen]** · $$
Hier gibt es leckere vegane Gerichte wie Sandwiches, Waffeln oder auch Suppen.
📍 *41-43 Carmine St* · zw. Bedford St & Bleecker St
Ⓐ Ⓒ Ⓔ Ⓑ Ⓓ Ⓕ Ⓜ · W 4 St-Washington Sq

7 **[Angelica Kitchen]** · $$
Schon seit 1976 wird hier frisches, veganes Essen serviert. Viele der Zutaten werden ökologisch angebaut und sind Fairtrade-zertifiziert.
📍 *300 E 12th St* · zw. 1st Ave & 2nd Ave   Ⓐ Ⓖ · Astor Pl

8 **[Blossom]** · $$
Das Blossom ist eine vegane Restaurant-Kette, welche mit dem Ziel gegründet worden ist, veganes Essen auf eine kreative, neue und köstliche Ebene zu bringen.
📍 *187 9th Ave* · zw. 9th Ave & 10th Ave   Ⓐ Ⓒ Ⓔ · 23 St

9 **[Dirt Candy]** · $$$
Das kleine niedliche Restaurant bietet seinen Gästen aufwendige und frisch zubereitete vegetarische Gerichte.
📍 *86 Allen St* · zw. Grand St & Broome St   Ⓑ Ⓓ · Grand St

10 **[Franchia Vegan Cafe]** · $$
Erste Adresse, um dem Großstadttrummel zu entkommen und in einer gemütlichen Atmosphäre etwas Leckeres zu essen. Die Speisekarte ist sehr abwechslungsreich und somit ist für jeden Geschmack etwas dabei.
📍 *12 Park Ave* · zw. E 34th St & E 35th St   Ⓐ Ⓖ · 33 St

MEHR ÜBER DIESE SPOTS ERFAHREN: LNYC.DE/00087

BURGER

In New York wird das Burger essen nie langweilig – es gibt so viele unterschiedliche Varianten. Wir kennen sie alle und haben euch eine Liste der definitiv besten Burger-Locations zusammengestellt.

1 **[Shake Shack]** · $$
Shake Shack gibt es gleich mehrfach in New York – der bekannteste Laden ist wohl die Outdoor-Location am Flatiron. Wenn ihr aber lieber drinnen essen möchtet, solltet ihr die Downtown-Location nahe des One World Trade Centers ansteuern. Auch toll: der Shake Shack in Brooklyn/Dumbo am Fuße der Brooklyn Bridge. Unser Tipp: der Double ShackBurger!
◊ *Madison Square Pk, Madison Ave & E 23rd St* **N Q R W** · *23 St*

2 **[NoMad Bar]** · $$$
Es gibt nur einen Burger auf der Karte, der hat es aber in sich: Leckere Fries, fantastisches Fleisch und ein toller Blick runter auf die Bar machen die NoMad Bar aus!
◊ *10 W 28th St* · *zw. Broadway & 5th Ave* **R W** · *28 St/Broadway*

3 **[5 Napkin Burger]** · $$
Gleich viermal gibt es die Burger-Spezialisten von 5 Napkins: in Hell's Kitchen, der Lower East Side, auf der Upper East Side und am Union Square. Probiert unbedingt den Bacon Cheddar Burger!
◊ *630 9th Ave* · *zw. 8th Ave & 9th Ave* **A C E** · *42 St-Port Authority Bus Terminal*

4 **[Burger & Barrel Winepub]** · $$
Burger & Barrel ist ein sehr schöner Mix aus American Pub mit erstklassigem Essen (acht verschiedene Burger) und tollen Weinen. Nehmt als Beilage die Fries mit Trüffel!
◊ *25 W Houston St* · *zw. Mercer St & Greene St*
6 · *Bleecker St* **B D F M** · *Broadway-Lafayette St*

5 **[Minetta Tavern]** · $$$
Dieser Spot kann neben wunderbaren Steaks auch Burger! Der Black Label Burger steht hier auf der Karte, er kostet satte 32 $, ist aber jeden Cent wert!
◊ *109 Macdougal St* · *zw. Minetta Lane & Bleecker St*
A C E B D F M · *W 4 St-Washington Sq*

6 — **[Burger Joint]** · $$
Direkt im Hotel Le Parker Meridien findet ihr den Burger Joint, der sehr beliebt ist. Und ganz neu auch am Central Park. Probiert den klassischen Cheeseburger – ihr werdet ihn lieben!
○ *Le Parker Meridien, 119 W 56th St* · zw. 6th Ave & 7th Ave **N R W F** · 57 St
○ *33 W 8th St* · zw. 5th Ave & 6th Ave **A C E B D F M** · W 4 S-Washington Sq

7 — **[Umami Burger]** · $
Gleich dreimal gibt es Umami Burger in New York. Die bekannteste Location ist im Greenwich Village. Unser Tipp: der Burger Royale!
○ *432 6th Ave* · zw. W 9th St & W 10th St
1 2 · Christopher St-Sheridan Sq **4 5 6 L N Q R W** · 14th-Union Sq

8 — **[Bill's Bar & Burger]** · $$
Hier haben wir im Meatpacking District unsere ersten Burger in New York gegessen! Und es gibt sie immer noch, neu auch direkt gegenüber des Rockefeller Centers sowie des One World Trade Centers.
○ *22 9th Ave* · zw. W 13th St & W 14th St **A C E** · 14 St

9 — **[Joe Jr.]** · $
Im Joe Jr. bekommt ihr wunderbare Old-School-Burger. Kein Schnickschnack, trotzdem oder genau deshalb ist er so gut!
○ *167 3rd Ave* · zw. 16th St & 17th St **4 5 6 L N Q R W** · 14th-Union Sq

10 — **[J.G. Melon]** · $$
Nur einen Block von der Minetta Tavern entfernt ist das nächste Highlight: J.G. Melon gehört definitiv auf jede Burger-Bestenliste! Unser Favorit ist der Bacon Cheeseburger!
○ *89 Macdougal St* · zw. Bleecker St & W Houston St
A C E B D F M · W 4 St-Washington Sq
○ *1291 3rd Ave* · zw. 74th & 75th St **N Q** · 72 St **4 6** · 68 St

MEHR ÜBER DIESE SPOTS ERFAHREN: LNYC.DE/00088

CAFÉS

Die Kaffeekultur der Stadt ist wirklich toll. Es gibt viele köstliche Kaffeespezialitäten und viele Cafés setzen immer mehr auf Fairtrade und Bio-Bohnen.

1 **[Intelligentsia Coffee – The High Line Hotel]** · $$
In einer ruhigen Ecke der High Line Hotel Lobby befindet sich die gemütliche Coffeebar. Der frisch gebrühte Kaffee, von erfahrenen Baristas zubereitet, kann im Hotel oder im Innenhof genossen werden.
The High Line Hotel, 180 10th Ave · zw. W 20th St & W 21th St (A)(C)(E) · 23 St

2 **[Café Grumpy]** · $
Hier ist der Kaffee genauso lecker wie die in der hauseigenen Bäckerei hergestellten Backwaren. Das Café Grumpy gibt es viermal – das in Chelsea ist besonders schön, da der Garten zum Verweilen und Abschalten einlädt.
224 W 20th St · zw. 7th Ave & 8th Ave (1)(2) · 18 St

3 **[Butler Bake Shop and Espresso Bar]** · $
In diesem gemütlichen Café in Williamsburg gibt es neben exzellentem Kaffee eine großartige Auswahl an Desserts, Frühstück und Mittagessen. Die Scones sind besonders empfehlenswert.
95 S 5th St (M)(J)(Z) · Marcy Av

4 **[Lavazza im Eataly]** · $$
Im wunderschönen Flatiron District befindet sich der italienische Food Market Eataly mit seinem Café Lavazza. Neben leckerem Kaffee gibt es hier Frühstück, Paninis und weitere Snacks.
200 5th Ave · zw. W 23rd St & W 24th St (N)(Q)(R)(W) · 23 St

5 **[Joe the Art of Coffee]** · $
Bei Joe kauft man keine Tasse Kaffee, sondern einen »Cup of Joe's«. Im winzigen Coffeeshop in der Graybar Passage des Grand Central Terminal – eine von insgesamt acht Filialen – werden am Tag 2.000 Kunden bedient. Das Anstellen lohnt sich, der Kaffee ist großartig.
44 Grand Central Terminal (4)(5)(6)(7) · Grand Central-42 St

[Blue Bottle Coffee] · $$
Das aus Kalifornien stammende Unternehmen gehört zu den Highlights in der New Yorker Kaffee-Szene. Das Café setzt auf eine individuelle »Aufbrüh-Methode« für jede einzelne Tasse Kaffee. Blue Bottles Muttergeschäft befindet sich – wie könnte es auch anders sein – im hippen Williamsburg.
📍 *160 Berry St* **G** · *Metropolitan Av*

[Brooklyn Roasting Company] · $$
Hier gibt es eine exzellente Auswahl an Fairtrade- und Bio-Kaffee. Im charmanten Bezirk Dumbo in Brooklyn eröffnete der erste Coffeeshop der Roasting Company in einem alten Lagerhaus.
📍 *25 Jay St* **F** · *York St*

[Toby's Estate Coffee] · $
Das kleine aber feine Café in Brooklyn bietet ausgezeichneten Kaffee an. Als Kaffeeliebhaber sind die Mitarbeiter der Ansicht, dass jeder Kaffee seine ganz eigene Geschichte erzählt – und diese versuchen sie mit jeder Tasse zu teilen.
📍 *125 N 6th St* **L** · *Bedford Av*

[Elsewhere Espresso] · $
In dem gemütlichen Café lässt sich der Kaffee bei entspannter Musik und einem frischen Croissant besonders gut genießen. Die Baristas sind sehr freundlich und immer für einen Plausch zu haben.
📍 *335 E 6th St* · *zw. 1st Ave & 2nd Ave* **F** · *2 Av*

[Joe & The Juice] · $$
Joe & The Juice findet ihr in NYC an vielen Orten. Dort bekommt ihr frisch gepresste Säfte, Smoothies und köstlichen Kaffee.
📍 *161 Prince St* · *zw. Thompson St & W Broadway* **A C E** · *Spring St*

MEHR ÜBER DIESE SPOTS ERFAHREN: LNYC.DE/00089

BARS

New York hat eine super Gastro-Szene. Die Auswahl an guten Bars ist enorm groß, viele experimentieren mit unterschiedlichen Einflüssen und es wird viel Wert auf eine gute Qualität gelegt. Hier verraten wir euch unsere Lieblings-Bars.

1

[Angel's Share] · $
Als Angel's Share bezeichnet man den Anteil an Whiskey, der bei der Lagerung der Fässer verdunstet. In dieser kleinen Bar im East Village gibt es definitiv den besten Whiskey.
8 Stuyvesant St · zw. 2nd Ave & 3rd Ave ❹❻ · Astor Pl

2

[Employees Only] · $$$
Der Besuch ist eine Reise in die zwanziger und dreißiger Jahre. Im West Village gelegen ist es der »place to be«. Hier gibt es leckere Drinks und super sympathisches Personal.
510 Hudson St · zw. Christopher St & W 10th St ❶❷ · Christopher St-Sheridan Sq

3

[McSorley's Old Ale House] · $
Die Kneipe im East Village ist die älteste der Stadt – eröffnet im Jahr 1854 – und seither hat sich auch nicht viel verändert. Alte Holzdielen, die mit Sägespänen bedeckt sind, alte Zeitungsartikel und Bartender wie aus einem Hollywood-Streifen machen das McSorley's zu einem unvergleichlichen Ort.
15 E 7th St · zw. 2nd Ave & 3rd Ave ❹❻ · Astor Pl

4

[Fools Gold] · $
Die perfekte Kombination: Burger und lokale Biere. Zwischen sechs Burgern kann gewählt werden und die Auswahl an köstlichen Bieren ist enorm.
145 E Houston St · zw. Forsyth St & Eldridge St ❻ · 2 Av

5

[The Dead Rabbit Grocery & Grog] · $$$
Die Auswahl an guten irischen Whiskys ist gigantisch. Der Stil der Bar ist ebenfalls ziemlich einmalig – wie eine Zeitreise in das Jahr 1850!
30 Water St · zw. Broad St & Coenties Slip ❹❺ · Bowling Green

6 [Nancy Whiskey Pub] · $
Der beste Ort, um in einer gemütlichen Atmosphäre Shuffleboard zu spielen. Die Getränkekarte ist sehr umfangreich und die Bartender sind sehr zuvorkommend.
◊ *1 Lispenard St · Ecke W Broadway* **A C E** · *Canal St*

7 [The Belfry] · $$
In der stylisch eingerichteten Bar gibt es neben Live-Musik auch eine Happy Hour. Was die kleine Bar auf jeden Fall noch ausmacht, sind die leckeren »Pickles« (eingelegtes Gemüse).
◊ *222 E 14th St · zw. 2nd Ave & 3rd Ave* **L** · *3 Av*

8 [Proletariat] · $
Die Bar sprüht nur so vor Wärme und Individualität. Sie besteht aus zwei kleinen Tischen und einem langen Bartresen. Gerade mal 20 Leute passen hinein, die Stimmung ist dementsprechend sehr intim.
◊ *102 St. Marks Pl · zw. 1st Ave & Avenue A* **4 6** · *Astor Pl*

9 [Post Office] · $$
In der Bar gibt es nicht nur leckere Getränke, sondern auch köstliches Essen. Besonders empfehlenswert ist der Moscow Mule.
◊ *188 Havemeyer St* **M J Z** · *Marcy Av*

10 [Connolly's Pub and Restaurant] · $
In der Bar fallen sofort der riesige urige Tresen, die vielen bunten Zapfhähne und die Unmengen an guten Whiskeys auf. Das Connolly's ist ein irischer Pub, wie er im Buche steht – eine tolle Auswahl an leckeren Getränken sowie großartigen Burgern.
◊ *43 W 54th St · zw. 5th Ave & 6th Ave* **E M** · *5 Av/53 St*

 MEHR ÜBER DIESE SPOTS ERFAHREN: LNYC.DE/00090

ROOFTOP BARS

Ihr sucht die angesagtesten und besten Rooftop Bars in ganz New York? Wir haben für euch die coolsten Spots, um den Blick auf die atemberaubende Skyline zu genießen!

1 ⟦**230 Fifth Rooftop Bar**⟧ · $$$
Ein Garten unter freiem Himmel – die wohl bekannteste Rooftop Bar in New York City bietet den besten Blick auf das Empire State Building.
📍 *230 5th Ave* · zw. W 26th St & W 27th St **N Q R W** · 28 St

2 ⟦**Penthouse808**⟧ · $$$
Das Penthouse808 bietet seinen Gästen leckere hawaiianisch-asiatisch angehauchte Küche an. Mit einem traumhaften Blick über den East River lässt sich der Abend in der großen Lounge entspannt ausklingen lassen.
📍 *8-08 Queens Plaza S* · Ravel Hotel **F** · 21 St-Queensbridge

3 ⟦**PH-D**⟧ · $$$
Die exklusive Lounge auf dem Dach hat sieben Tage die Woche geöffnet – sei es, um Cocktails an der Bar zu trinken oder um zu tanzen. Die Sicht auf den Hudson River und das Empire State Building sind dabei das Highlight.
📍 *355 W 16th St* · zw. W 16th St & W 17th St/Dream Downtown **A C E** · 14 St

4 ⟦**Le Bain Rooftop Bar**⟧ · $$$
Die Bar sowie Disco befinden sich in der obersten Etage des Hotels The Standard High Line im angesagten Meatpacking District. Hier legen weltberühmte DJs auf und im Sommer sorgt ein Pool für eine erfrischende Abkühlung.
📍 *848 Washington St* · zw. Little W 12th St & W 13th St **A C E** · 14 St

5 ⟦**The Roof**⟧ · $$$
The Roof zählt zu den beliebtesten After-Work-Rooftop Bars in der Stadt. Neben einer Dachterrasse, einem traumhaften Blick über New York, köstlichem Essen, gibt es zusätzlich einen gemütlichen Lounge-Bereich, der im Stile einer Yacht eingerichtet ist.
📍 *124 W 57th St* · zw. 6th Ave & 7th Ave/Viceroy Hotel (29. Stock) **N Q R W** · 57 St

6. **⸢Salon de Ning im The Peninsula Hotel⸥** · $$
Besonders am Abend ein absolutes Highlight: Die Lichter der Stadt strahlen, die vielen Autos auf der 5th Avenue sind in Dauerbewegung und man selbst genießt die Ruhe in luftiger Höhe. Am Tag ist der Blick auf den Central Park imposant.
○ *700 5th Ave* · zw. W 54th St & W 55th St ⓔ Ⓜ · 5 Av/53 St

7. **⸢Gallow Green Rooftop Garden⸥** · $$
Auf dem Dach des urigen und zugleich edlen McKittrick-Hotels befindet sich diese tolle Bar. Zwischen Vintage-Bahngleisen, schimmernden Lichtern und den Klängen von Live-Jazzmusik kommt eine ganz bezaubernde Stimmung auf.
○ *542 W 27th St* · zw. 10th Ave & 11th Ave/McKittrick Hotels Ⓐ Ⓒ Ⓔ · 23 St

8. **⸢The Skylark⸥** · $$$
Die Bar verteilt sich auf drei Ebenen: Oben ist die schicke Dachterrasse und in den beiden unteren Etagen befinden sich stylisch eingerichtete Lounges. Vor allem im Herbst und Winter lässt sich der Drink in einer warmen Atmosphäre mit Blick auf die Häuserschluchten besonders gut genießen.
○ *200 W 39th St* · zw. 7th Ave & 8th Ave Ⓝ Ⓠ Ⓡ Ⓦ · Times Sq-42 St Broadway

9. **⸢The Press Lounge⸥** · $$
Vom New York Magazine schon mehrfach als »Top Rooftop Bar« ausgezeichnet – zu Recht. Die Bar bietet einen tollen Blick über Manhattan sowie den Hudson River und verfügt über eine umfangreiche saisonale Cocktailkarte.
○ *653 11th Ave* · zw. W 47th St & W 48th St/Kimpton Ink48 Hotel Ⓐ Ⓒ Ⓔ · 50 St

10. **⸢Spyglass⸥** · $$$
Diese Rooftop Bar ist immer noch ein kleiner Geheimtipp. Im Archer Hotel in Midtown gelegen überrascht die Bar mit einer glamourösen Einrichtung.
○ *Archer Hotel/47 W 38th St* · zw. 5th Ave & 6th Ave (22. Stock)
Ⓑ Ⓓ Ⓕ Ⓜ Ⓝ Ⓠ Ⓡ Ⓦ · 34 St-Herald Sq

MEHR ÜBER DIESE SPOTS ERFAHREN: LNYC.DE/00091

CLUBS

Nachtschwärmer aufgepasst: Wir verraten euch die ultimativen Szene-Clubs. Wir kennen keinen anderen Ort, an dem man so ausgelassen und exklusiv feiern kann wie in New York. Das Nachtleben ist wirklich einzigartig.

1. [1oak] · *House, Charts, Hip Hop & R'n'B*
Das 1oak ist bekannt für seine prominenten Gäste und die Aftershow-Partys nach großen Events wie der Fashion Week oder den MTV Music Awards. Wer an der strengen Tür vorbeikommt, kann sich auf ein sehr stilvolles und stylisches Interieur freuen.
◯ *453 W 17th St* · *zw. 9th Ave & 10th Ave*   Ⓐ Ⓒ Ⓔ · *14 St*

2. [Marquee] · *Hip Hop & House*
Das Marquee ist ein schicker Club in West Chelsea. Er wurde im Jahr 2013 für viele Millionen renoviert und ist seitdem exklusiver als je zuvor.
◯ *289 10th Ave* · *zw. W 26th St & W 27th St*   Ⓐ Ⓒ Ⓔ · *23 St*

3. [Lavo] · *House & Electro*
Das Lavo ist bekannt für seine Pre-Dinner-Partys im hauseigenen italienischen Restaurant. Danach geht der Abend, eine Etage tiefer, im stylischen Club weiter.
◯ *39 E 58th St* · *zw. 6th Ave & Grand Army Plaza*   Ⓝ Ⓡ Ⓦ · *5 Av*

4. [Cielo] · *House, Deep-House, Tech-House, Trance, Techno & Electro*
Für Fans der elektronischen Musik ist das Cielo definitiv der beste Club seiner Art. Hier legen die bekanntesten DJs auf, welche die Szene zu bieten hat.
◯ *18 Little W. 12th St* · *im Meatpacking District*   Ⓐ Ⓒ Ⓔ · *14 St*

5. [Le Bain Rooftop Bar] · *House*
In der Rooftop Bar im The Standard High Line Hotel im 18. Stock befindet sich der Club Le Bain. Mit einem atemberaubenden Blick über die Stadt wird die ganze Nacht getanzt und gefeiert.
◯ *848 Washington St* · *im Meatpacking District*   Ⓐ Ⓒ Ⓔ · *14 St*

6. **[PH-D]** · *Commercial House*
Im obersten Stock des Dream Downtown Hotels befindet sich der angesagte Club PH-D. Der Club erinnert an ein Penthouse der achtziger Jahre und ist von stylischen New Yorker Nachtschwärmern der Gegenwart gut besucht.
📍 *355 W 16th St* · 🅐 🅒 🅔 · *14 St*

7. **[Output]** · *House, Deep-House & Techno*
Der Club erinnert sehr stark an das Berliner Berghain. Die Atmosphäre ist sehr entspannt und getanzt wird zu Techno und House.
📍 *74 Wythe Ave* · *Williamsburg* · 🅖 · *Nassau Av*

8. **[Good Room]** · *House, Deep-House Indie Dance, Techno*
Der Club bietet euch einen der besten Sounds der Stadt. Die Stimmung ist einmalig und die riesen Diskokugel an der Decke ist ein echter Hingucker. Die Drinks sind günstig und sehr gut.
📍 *98 Meserole Ave* · *Brooklyn* · 🅖 · *Greenpoint Av*

9. **[Provocateur]** · *Deep-House, Techno, Pop-Musik*
Im Herzen vom Meatpacking District gelegen, befindet sich dieser exklusive Club. Hier tummeln sich vor allem Models, Schauspieler und andere wichtige Persönlichkeiten.
📍 *Gansevoort Meatpacking, 18 9th Ave* · *zw. Little W 12th St & W 13th St*
🅐 🅒 🅔 · *14 St/8 Av*

10. **[Avenue]** · *Commercial House, Deep-House*
Avenue ist ein ziemlich eleganter Club. Auf zwei Etagen kann die ganze Nacht zu guter Musik ausgelassen gefeiert werden.
📍 *116 10th Ave* · *zw. W 17th St & W 18th St* · 🅐 🅒 🅔 · *14 St/8 Av*

MEHR ÜBER DIESE SPOTS ERFAHREN: LNYC.DE/00092

SHOPPING

New York bietet wirklich alles, was ihr für eine erfolgreiche Einkaufstour benötigt: weltbekannte Labels, kleine Insider-Läden und auch große Outlets vor den Toren der Stadt. Shoppen ist definitiv nicht nur was für Frauen, auch Männer haben hier ihre Freude!

1 ⌈SoHo⌉
Das Shopping Paradies schlechthin. Hier schlägt jedes Shopping-Herz höher.
◎ *Broadway/Spring St* 🅒 🅔 · *Spring St*

2 ⌈Macy's Herald Square⌉
Auf zehn Etagen überzeugt das größte Kaufhaus der Welt am Herald Square mit großer Markenvielfalt und Modetrends.
◎ *151 W 34th St* · *34 St/Penn*

3 ⌈Garden State Plaza Mall⌉
New Jersey's größte Mall mit über 300 Geschäften. Die etwa einstündige Busfahrt in den Bundesstaat New Jersey lohnt sich auf jeden Fall.
◎ *1 Garden State Plaza*

4 ⌈Jersey Gardens Outlet Center⌉
Schnäppchen sind hier garantiert. Dieses Outlet liegt nur 30 Minuten von New York City entfernt und verspricht volle Einkaufstüten und glühende Kreditkarten.
◎ *651 Kapkowski Road*

5 ⌈Woodbury Common Premium Outlet⌉
Wunderschön in Upstate New York gelegen geht hier kein Wunsch leer aus. Der Bus braucht circa eine Stunde vom Port Authority und fährt mehrmals täglich.
◎ *498 Red Apple Court* · *zw. Broad St & Coenties Slip*

6. ⸢Union Square⸥
Die belebte Gegend rund um den Union Square ist ein wahres Einkaufsparadies. H&M, Nike, Zara und vieles mehr ist hier zu finden.
Union Sq/Broadway/5th Ave **G L N R** · *14 St Union Sq*

7. ⸢5th Avenue⸥
Eine der bekanntesten Einkaufsstraßen der Welt. Ein Must-See für alle Shopping-Liebhaber.
5th Ave **E M** · *5 Av/53 St*

8. ⸢Oculus – Westfield Mall⸥
Seit 2016 Lower Manhattans neuste Mall. Highclass-Retailer bis hin zum italienischen Supermarkt & Food Market Eataly – hier ist alles zu finden.
185 Greenwich St **A C** · *Chambers St* **E** · *World Trade Center*

9. ⸢Herald Square⸥
Viele Geschäfte der großen Retailketten warten hier auf euch. Von H&M und Victoria's Secret Flagship Stores bis hin zum größten Foot Locker der Stadt.
Herald Sq **1 2 3 A C E** · *34 St/Penn*

10. ⸢Lower Manhattan⸥
Rund um den Broadway in Lower Manhattan findet ihr neben dem riesigen Kaufhaus Forever 21, Zara, Urban Outfitter und vieles mehr.
Broadway/Church St **A C** · *Chambers St* **E** · *World Trade Center*

MEHR ÜBER DIESE SPOTS ERFAHREN: LNYC.DE/00093

PARKS

Auch wenn New York eine sehr lebendige Stadt ist, gibt es viele schöne Parks, in die man sich von dem Lärm und Trubel zurückziehen kann. Umgeben von wunderschöner Natur lässt es sich am besten entspannen.

1. ⸢Central Park⸥
New York's grüne Lunge und Besuchermagnet Nummer eins in Manhattan. Egal zu welcher Jahreszeit: Ein Besuch lohnt immer!
○ *zw. 5th Ave & Central Pk W* ⓃⓇⓌ · *5 Av*

2. ⸢High Line Park⸥
Die stillgelegten Hochbahngleise sind teilweise neun Meter über dem Boden – so habt ihr tolle Blicke auf das alte und neue New York. Ihr könnt vom Meatpacking District bis hoch zur 34th Street laufen.
○ *The High Line*  · *23 St*

3. ⸢Washington Square Park⸥
Im Herzen vom Greenwich Village und benannt nach George Washington findet ihr hier insbesondere Musiker und Künstler. Ein Must-See ist auch das Washington Square mit Blick auf das Empire State Building.
○ *zw. Washington Sq S & Washington Sq N*  · *W 4 St-Washington Sq*

4. ⸢Battery Park⸥
In Lower Manhattan schaut man vom Battery Park aus direkt auf die Statue of Liberty und den Nachbarstaat New Jersey. Ein Spaziergang zum Sonnenuntergang verspricht atemberaubende Momente.
○ *Battery Pk · Ecke Battery Pl & State St* ④⑤ · *Bowling Green*

5. ⸢Brooklyn Bridge Park⸥
Am Fuße der Brooklyn Bridge mit Blick auf die Skyline Lower Manhattans befindet man sich hier im wohl beliebtesten Park Brooklyns.
○ *334 Furman St* ⒶⒸ · *High St*

6 [Madison Square Park]
Mit Blick auf das Flatiron Building isst man hier mitten im Park am besten seinen Shake Shack Burger.
○ *Madison Ave · Ecke E 23rd St* Ⓝ Ⓡ Ⓦ · *23 St*

7 [Flushing Meadows Corona Park]
Queens Perle und bekannt aus der Sendung »King of Queens«: Hier bestaunt ihr in dem riesigen Park vor allem eins: das Unisphere – die Weltkugel ist von der Weltausstellung aus dem Jahr 1964–1965 erhalten geblieben.
○ *111th St* ⑦ · *111 St*

8 [Prospect Park]
Hier spricht man von der kleinen Schwester des Central Parks. Ebenso wunderschön, aber etwas auswärts in Brooklyn gelegen verirrt sich hierher kaum ein Tourist.
○ *Ecke Prospect Pk W & Prospect Pk SW* Ⓕ Ⓖ · *15 St-Prospect Pk*

9 [Paley Park]
Der Paley Park ist ein winzig kleiner Park in Midtown mit eigenem Wasserfall. Hauptsächlich von Locals während der Mittagspause genutzt, ist dieser kleine Spot besonders im Sommer ein Highlight.
○ *3 E 53rd St · zw. Madison Ave & 5th Ave* Ⓐ Ⓔ Ⓜ · *5 Av/53 St*

10 [East River State Park]
Weite Wiesen mit Skyline-Blick und tollen Aussichten auf die umliegenden Brücken verspricht der East River Park in Brooklyn. Fotobegeisterte werden hier auf ihre Kosten kommen.
○ *90 Kent Ave* Ⓛ · *Bedford Av*

MEHR ÜBER DIESE SPOTS ERFAHREN: LNYC.DE/00094

TOUREN

Eine geführte Tour ist absolut empfehlenswert, um interessante oder einmalige Eindrücke der Stadt zu gewinnen. Unsere Top 10 der besten Touren verraten wir euch jetzt!

1 ⌊Helikopterflug über New York⌉
Ein Helikopterflug bleibt garantiert ein unvergessliches Erlebnis. Selten zeigt eine Tour einem so eindrucksvoll die Größe von New York.
Downtown Manhattan Heli Port, 6 E River Bikeway **1** · *South Ferry*

2 ⌊Staten Island Ferry⌉
Die kostenlose Fähre pendelt mehrmals stündlich von Manhattan nach Staten Island und fährt direkt an der Statue of Liberty vorbei.
Whitehall Ferry Terminal/4 Whitehall St **1** · *South Ferry*

3 ⌊Bateaux Dinner Cruise⌉
Das ist unsere absolute Lieblings-Dinner-Cruise: Mit einem Boot mit Glasdach fahrt ihr um Manhattan. Drei-Gänge-Menü ist inklusive.
62 Chelsea Piers **A C E** · *23 St*

4 ⌊Best of NYC Cruise⌉
Eine Fahrt mit der Best of NYC Cruise einmal komplett um Manhattan. In den circa 2,5 Stunden hat man die perfekte Gelegenheit, New York vom Wasser aus zu erkunden.
555 12th Ave · Pier 84 **A C E** · *42 St-Port Authority Bus Terminal*

5 ⌊The Water Table⌉
Unser Geheimtipp auf der Liste: Von Greenpoint/Brooklyn fahrt ihr in den Sonnenuntergang an der Statue of Liberty vorbei, mit tollem Essen, Wein und Cocktails. Die Tour ist sehr entspannend und ihr seid garantiert unter echten New Yorkern.
10 India St **G** · *Greenpoint Av*

6 ⌈Mit dem Fahrrad nach Brooklyn und zurück⌉
Dafür empfehlen sich die Citi Bikes: Bei vielen Stationen könnt ihr euch ein Bike leihen und über die Brooklyn Bridge nach Brooklyn fahren. Für den Rückweg nehmt ihr dann die Manhattan Bridge!

7 ⌈Hop-on Hop-off Bustour⌉
In einem der Doppeldecker-Busse lässt sich New York City sehr entspannt erkunden. Beliebiges Ein-und Aussteigen macht die Touren flexibel.
○ *zum Beispiel Times Sq* ❶❷❸ · *Times Sq-42 St*

8 ⌈Statue of Liberty & Ellis Island-Bootstour⌉
Eine der bekanntesten Sehenswürdigkeiten New Yorks aus nächster Nähe betrachten. Ein Must-See ist ebenso das Immigration Museum auf Ellis Island.
○ *Battery Pk* ❶ · *South Ferry*

9 ⌈Roosevelt Island Tramway⌉
Was ihr unbedingt machen solltet, ist eine Überfahrt mit der Roosevelt Island Tramway. In bis zu 80 Meter Höhe könnt ihr einen tollen Blick über den East River nach Manhattan genießen.
○ *E 59th St & 2nd Ave* ❹❺❻ · *59 St* ❖❖❖ · *Lexington Av/59 St*

10 ⌈Kulinarische Tour durch West Village⌉
Begebt euch auf eine der bekannten »Food on Foot Tours«. Während der dreistündigen Tour werdet ihr viele kleine tolle Restaurants und Bäckereien entdecken.
○ *Bleecker St* ❖❖❖❖❖❖ · *W 4 St-Washington Sq*

MEHR ÜBER DIESE SPOTS ERFAHREN: LNYC.DE/00095

TAGESAUSFLÜGE

New York ist umgeben von vielen sehr sehenswerten Städten und Reisezielen. Wir haben auch schon so einige Ausflüge gemacht und können diese wärmstens empfehlen. Ihr werdet begeistert sein!

1 ⌈Washington D.C.⌉
Gute vier Autostunden von der Weltmetropole New York City entfernt liegt die amerikanische Hauptstadt Washington D.C. Washington bietet viel Grün, eine sehr moderne und beeindruckende Innenstadt sowie viele kleine Stadtviertel, die zum Bummeln einladen.

2 ⌈Philadelphia⌉
Die Reise führt von New York City durch New Jersey und Pennsylvania nach Philadelphia. Im Herzen der historischen Stadt warten die berühmte Liberty Bell (Freiheits-Glocke), der Constitution Square und die Constitution Hall darauf entdeckt zu werden.

3 ⌈Niagarafälle⌉
Mit einem Privatflugzeug geht es zu den beeindruckenden tosenden Wassermassen. Am Abend lässt die bunte Beleuchtung die Niagarafälle in einem mystischen Licht erstrahlen.

4 ⌈Boston⌉
Die ca. vierstündige Tour nach Boston führt entlang der malerischen Ostküste von Connecticut. Boston zählt zu den wohlhabendsten und kulturell reichsten Städte der USA und besticht durch eine tolle Architektur.

5 ⌈Hamptons⌉
Der Tagesausflug in die Hamptons hat das schöne Städtchen Sag Harbor als Ziel. In der Umgebung befinden sich imposante Anwesen in atemberaubender Landschaft.

6 — Einkaufstour zum Outlet Woodbury Common
Mit über 220 Läden gehört das Outlet in Central Valley zu den schönsten und auch größten weltweit. Hier gibt es viele tolle Schnäppchen zu ergattern.

7 — Zweitagestour Washington D.C., Philadelphia & Amish Country
Diese Tour kombiniert mehrere Ziele: Ihr besucht die wichtigsten Sehenswürdigkeiten von D.C. sowie Philadelphia und besucht anschließend das interessante Amish Country.

8 — Ganztägige Bootstour zum Bear Mountain
Was nur die wenigsten wissen: New York City hat noch mehr zu bieten als Wolkenkratzer, Museen und Kaufhäuser. In Upstate New York eröffnet sich euch ein Stück atemberaubender Natur. Der insgesamt acht Stunden lange Tagesausflug in ein Naturschutzgebiet inklusive einer Bootstour kann das Sahnehaubchen eurer perfekten Städtereise sein.

9 — Hudson Valley Weintour
Die malerische Tour dauert ca. sechs Stunden und zeigt euch verschiedene traumhafte Weingüter – die Verkostung ist natürlich inklusive. Für eindrucksvolle Bilder vergesst nicht, eure Kamera einzupacken.

10 — Tagesausflug Miami
Wenn ihr Lust auf einen Tag voller Sonnenschein, Strand und Palmen habt, solltet ihr unbedingt die Tagestour mit dem Flugzeug nach Miami machen. Kleiner Tipp: unbedingt Sonnencreme einpacken.

MEHR ÜBER DIESE SPOTS ERFAHREN: LNYC.DE/00096

BUDGET TIPPS

New York eilt der Ruf voraus, ein sehr teures Pflaster zu sein. Wir geben euch Tipps, wie ihr am besten sparen könnt – so wird euer New York-Trip garantiert zu einem unvergesslichen Erlebnis.

SPAREN KANNST DU AM BESTEN MIT UNSEREM NEW YORK PASS-BERATER. DIESER ERRECHNET DIR IMMER DIE ALLER-GÜNSTIGSTE VARIANTE. HIER KANNST DU DEN PASS-BERATER AUSPROBIEREN:

 www.lovingnewyork.de/passberater

UNSERE TIPPS FÜR DIE BUCHUNG VON FLUG, HOTEL & TICKETS

Hier entscheidet der richtige Zeitpunkt darüber, wie viel Geld ihr sparen könnt bzw. ob es überhaupt noch Tickets gibt. Daher haben wir hier einmal aufgeführt, wann der beste Zeitpunkt für die Buchung vom Flug nach New York, Hotels oder Tickets ist.

Schau dir unbedingt unsere Reisebuchungsseite ›*www.lovals.com* an. Nach dem Motto »love – travel – locals« findest du hier die besten Hotels & Flüge, die wir selbst ausgewählt haben.

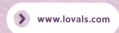

›**www.lovals.com**

VON TINO
Für eure Flugreise solltet ihr als Starttag den Dienstag oder Mittwoch wählen! Diese Wochentage sind im Vergleich viel günstiger.

- **4–5 Monate vorher**

SPORTTICKETS BUCHEN

Die New Yorker sind totale Sport-Fans und das in mehrerer Hinsicht: sowohl die eigene Fitness betreffend als auch, was Sportveranstaltungen angeht. Und da hat New York viel zu bieten: In jeder der großen Sportarten wie Baseball, Basketball, Football und Eishockey gibt es mindestens ein Team, das ihr anfeuern könnt. Dementsprechend groß ist jedoch auch die Nachfrage und so solltet ihr circa vier bis fünf Monate vorher schon schauen, dass ihr die Tickets für die Sportevents kauft.

- **2–3 Monate vorher**

FLUG BUCHEN

Eine ganz häufig gestellt Frage ist, wann der Flug nach New York gebucht werden sollte. Wir haben die Erfahrung gemacht, dass es sehr oft von Vorteil ist, den Flug und das Hotel separat voneinander zu buchen. Es gibt zwar immer wieder mal besondere Flug & Hotel-Angebote, wo ihr sparen könnt, aber wir buchen gern den Flug und das Hotel getrennt voneinander.

- **1 Monat vorher**

HOTEL BUCHEN

Wann ist der beste Zeitpunkt, sein Hotel zu buchen? Schon weil die Auswahl oft schwer fällt, buchen wir unser Hotel knapp einen Monat im Voraus. Viele Studien von Flug- und Hotelanbietern haben gezeigt, dass es besonders günstig ist, wenn euer Startdatum auf einen Dienstag bzw. Mittwoch fällt. Wenn es geht, vermeidet die Zeiträume, wo Schulferien sind, Flüge sind um diese Zeit nie günstig.

NEW YORK-REISETIPPS, UM GELD ZU SPAREN

Der Tipp klingt ganz einfach und ist es ein Glück auch: Nutzt die New York Sightseeing-Pässe, um viel Geld zu sparen! Diese Pässe funktionieren ganz einfach: Ihr bezahlt einmalig einen Betrag und könnt dann bis zu 90 Sehenswürdigkeiten und Touren in New York ansehen bzw. machen. Im Vergleich zum Einzelkauf der Eintrittskarten könnt ihr da locker 50 % sparen! Das ist nicht nur für Familien mit Kindern sehr interessant.

Wir selbst haben erst nach unserem vierten Aufenthalt von diesen Pässen erfahren und nutzen diese seit dem für jede unserer Reisen nach New York City, denn man hat damit nicht nur eine entspannte Zeit vor Ort (es ist ja alles schon bezahlt), sondern man kann dort auch an vielen Warteschlangen vorbeigehen und echt viel Zeit sparen.

Welcher der New York Pässe der Beste für dich ist, kannst du mit unserem kostenlosen New York Pass-Berater leicht herausfinden. Wähle einfach die Attraktionen aus, die dich interessieren und schon erfährst du, welcher Pass für dich der Beste ist! Den Pass-Berater findest du unter:
› *www.lovingnewyork.de/passberater*

NEW YORK PASS

Der [New York Pass] ist für alle diejenigen geeignet, die besonders viel sehen wollen. Über 90 Spots und Touren sind im New York Pass enthalten. Je nachdem, welche Variante ihr für euch wählt, könnt ihr ihn 1, 2, 3, 5, 7 oder 10 Tage lang nutzen und soviel ansehen, wie ihr wollt und schafft.

EXPLORER PASS NEW YORK

Der [Explorer Pass] ist optimal für alle New York-Besucher, die zeitlich flexibel sein wollen und nur eine gezielte Auswahl an Touren und Sehenswürdigkeiten besuchen wollen. Er ist 30 Tage lang gültig und ihr könnt damit 3, 4, 5, 7 oder 10 Spots eurer Wahl ansehen (über 50 stehen euch zur Auswahl) und spart damit bis zu 42 %.

CITYPASS NEW YORK

Der [CityPASS] ist ideal für alle New York-Besucher, die nur die besten Sehenswürdigkeiten ansehen wollen. Aus 9 könnt ihr 6 auswählen. Er ist für 9 Tage gültig und ist auch der günstigste von allen. Hier könnt ihr bis zu 41 % im Vergleich zum Einzelkauf der Tickets sparen.

> **Mehr dazu auf: www.lovingnewyork.de/sparen**

MEHR ÜBER DIESE SPOTS ERFAHREN: LNYC.DE/00097

INDEX KATEGORISCH

BARS

169 Bar	48
40/40 Club, The	134
55 Bar	97
Amelie Wine Bar	88
Ampersand	134
Analogue	88
Angel's Share	274
Apotheke	48
Bathtub Gin	126
Beast Next Door, The	206
Belfry, The	275
Bill's Bar & Burger	99, 102, **104**, 271
Binc, The	173
Blue Smoke	33
BLVD Wine Bar	206
Bohemian Hall & Beer Garden	209, 212, **214**
Bronx Alehouse	231
Bronx Beer Hall, The	231
Brooklyn Heights Wine Bar & Kitchen	173
Brookvin	188
City Winery	72
Commodore, The	180
Commonwealth	188
Compagnie des Vins Surnaturels, La	72
Connolly's Pub & Restaurant	117
Dead Rabbit Grocery & Grog, The	**32**, 274
Dear Irving	134
Duff's Brooklyn	180
Dutch Kills	206
Ear Inn	72
Eats on Lex	144
Employees Only	**91**, 97, 274
Floyd NY	173
Gantry Bar LIC	206
Gramercy Ale House	134
Grand Banks	35, 38, **40**
Grange Bar & Eatery, The	161
Hanjan	134
J.G. Melon	**144**, 271
Kettle of Fish	88
Knickerbocker Bar & Grill	88
McSorley's Old Ale House	75, 78, **80**, 274
Mulberry Project: Bar & Garden	64
Nancy Whiskey Pub	35, **40**, **275**
On the Rocks	117
Parish Cocktail Bar	188
Pegu Club	72
Pierre Loti	126
Playwright Irish Pub, The	117
Please Don't Tell (PDT)	54, **56**, **80**
Pony Bar	144
Post Office	275
Proletariat	75, 78, **80**, 275
Randolph Beer	64
Roosevelt Sports Bar	221
Ruby's Bar & Grill	195
Ryan's Daughter	144
Sala, La	214
Ship, The	64
Shrine	161
Skinny Dennis	180
SoHo Cigar Bar	72
Speakeasy-Bar Attaboy	56
Standard Biergarten, The	104
Steeplechase Beer Garden	195
Sugar Factory	104
Sunswick 35/35	214
Tippler, The	104
Tuck Room, The	33
West End Hall	152
Whiskey Tavern	48
White Horse Tavern	32, 97
Zebra Lounge	221
Zum Schneider NYC	80

CLUBS

10ak	278
Avenue	279
Cielo	278
Good Room	279
Knitting Factory	181
Lavo	278
Marquee	278
Output	181, **279**
Provocateur	279
Schimanski	181

EVENTS

Apollo Theatre	155
Barclays Center	158, 183, **186**
Bowery Ballroom	51, **54**
Christopher Street Day	86
Citi Field	217, **220**
Lincoln Center	**147**, 150
Tribeca Film Festival	35
Union Square Theatre	132
Village Vanguard	**83**, 86
Yankee Stadium	227, **230**

HOTELS

11 Howard	47
Ace Hotel	133
Aloft Harlem	159
Aloft Hotel Downtown	30
Andaz Wall Street Hotel	30
Boro Hotel	213
Bowery Hotel	79
Canal Park Inn, The	71
Chambers Hotel	141
Chelsea Pines Inn	125
City View Inn	205
Conrad New York Hotel	30
Dazzler Brooklyn	171
Dream Downtown	125
East Village Hotel	79
Edge Hotel	159
Element Times Square West	114
Empire Hotel	151
Franklin NYC, The	141
Gansevoort Hotel	103
Greenwich Hotel	38
Gregory, The	133
Hampton Inn Brooklyn Downtown	171
Hilton Times Square	113
Hotel Chelsea	124
Hotel Hugo in SoHo	71
Hotel Mulberry	47
Hotel Newton	151
Incentra Village House	94
Indigo Lower East Side	54
Jane Hotel, The	94, 103
Jolie, Le	178
Kimpton Hotel Eventi	125
Knickerbocker Hotel, The	113
Mandarin Oriental, The	151
Mark, The	141
Marlton Hotel, The	87
Marriott Vacation Club Pulse	113
Mercer, The	71
Nolitan Hotel	63
Nomad Hotel, The	133
Off SoHo Suites Hotel	63
Paper Factory Hotel	205
Peninsula, The	113
Pod 51 Hotel	114
Quinta Inn Queens, La	213
Ravel Hotel	213
Redford Hotel	55
Row NYC Hotel	114
Roxy Hotel	38
Seaport Inn Hotel	30
Sixty LES	54
SoHo Garden Hotel	38
Sohotel	63
Standard East Village, The	79
Standard High Line, The	102
Sugar Hill Harlem Inn	159
W Hotel Downtown	30
Walker Hotel Greenwich Village	87
Washington Square Hotel	87
William Vale, The	178
Wyndham Garden Chinatown	47
Wyndham Garden Long Island City Manhattan View Hotel	205
Wythe Hotel	178
Yotel Times Square	114

MUSEEN

9/11 Memorial Museum	28, **31**, 246
American Folk Art Museum	151
American Museum of Natural History	**147**, 150, **151**
Bartow-Pell Mansion Museum	227, 230, **231**
Bronx Museum of the Arts, The	230
Brooklyn Historical Society Museum	170, **171**
Brooklyn Museum	183, 186, **187**
C.V. Starr Bonsai Museum	186, **187**
Castle Clinton National Monument	28
Coney Island Museum, The	191
Cooper-Hewitt, Smithsonian Design Museum	142
El Museo del Barrio	142
Ellis Island Immigration Museum	31
Frick Collection, The	142, **264**
Guggenheim Museum	137, 140, **141**, 245, **265**
Gulliver's Gate	115
International Center of Photography	55
Intrepid Sea, Air & Space Museum	115

Italian American Museum	59, 62
Jayques Marchais Museum of Art	237, **240**
Madame Tussauds	115
Metropolitan Museum of Art (Met)	137, 140, **141**, 246, 264
Mmuseumm	35, **38**
MoMA PS1	201, 204, **205**
Morgan Library & Museum	115
Museum at Eldridge Street	55
Museum at FIT	125
Museum of Arts & Design	151
Museum of Bronx History	227, **230**
Museum of Chinese in America (MoCA)	43, 46, **47**
Museum of Jewish Heritage	31
Museum of Mathematics	129, **133**
Museum of Modern Art (MoMA)	107, 112, **115**, 246, 264
Museum of Sex	115
Museum of the City of New York	141
Museum of the Moving Image	209, 212, **213**
National Museum of the American Indian	31
Neue Galerie	142
New Museum of Contemporary Art	51, **55**
New York City Fire Museum	67, 70, **71**
New York Hall of Science	217, **220**
New York Historical Society Museum	151
New York Transit Museum	171
Queens Museum	217, **220**
Rubin Museum of Arts	125
Schomburg Center for Research in Black Culture	159
Sculpture Center	201, **204**
Skyscraper Museum	31
Socrates Sculpture Park	205
South Street Seaport Museum	31
Staten Island Children's Museum	237, **240**
Staten Island Museum	237, **240**
Studio Museum	159
Tenement Museum	51, 54, **55**, 265
Theodore Roosevelt Birthplace	133
Van Cortlandt House Museum	227, **230**
Whitney Museum	99, **103**, 264

PARKS

Astoria Park	209, **212**
Battery Park	**25**, 28, 282
Brooklyn Bridge Park	167, 170, **250**, 282
Bryant Park	107, **112**, 251, 261
Central Park	137, **140**, 147, 150, 158, 250, 261, 282
Columbus Park	**43**, 46
East River Park	**51**, 54
East River State Park	283
Flushing Meadows Corona Park	217, **220**, 283
Gantry Plaza State Park	201, **204**
Gramercy Park	132
Grand Ferry Park	**175**, 178
Harlem Meer	**155**, 158
High Line Park	99, **250**, 282
Hudson River Park	**121**, 124
Madison Square Park	129, 132, **251**, 283
Paley Park	283
Prospect Park	183, **186**, 283
Washington Square Park	83, **86**, 250, 282
William F. Moore Park	**217**, 220

RESTAURANTS & CAFÉS

12 Chairs	71
al di la Trattoria	187
AlMar	172
American Cut	39
Angelica Kitchen	269
Antique Garage	72
Arharn Thai	214
Astor Room, The	213
Atrium	172
Avant Garden	268
Bagel Store, The	179
Balthazar	71
Bareburger	79
Barney Greengrass	151
Basta Pasta	134
Benjamin Steakhouse	267
Benoit	116
Blossom	269
Blue Bottle Coffee	116, 126, **273**
Bluestone Lane Collective Cafe	95
Boulud Sud	152
Brooklyn Bagel & Coffee Co.	214
Brooklyn Brewery	**175**, 178
Brooklyn Ice Cream Factory	170, **172**
Brooklyn Roasting Company	**134**, 172, 273
Bubby's High Line	103
Burger & Barrel Winepub	270
Burger Joint	270
Butcher's Daughter, The	268
Butler Bake Shop and Espresso Bar	272
By Chloe.	268
Café Boulud	143
Café Frida	152
Café Grumpy	116, **272**
Café Roma	64
Cafeteria	126
Caffe Reggio	87
Celeste	152
Chinatown Ice Cream Factory	43, **46**
Chobani Joghurt Bar	72
City of Saints Coffee Roasters	80
Cookshop	126
Couleur Café	188
Da Nico	64
Daniel	143
Dinner on Ludlow	56
Dirt Candy	269
Dominique Ansel Kitchen	95
Dos Caminos	**72**, 103
Dos Toros Taqueria	**79**, 143
Dutch Restaurant, The	71
Eataly	29, 32, 129, 132, **133**, 246, 272
El Vez	32
Eleven Madison Park	134
Elias Corner	214
Elsewhere Espresso	**80**, 273
Everyman Espresso	80
Ferrara Bakery & Cafe	64
Fette Sau	175, 178, **179**
Fig & Olive	103
Fools Gold NYC	55
Four & Twenty Blackbirds	187
Franchia Vegan Cafe	269
Frying Pan, The	**121**, 124
Fu Run	221
Gelso & Grand	59, 62, **63**
Georgetown Cupcakes	72
Gorilla Coffee	187
Gossip Coffee	214
Grimaldi's Pizza	**167**, 170, 195
Harlem Blues Cafe	160
Hester Street Café	56
Hudson Diner	**91**, 94
Industry Kitchen	32
Intelligentsia Coffee – The High Line Hotel	272
Irving Farm Coffee Roasters	152
Jack's Wife Freda	268
Jackson Hole	143
Joe & The Juice	273
Joe Jr.	271
Joe the Art of Coffee	116, **272**
Joe's Shanghai	48
John Dory Oyster Bar, The	134
John's Pizza	87
Juliana's Pizza	172
Jun-Men Ramen Bar	125
Katz's Delicatessen	51, 54, **55**
Kava Cafe	104
Keens Steakhouse	266
Kesté Pizza & Vino	95
Kobrick Coffee Co.	104
Lasagna Restaurant, La	125
Lenox Coffee Roaster	160
Lexington Candy Shop	143
Littleneck	187
Locanda Verde	39
Louie & Ernie's	231
M Wells Steakhouse	201, 204, **206**
Magnolia Bakery	**91**, 95
Manetta's	206
Marina NYC – Restaurant & Beach Bar, La	155, **160**
Max Bratwurst & Bier	213
Mela, La	64
Merriweather Coffee & Kitchen	88
Mighty Quinn's	79
Minton's	160
Mo il Gelato	64
Momofuku Ssäm Bar	79
Morrone Pastry Shop & Cafe	231
Motorino	55
Mountain Province	179
Nan Xiang Xiao Long Bao	221
Nathan's Famous	191, **195**
New Flushing Bakery	221
NoMad Bar	270
Old Homestead Steakhouse	**103**, 166
One Girl Cookies	172
Packsun	231
Pastrami Queen	143
Pearl Oyster Bar	87
Pepolino	39
Per Se	152
Peter Luger Steakrestaurant	266
Pick a Bagel	32
Pier A Harbor House	28, **32**
Ping	48

Pizzeria Lombardi's	59, 62, **64**
Ponty Bistro Harlem	160
Porter House Bar & Grill	267
Prince Coffee House	231
Prune	79
Quality Eats	267
Quality Meats	267
Radegast Hall & Biergarten	179
Rare Bar & Grill Murray Hill	116
RedFarm	97
Red Rooster	160
River Café in Brooklyn, The	172
Roberta's	179
Rocking Horse Cafe	126
Rose Water	187
Rosemary's	83, 86, 87, **95**
Rubirosa	59, **63**
Russ & Daughters	56
Shake Shack	132, 172, **270**
Silk Road Cafe	48
Spicy & Tasty	221
Spotted Pig	**91**, 95
St. Anselm	267
Standard Grill, The	103
Super Taste	43, 46, **47**
Sweetleaf	206
Taim	268
Tatiana Restaurant & Grill	195
Toby's Estate Coffee	**134**, 273
Tomoe Sushi	87
Tortilleria Nixtamal	221
Tournesol	206
Trattoria Zero Otto Nove	231
Tribeca Bagels	39
Tribeca Grill	35, **39**
Triple Shot World Atlas	206
Umami Burger	271
Urban Vegan Kitchen	269
Urbanspace Food Market	116
Uva	142
Walter Foods	179
Water Table, The	175, 178, **284**
Wise Espresso Bar	195
Wolfgang's Steakhouse	39
Wong Kee	47
Xi'an Famous Foods	47
Yonah Schimmel Knish Bakery	56
Zenon Taverna	214

ROOFTOP BARS

230 Fifth Rooftop Bar	118, 135, 255, **276**
Bain Rooftop Bar, Le	104, **276**, 278
Baita Rooftop Bar	135
Cantor Roof Garden Bar, The	144
Cantina Rooftop	117
Catch Roof	104
DL (Delancey & Ludlow), The	56
Empire Rooftop & Lounge, The	153
Gallow Green Rooftop Garden	**121**, 124, 127
Haven Rooftop & Restaurant	118
Ides Bar, The	180
Leaf Bar & Lounge	221
Loopy Doopy Rooftop Bar	33
Luna Asian Bistro & Lounge	215
McCarren Rooftop Bar	180
Monarch Rooftop	118
Nolitan Hotel Rooftop Bar	65
Penthouse808	201, **207**, 276
PH-D	**276**, 279
Piscine, La	127
Plunge Rooftop Bar & Lounge	99, 102, **104**
Rare View Rooftop	127
Rooftop Bar »Jimmy« im James Hotel	67, 70, **73**
Rooftop93 Bar & Lounge	48
Sabbia	118
Sky Room	117
Sky Terrace at Hudson	153
Skylark, The	277
Spyglass Rooftop Bar	118
STK Downtown & Rooftop	88, 104
Up On 20 Rooftop Bar	135
Z NYC Hotel Rooftop Bar	207

SEHENSWÜRDIGKEITEN

Astor Place	**75**, 78
Brighton Beach	191, **194**
Bronx Zoo	227, **230**
Brooklyn Botanic Garden	183, **186**
Brooklyn Heights Promenade	**167**, 170
Cast-Iron-Architektur	67
Cast-Iron-District	67, **70**
Chelsea Gallery District	121
Chelsea Piers	124
Chrysler Building	249
City College of New York	158
Citypass	293
Cloisters, The	155, **159**, 265
Columbia University	**147**, 150
Columbus Circle	**147**, 150
Coney Island Boardwalk	191, **194**
Cyclone	194
Deno's Wonder Wheel Amusement Park	194
Empire State Building	107, 112, **245**
Explorer Pass	293
Flatiron Building	129, 132, **248**
Friends-Apartment	86
Gay Street	83, **86**
George Washington Bridge	155, **158**
Graffiti Hall of Fame	158
Grand Central Terminal	247
Green-Wood Cemetery	183, **186**
Jane's Carousel	**167**, 170
Jefferson Market Courthouse	**83**, 86
Kaufman Astoria Studios	212
Luna Park	191, 194
Manhattan Bridge	170
New York Aquarium	194
New York Pass	293
New York Public Library	107, 112, **247**
New York Wheel	241, **250**
Pepsi Cola Sign	204
Police Headquarters Building	**59**, 62
Roosevelt Island	137, **140**, 247, 285
Roosevelt Island Tramway	**247**, 285
South Beach	237, **240**
St. Marks Place	**75**, 78
St. Patrick's Cathedral	62, 249
Steinway Street	215
Tempel Mahayana	**43**, 46
Top of the Rock	107, **112**, 245
Union Square	129, 132, **250**, 281
Washington Street in Dumbo	170
Wonder Wheel	194
9/11 Memorial	**25**, 28, 247
Brookfield Place	29, 33
Brooklyn Bridge	29, 147, 167, **170**, 247
Charging Bull	28, **249**
Citi Bike	**14**, 28
District, Le	29
Governors Island	**25**, 28, 250
Ground Zero	**11**, 28
Oculus	29, **281**
One World Trade Center	**25**, 29, 245
South Street Seaport	**25**, 29, 32, 247
St. Pauls Chapel	29
Statue of Liberty	28, **245**, 285
Trinity Church Wall Street	29
Wall Street	28, **249**

SHOPPING

5th Avenue	**119**, 135, 249, 281
AHA Front	173
Alife Rivington Club	57
All Saints	73, 105
Artists & Fleas	105, 181
Astoria Market	209, 212, **215**
Bag-All	65
Barnes & Noble	153
Barneys New York	145
Beacon's Closet	188
Bedford Avenue	180
Bedford Mini-Mall	181
Bergdorf Goodman	119
Bleecker Street	88, 91, 94
Bloomingdale's	140, 145
Bond No. 9	80
Broadway	73, 153, **250**
Brooklyn Industries	188
Brooklyn Superhero Supply Company	188
Buffalo Exchange	80, 127
Canada	54
Century 21	33, 153
Cheim & Read	124
Chelsea Market	99, 102, 105, **246**
Creatures of Comfort	65
Dave's	135
David Zwirner Gallery	124
Di Palo's Fine Foods	62, 65
Diane von Fürstenberg	105
Drawing Center	67, 70
Eleven Rivington	54
Erica Weiner	65
Extra Butter	57
Foot Locker	119, 135, **281**
Friedman Gallery	70
Front General Store	173
Gagosian Gallery	124
Garden State Plaza Mall	280
H&M	33, 40, 70, 73, **119**, 135, 140, 145, 153, 180, 281
Hollister	73, 119

Homebody Boutique	188
Hugo Boss	105
Jersey Gardens Outlet Center	280
Just Things	207
Kiehl's	33, 105
Levi's Store	119, 135
Lion in the Sun	188
Long Island City Kleaners	207
Louis Vuitton	73, 119
Macy's	119, **280**
Mango	70, 73, 119
Manhattan Mall	124, **127**
Mary Boone Gallery	124
Matthew Marks Gallery	124
Modern Anthology Store	173
Moncler	73
Moo Shoes	57
New & Almost New	65
Nike Flagship Store	73
Oculus – Westfield Mall	281
Orchard Street	54, **57**
Posman Books	105
Powerhouse Arena	170, 173
Prada	73, 119
Premium Goods	188
Ritual Vintage Clothing	65
Saks Fifth Avenue	119
Saturdays Surf NYC	97
Shoe Box, The	135
Smorgasburg Food Market	175, 178, **247**
SOREL	105
Strand Book Store	**75**, 78
Team Gallery	70
Time Warner Center	153
Times Square	**119**, 248
Topshop	70, 73, 119
Trunk	173
Victoria's Secret	33, 70, 73, 119, 127, 145, 281
Warm	65
What Goes Around Comes Around	70, 73
Williamsburg Flea	181
Woodbury Common Premium Outlet	280, 287
Yunhong Chopsticks Shop	48
Zara	33, 40, 73, 119, 135, 140, 145, **153**, 180, 281

TOUREN

Bateaux Dinner Cruise	284
Bear Mountain	287
Bootstour	**256**, 285
Boston	286
Bustour	**256**, 285
Best of NYC Cruise	**256**, 284
Hamptons	286
Helikoptertour	257
Hudson Valley Weintour	287
Miami	287
Niagarafälle	286
Philadelphia	286
Staten Island Ferry	28, 237, **240**, 247, 284
Washington D.C.	286

INDEX ALPHABETISCH

#

11 Howard	47
12 Chairs	71
169 Bar	48
10ak	278
230 Fifth Rooftop Bar	118, 135, 255, **276**
40/40 Club, The	134
55 Bar	97
5th Avenue	**119**, 135, 249, 281
9/11 Memorial	25, 28, 247
9/11 Memorial Museum	28, **31**, 246

A

Ace Hotel	133
AHA Front	173
al di la Trattoria	187
Alife Rivington Club	57
All Saints	73, 105
AlMar	172
Aloft Harlem	159
Aloft Hotel Downtown	30
Amelie Wine Bar	88
American Cut	39
American Folk Art Museum	151
American Museum of Natural History	147, 150, **151**
Ampersand	134
Analogue	88
Andaz Wall Street Hotel	30
Angel's Share	274
Angelica Kitchen	269
Antique Garage	72
Apollo Theatre	155
Apotheke	48
Arharn Thai	214
Artists & Fleas	105, 181
Astor Place	**75**, 78
Astor Room, The	213
Astoria Market	209, 212, **215**
Astoria Park	209, **212**
Atrium	172
Avant Garden	268
Avenue	279

B

Bag-All	65
Bagel Store, The	179
Bain Rooftop Bar, Le	104, **276**, 278
Baita Rooftop Bar	135
Balthazar	71
Barclays Center	158, 183, **186**
Bareburger	79
Barnes & Noble	153
Barney Greengrass	151
Barneys New York	145
Bartow-Pell Mansion Museum	227, 230, **231**
Basta Pasta	134
Bateaux Dinner Cruise	284
Bathtub Gin	126
Battery Park	**25**, 28, 282
Beacon's Closet	188
Bear Mountain	287
Beast Next Door, The	206
Bedford Avenue	180
Bedford Mini-Mall	181
Belfry, The	275
Benjamin Steakhouse	267
Benoit	116
Bergdorf Goodman	119
Bill's Bar & Burger	99, 102, **104**, 271
Binc, The	173
Bleecker Street	88, 91, 94
Bloomingdale's	140, 145
Blossom	269
Blue Bottle Coffee	116, 126, **273**
Blue Smoke	33
Bluestone Lane Collective Cafe	95
BLVD Wine Bar	206
Bohemian Hall & Beer Garden	209, 212, **214**
Bond No. 9	80
Bootstour	**256**, 285
Boro Hotel	213
Boston	286
Boulud Sud	152
Bowery Ballroom	51, **54**
Bowery Hotel	79
Brighton Beach	191, **194**
Broadway	73, 153, **250**
Bronx Alehouse	231
Bronx Beer Hall, The	231
Bronx Museum of the Arts, The	230
Bronx Zoo	227, **230**
Brookfield Place	29, 33
Brooklyn Bagel & Coffee Co.	214
Brooklyn Botanic Garden	183, **186**
Brooklyn Brewery	**175**, 178
Brooklyn Bridge	29, 147, 167, **170**, 247
Brooklyn Bridge Park	167, 170, **250**, 282
Brooklyn Heights Promenade	**167**, 170
Brooklyn Heights Wine Bar & Kitchen	173
Brooklyn Historical Society Museum	170, 171
Brooklyn Ice Cream Factory	170, **172**
Brooklyn Industries	188
Brooklyn Museum	183, 186, **187**
Brooklyn Roasting Company	**134**, 172, 273
Brooklyn Superhero Supply Company	188
Brookvin	188
Bryant Park	107, **112**, 251, 261
Bubby's High Line	103
Buffalo Exchange	80, 127
Burger & Barrel Winepub	270
Burger Joint	270
Bustour	**256**, 285
Butcher's Daughter, The	268
Butler Bake Shop and Espresso Bar	272
By Chloe.	268

C

C.V. Starr Bonsai Museum	186, **187**
Café Boulud	143
Café Frida	152
Café Grumpy	116, **272**

Café Roma	64
Cafeteria	126
Caffe Reggio	87
Canada	54
Canal Park Inn, The	71
Cantor Roof Garden Bar, The	144
Cantina Rooftop	117
Cast-Iron-Architektur	67
Cast-Iron-District	67, 70
Castle Clinton National Monument	28
Catch Roof	104
Celeste	152
Central Park	137, **140**, 147, 150, 158, 250, 261, 282
Century 21	**33**, 153
Chambers Hotel	141
Charging Bull	28, 249
Cheim & Read	124
Chelsea Gallery District	121
Chelsea Market	99, 102, 105, **246**
Chelsea Piers	124
Chelsea Pines Inn	125
Chinatown Ice Cream Factory	43, **46**
Chobani Joghurt Bar	72
Christopher Street Day	86
Chrysler Building	249
Cielo	278
Best of NYC Cruise	**256**, 284
Citi Bike	**14**, 28
Citi Field	217, **220**
City College of New York	158
City of Saints Coffee Roasters	80
City View Inn	205
City Winery	72
Citypass	293
Cloisters, The	155, **159**, 265
Columbia University	**147**, 150
Columbus Circle	**147**, 150
Columbus Park	**43**, 46
Commodore, The	180
Commonwealth	188
Compagnie des Vins Surnaturels, La	72
Coney Island Boardwalk	191, **194**
Coney Island Museum, The	191
Connolly's Pub & Restaurant	117
Conrad New York Hotel	30
Cookshop	126
Cooper-Hewitt, Smithsonian Design Museum	142
Couleur Café	188
Creatures of Comfort	65
Cyclone	194

D

Da Nico	64
Daniel	143
Dave's	135
David Zwirner Gallery	124
Dazzler Brooklyn	171
Dead Rabbit Grocery & Grog, The	**32**, 274
Dear Irving	134
Deno's Wonder Wheel Amusement Park	194
Di Palo's Fine Foods	**62**, 65
Diane von Fürstenberg	105
Dinner on Ludlow	56
Dirt Candy	269
District, Le	29
DL (Delancey & Ludlow), The	56
Dominique Ansel Kitchen	95
Dos Caminos	**72**, 103
Dos Toros Taqueria	**79**, 143
Drawing Center	**67**, 70
Dream Downtown	125
Duff's Brooklyn	180
Dutch Kills	206
Dutch Restaurant, The	71

E

Ear Inn	72
East River Park	**51**, 54
East River State Park	283
East Village Hotel	79
Eataly	29, 32, 129, 132, **133**, 246, 272
Eats on Lex	144
Edge Hotel	159
El Museo del Barrio	142
El Vez	32
Element Times Square West	114
Eleven Madison Park	134
Eleven Rivington	54
Elias Corner	214
Ellis Island Immigration Museum	31
Elsewhere Espresso	**80**, 273
Empire Hotel	151
Empire Rooftop & Lounge, The	153
Empire State Building	107, 112, **245**
Employees Only	**91**, 97, 274
Erica Weiner	65
Everyman Espresso	80
Explorer Pass	293
Extra Butter	57

F

Ferrara Bakery & Cafe	64
Fette Sau	175, 178, **179**
Fig & Olive	103
Flatiron Building	129, 132, **248**
Floyd NY	173
Flushing Meadows Corona Park	217, **220**, 283
Fools Gold NYC	55
Foot Locker	119, 135, **281**
Four & Twenty Blackbirds	187
Franchia Vegan Cafe	269
Franklin NYC, The	141
Frick Collection, The	142, **264**
Friedman Gallery	70
Friends-Apartment	86
Front General Store	173
Frying Pan, The	**121**, 124
Fu Run	221

G

Gagosian Gallery	124
Gallow Green Rooftop Garden	**121**, 124, 127
Gansevoort Hotel	103
Gantry Bar LIC	206
Gantry Plaza State Park	201, **204**
Garden State Plaza Mall	280
Gay Street	83, **86**
Gelso & Grand	59, 62, **63**
George Washington Bridge	155, **158**
Georgetown Cupcakes	72
Good Room	279
Gorilla Coffee	187
Gossip Coffee	214
Governors Island	**25**, 28, 250
Graffiti Hall of Fame	158
Gramercy Ale House	134
Gramercy Park	132
Grand Banks	35, 38, **40**
Grand Central Terminal	247
Grand Ferry Park	**175**, 178
Grange Bar & Eatery, The	161
Green-Wood Cemetery	183, **186**
Greenwich Hotel	38
Gregory, The	133
Grimaldi's Pizza	**167**, 170, 195
Ground Zero	**11**, 28
Guggenheim Museum	137, 140, **141**, **245**, **265**
Gulliver's Gate	115

H

H&M	33, 40, 70, 73, **119**, 135, 140, 145, 153, 180, 281
Hampton Inn Brooklyn Downtown	171
Hamptons	286
Hanjan	134
Harlem Blues Cafe	160
Harlem Meer	**155**, 158
Haven Rooftop & Restaurant	118
Helikoptertour	257
Hester Street Café	56
High Line Park	99, **250**, 282
Hilton Times Square	113
Hollister	73, 119
Homebody Boutique	188
Hotel Chelsea	124
Hotel Hugo in SoHo	71
Hotel Mulberry	47
Hotel Newton	151
Hudson Diner	**91**, 94
Hudson River Park	**121**, 124
Hudson Valley Weintour	287
Hugo Boss	105

I

Ides Bar, The	180
Incentra Village House	94
Indigo Lower East Side	54
Industry Kitchen	32
Intelligentsia Coffee – The High Line Hotel	272
International Center of Photography	55
Intrepid Sea, Air & Space Museum	115
Irving Farm Coffee Roasters	152
Italian American Museum	**59**, 62

J

J.G. Melon	**144**, 271
Jack's Wife Freda	268
Jackson Hole	143
Jane Hotel, The	94, 103
Jane's Carousel	**167**, 170
Jayques Marchais Museum of Art	237, **240**
Jefferson Market Courthouse	**83**, 86
Jersey Gardens Outlet Center	280
Joe & The Juice	273
Joe Jr.	271
Joe the Art of Coffee	116, **272**
Joe's Shanghai	48
John Dory Oyster Bar, The	134
John's Pizza	87
Jolie, Le	178
Juliana's Pizza	172
Jun-Men Ramen Bar	125
Just Things	207

K

Katz's Delicatessen	51, 54, **55**
Kaufman Astoria Studios	212
Kava Cafe	104
Keens Steakhouse	266
Kesté Pizza & Vino	95
Kettle of Fish	88
Kiehl's	33, 105
Kimpton Hotel Eventi	125
Knickerbocker Bar & Grill	88
Knickerbocker Hotel, The	113
Knitting Factory	181
Kobrick Coffee Co.	104

L

Lasagna Restaurant, La	125
Lavo	278
Leaf Bar & Lounge	221
Lenox Coffee Roaster	160
Levi's Store	119, 135
Lexington Candy Shop	143
Lincoln Center	**147**, 150
Lion in the Sun	188
Littleneck	187
Locanda Verde	39
Long Island City Kleaners	207
Loopy Doopy Rooftop Bar	33
Louie & Ernie's	231
Louis Vuitton	73, 119
Luna Asian Bistro & Lounge	215
Luna Park	191, 194

M

M. Wells Steakhouse	201, 204, **206**
Macy's	119, **280**
Madame Tussauds	115
Madison Square Park	129, 132, **251**, 283
Magnolia Bakery	**91**, 95
Mandarin Oriental, The	151
Manetta's	206
Mango	70, 73, 119
Manhattan Bridge	170
Manhattan Mall	124, **127**
Marina NYC – Restaurant & Beach Bar, La	155, **160**
Mark, The	141
Marlton Hotel, The	87
Marquee	278
Marriott Vacation Club Pulse	113
Mary Boone Gallery	124
Matthew Marks Gallery	124
Max Bratwurst & Bier	213
McCarren Rooftop Bar	180
McSorley's Old Ale House	75, 78, **80**, 274
Mela Ta	64
Mercer, The	71
Merriweather Coffee & Kitchen	88
Metropolitan Museum of Art (Met)	137, 140, **141**, 246, 264
Miami	287
Mighty Quinn's	79
Minton's	160
Mmuseumm	35, **38**
Mo il Gelato	64
Modern Anthology Store	173
MoMA PS1	201, 204, **205**
Momofuku Ssäm Bar	79
Monarch Rooftop	118
Moncler	73
Moo Shoes	57
Morgan Library & Museum	115
Morrone Pastry Shop & Cafe	231
Motorino	55
Mountain Province	179
Mulberry Project: Bar & Garden	64
Museum at Eldridge Street	55
Museum at FIT	125
Museum of Arts & Design	151
Museum of Bronx History	227, **230**
Museum of Chinese in America (MoCA)	43, 46, **47**
Museum of Jewish Heritage	31
Museum of Mathematics	129, **133**
Museum of Modern Art (MoMA)	107, 112, **115**, 246, 264
Museum of Sex	115
Museum of the City of New York	141
Museum of the Moving Image	209, 212, **213**

N

Nan Xiang Xiao Long Bao	221
Nancy Whiskey Pub	35, **40**, **275**
Nathan's Famous	191, **195**
National Museum of the American Indian	31
Neue Galerie	142
New & Almost New	65
New Flushing Bakery	221
New Museum of Contemporary Art	51, **55**
New York Aquarium	194
New York City Fire Museum	67, 70, **71**
New York Hall of Science	217, **220**
New York Historical Society Museum	151
New York Pass	293
New York Public Library	107, 112, **247**
New York Transit Museum	171
New York Wheel	241, **250**
Niagarafälle	286
Nike Flagship Store	73
Nolitan Hotel	63
Nolitan Hotel Rooftop Bar	65
NoMad Bar	270
Nomad Hotel, The	133

O

Oculus	29, **281**
Oculus – Westfield Mall	281
Off SoHo Suites Hotel	63
Old Homestead Steakhouse	**103**, 166
On the Rocks	117
One Girl Cookies	172
One World Trade Center	**25**, 29, 245
Orchard Street	54, **57**
Output	181, **279**

P

Packsun	231
Paley Park	283
Paper Factory Hotel	205
Parish Cocktail Bar	188
Pastrami Queen	143
Pearl Oyster Bar	87
Pegu Club	72
Peninsula, The	113
PenthouseBOB	201, **207**, 276
Pepolino	39
Pepsi Cola Sign	204
Per Se	152
Peter Luger Steakrestaurant	266
PH-D	**276**, 279
Philadelphia	286
Pick a Bagel	32
Pier A Harbor House	28, **32**
Pierre Loti	126
Ping	48
Piscine, La	127
Pizzeria Lombardi's	59, 62, **64**
Playwright Irish Pub, The	117
Please Don't Tell (PDT)	54, **56**, **80**
Plunge Rooftop Bar & Lounge	99, 102, **104**
Pod 51 Hotel	114
Police Headquarters Building	**59**, 62
Ponty Bistro Harlem	160
Pony Bar	144
Porter House Bar & Grill	267
Posman Books	105
Post Office	275
Powerhouse Arena	170, 173
Prada	73, 119
Premium Goods	188
Prince Coffee House	231
Proletariat	75, 78, **80**, 275
Prospect Park	183, **186**, 283
Provocateur	279
Prune	79

Q

Quality Eats	267
Quality Meats	267
Queens Museum	217, **220**
Quinta Inn Queens, La	213

R

Radegast Hall & Biergarten	179
Randolph Beer	64
Rare Bar & Grill Murray Hill	116
Rare View Rooftop	127
Ravel Hotel	213
Red Rooster	160
RedFarm	97
Redford Hotel	55
Ritual Vintage Clothing	65
River Café in Brooklyn, The	172
Roberta's	179
Rocking Horse Cafe	126
Rooftop Bar »Jimmy« im James Hotel	67, 70, **73**
Rooftop93 Bar & Lounge	48
Roosevelt Island	137, **140**, 247, 285
Roosevelt Island Tramway	**247**, 285
Roosevelt Sports Bar	221
Rose Water	187
Rosemary's	83, 86, 87, **95**
Row NYC Hotel	114
Roxy Hotel	38
Rubin Museum of Arts	125
Rubirosa	59, **63**
Ruby's Bar & Grill	195
Russ & Daughters	56
Ryan's Daughter	144

S

Sabbia	118
Saks Fifth Avenue	119
Sala, La	214
Saturdays Surf NYC	97
Schimanski	181
Schomburg Center for Research in Black Culture	159
Sculpture Center	201, **204**
Seaport Inn Hotel	30
Shake Shack	132, 172, **270**
Ship, The	64
Shoe Box, The	135
Shrine	161
Silk Road Cafe	48
Sixty LES	54
Skinny Dennis	180
Sky Room	117
Sky Terrace at Hudson	153
Skylark, The	277
Skyscraper Museum	31
Smorgasburg Food Market	175, 178, **247**
Socrates Sculpture Park	205
SoHo Cigar Bar	72
SoHo Garden Hotel	38
Sohotel	63
SOREL	105
South Beach	237, **240**
South Street Seaport	**25**, 29, 32, 247
South Street Seaport Museum	31
Speakeasy-Bar Attaboy	56
Spicy & Tasty	221
Spotted Pig	**91**, 95
Spyglass Rooftop Bar	118
St. Anselm	267
St. Marks Place	**75**, 78
St. Patrick's Cathedral	62, 249
St. Pauls Chapel	29
Standard Biergarten, The	104
Standard East Village, The	79
Standard Grill, The	103
Standard High Line, The	102
Staten Island Children's Museum	237, **240**
Staten Island Ferry	28, 237, **240**, 247, 284
Staten Island Museum	237, **240**
Statue of Liberty	28, **245**, 285
Steeplechase Beer Garden	195
Steinway Street	215
STK Downtown & Rooftop	88, 104
Strand Book Store	**75**, 78
Studio Museum	159
Sugar Factory	104
Sugar Hill Harlem Inn	159
Sunswick 35/35	214
Super Taste	43, 46, **47**
Sweetleaf	206

T

Taim	268
Tatiana Restaurant & Grill	195
Team Gallery	70
Tempel Mahayana	**43**, 46
Tenement Museum	51, 54, **55**, 265
Theodore Roosevelt Birthplace	133
Time Warner Center	153
Times Square	**119**, 248
Tippler, The	104
Toby's Estate Coffee	**134**, 273
Tomoe Sushi	87
Top of the Rock	107, **112**, 245
Topshop	70, 73, 119
Tortilleria Nixtamal	221
Tournesol	206
Trattoria Zero Otto Nove	231
Tribeca Bagels	39
Tribeca Film Festival	35
Tribeca Grill	35, **39**
Trinity Church Wall Street	29
Triple Shot World Atlas	206
Trunk	173
Tuck Room, The	33

U

Umami Burger	271
Union Square	129, 132, **250**, 281
Union Square Theatre	132
Up On 20 Rooftop Bar	135
Urban Vegan Kitchen	269
Urbanspace Food Market	116
Uva	142

V

Van Cortlandt House Museum	227, **230**
Victoria's Secret	33, 70, 73, 119, 127, 145, 281
Village Vanguard	**83**, 86

W

W Hotel Downtown	30
Walker Hotel Greenwich Village	87
Wall Street	28, **249**
Walter Foods	179
Warm	65
Washington D.C.	286
Washington Square Hotel	87
Washington Square Park	83, **86**, 250, 282
Washington Street in Dumbo	170
Water Table, The	175, 178, **284**
West End Hall	152
What Goes Around Comes Around	70, 73
Whiskey Tavern	48
White Horse Tavern	32, **97**
Whitney Museum	99, **103**, 264
William F. Moore Park	**217**, 220
William Vale, The	178
Williamsburg Flea	181
Wise Espresso Bar	195
Wolfgang's Steakhouse	39
Wonder Wheel	194
Wong Kee	47
Woodbury Common Premium Outlet	280, 287
Wyndham Garden Chinatown	47
Wyndham Garden Long Island City Manhattan View Hotel	205
Wythe Hotel	178

X

Xi'an Famous Foods	47

Y

Yankee Stadium	227, **230**
Yonah Schimmel Knish Bakery	56
Yotel Times Square	114
Yunhong Chopsticks Shop	48

Z

Z NYC Hotel Rooftop Bar	207
Zara	33, 40, 73, 119, 135, 140, 145, **153**, 180, 281
Zebra Lounge	221
Zenon Taverna	214
Zum Schneider NYC	80

BILDNACHWEISE

SEITE	CREDIT
	UMSCHLAG © blvdone/shutterstock
2	Eure Insider © LNY / Insa Cordes
6	Deine Reise © karandaev / Dollar Photo Club
16	Insiderguides © LNY / Franziska Schweigert
18	Grafik © Viktor Shumatov / shutterstock
20/23	Manhattan © Stephan Guarch / shutterstock
24	Lower Manhattan © R. Babakin / Adobe Stock
30	Ellis Island © iofoto / Dollar Photo Club
32	El Vez © LNY / Franziska Schweigert
33	Loopy Doopy Rooftop Bar Loopy Doopy Rooftop Bar / Presse
	Pier A Harbour House © LNY / Steffen Kneist
34	Tribeca © LNY / Steffen Kneist
39	Mmuseumm Mmuseum / Presse
40/41	Grand Banks © LNY / Steffen Kneist
42	Chinatown © Yevgenia Gorbulsky / Dollar Photo Club
46	Tempel Mahayana © LNY / Franziska Schweigert
47	Mott Street © akslam / Adobe Stock
48	Shopping Chinatown © LNY / Franziska Schweigert
49	Chinatown © LNY / Franziska Schweigert
50	Lower East Side © Melpomene / Adobe Stock
56	Tenement Museum Courtesy of the Lower East Side Tenement Museum / Presse
57	Orchard Street © DW labs Incorporated / Adobe Stock
58	Little Italy © LNY / Franziska Schweigert
63	Gelso & Grand © LNY / Steffen Kneist
64	Wall of Hearts © LNY / Franziska Schweigert
65	Di Palo's Fine Foods © LNY / Franziska Schweigert
66	SoHo © Christian Müller / Adobe Stock
71	12 Chairs © LNY / Sabrina Wieser
72	Georgetown Cupcakes © LNY / Franziska Schweigert
73	Cast-Iron-Architektur © tektur / Dollar Photo Club
74	East Village © Pete Spiro / shutterstock
79	Please Don't Tell © LNY / Steffen Kneist
81	Burger im Mighty Quinn's Mighty Quinn's / Presse
82	Greenwich Village © LNY / Franziska Schweigert
87	Gay Street © LNY / Franziska Schweigert
89	Bleecker Street © LNY / Franziska Schweigert
90	West Village © Youproduction / shutterstock
94	The Spotted Pig © LNY / Steffen Kneist
95	Magnolia Bakery © LNY / Franziska Schweigert
96	White Horse Tavern © LNY / Franziska Schweigert
97	Bleecker Street Shopping © LNY / Franziska Schweigert
98	Meatpacking District © LNY / Steffen Kneist
103	Fig & Olive © LNY / Steffen Kneist
105	STK Downtown & Rooftop STK Downtown & Rooftop / Presse
105	The Standard High Line © demerzel21 / Adobe Stock
106	Midtown & Hell's Kitchen © LNY / Franziska Schweigert
108	Times Square © LNY / Franziska Schweigert
113	Bryant Park © Brad Pict / Adobe Stock
113	New York Public Library © Sam Spiro / Dollar Photo Club
114	Intrepid Sea, Air & Space Museum © oneinchpunch / Adobe Stock
115	Museum of Modern Art © LNY / Franziska Schweigert
116	Blue Bottle Coffee Blue Bottle Coffee / Presse
117	Playwright Irish Pub © LNY / Steffen Kneist
118	230 Fifth Rooftop Bar © LNY / Steffen Kneist
120	Chelsea © LNY / Steffen Kneist
125	Chelsea Piers © oscity / Adobe Stock
126	Blue Bottle Coffee Blue Bottle Coffee / Presse
127	Gallow Green Rooftop Garden Gallow Green Rooftop Garden / Foto: Conor Harrigan
128	Flatiron Building © LNY / Franziska Schweigert
133	Eataly © LNY / Sabrina Wieser
135	230 Fifth Rooftop Bar 230 Fifth Rooftop Bar / Presse
136	Upper East Side © Francois Roux / Dollar Photo Club
141	Guggenheim Museum © LNY / Franziska Schweigert
142	The Frick Collection The Garden Court, The Frick Collection, New York, Foto: © Michael Bodycomb
143	Lexington Candy Shop Lexington Candy Shop / Presse
144	The Metropolitan Museum Rooftop © LNY / Isabelle Thoele
145	Dos Toros Taqueria Dos Toros Taqueria / Presse
146	Upper West Side © SeanPavonePhoto / Dollar Photo Club
151	Natural History Museum © LNY / Franziska Schweigert
152	Time Warner Center © robepco / Adobe Stock
153	The Empire Rooftop & Lounge The Empire Rooftop & Lounge / Presse
154	Harlem & Washington Heights © gilya3 / Dollar Photo Club
158	Hamilton Heights © lspi13B / Adobe Stock
159	Cloisters © Manuel Hurtado / Adobe Stock
159	Straßenamen © vacant / Adobe Stock
160	Red Rooster Red Rooster – Helga's Meatballs / Presse
161	Mintons Minton's Dining Room / Presse
162/165	Brooklyn © Andrey Bayda / shutterstock
166	Brooklyn Bridge © LNY / Franziska Schweigert
171	Brooklyn Bridge Park © LNY / Franziska Schweigert
173	Shake Shack © LNY / Steffen Kneist
174	Williamsburg © LNY / Franziska Schweigert
179	Fette Sau © LNY / Steffen Kneist
180	Brooklyn © LNY / Franziska Schweigert
182	Greenwood Cemetery © l NY / Franziska Schweigert
187	Prospect Park © janifest / Adobe Stock
188	Brookvin Brookvin / Presse
189	Brooklyn Botanical Garden Judith D. Zug Magnolia Plaza at Brooklyn Botanic Garden. Foto: Antonio M. Rosario. Courtesy of Brooklyn Botanic Garden.
190	Luna Park © LNY / Moritz Fack
195	Aquarium © Kvan Ekinci / Adobe Stock
195	Brighton Beach © LNY / Franziska Schweigert
196/199	Queens © David Biagi / Adobe Stock
200	Long Island City © LNY / Franziska Schweigert

204	**Gantry Plaza State Park im Winter**	
	© LNY / Franziska Schweigert	
205	**Gantry Plaza State Park**	
	© Tifonimages / Dollar Photo Club	
207	**Aussicht über die Skyline**	
	© LNY / Moritz Fack	
207	**Dutch Kills**	
	Dutch Kills / Presse © Isaac Rosenthal	
208	**Astoria**	
	© LNY / Franziska Schweigert	
213	**Astoria Park**	
	© LNY / Franziska Schweigert	
215	**Kaufman Astoria Studios**	
	© LNY / Franziska Schweigert	
215	**Wohngegend Astoria**	
	© LNY / Franziska Schweigert	
216	**Flushing**	
	© MISHELA / Adobe Stock	
220	**Citi Field**	
	© vacant / Adobe Stock	
222 / 225	**Bronx**	
	© Ryan DeBerardinis / shutterstock	
226	**Yankee Stadium**	
	© LNY / Steffen Kneist	
230	**Bronx Zoo**	
	© videophotopro / Adobe Stock	
231	**Bronx Botanical Garden**	
	© LNY / Franziska Schweigert	
232 / 235	**Staten Island**	
	© alpegor / Dollar Photo Club	
236	**Staten Island**	
	© Brad Pict / Adobe Stock	
241	**Staten Island Ferry**	
	© debearr / Dollar Photo Club	
242	**Statue of Liberty**	
	© LNY / Steffen Kneist	
245	**One World**	
	© LNY / Isabelle Thoele	
248 / 249	**Flatiron Building**	
	© Zack Frank / Adobe Stock	
251	**High Line**	
	© SeanPavonePhoto / Dollar Photo Club	
251	**Central Park**	
	© Sergey Borisov / Dollar Photo Club	
252	**Aktivitäten**	
	© T photography / shutterstock	
255	**Loopy Doopy Rooftop Bar**	
	Loopy Doopy Rooftop Bar / Presse	
257	**Helikopter**	
	© LNY / Steffen Kneist	
258	**Sports**	
	© LNY / Steffen Kneist	
261	**Schlittschuhlaufen**	
	© Victoria Lipov / Adobe Stock	
262	**Bestenliste**	
	©dibrova / shutterstock	
288	**Budget Tipps**	
	© william87 / Dollar Photo Club	

ABKÜRZUNGEN

Ave, Av	Avenue
Blvd	Boulevard
E	East
Jr	Junior
N	North
Pk	Park
Pkwy	Parkway
Pl	Place
S	South
St	Saint
St	Street
Sts	Streets
Sq	Square
V.i.S.d.P.	Verantwortlich im Sinne des Presserechts
W	West
zw.	zwischen

HINWEIS

Die Angaben in diesem Reiseführer wurden mit größtmöglicher Sorgfalt geprüft. Gleichwohl nach dem Produkthaftungsrecht betont werden muss, dass inhaltliche sowie sachliche Fehler nicht auszuschließen sind. Daher erfolgen alle Angaben ohne Garantie der Autoren. Die Autoren übernehmen keine Verantwortung und Haftung für inhaltliche sowie sachliche Fehler. Wir haben aber natürlich alles daran gesetzt, euch richtige und aktuelle Informationen mit auf die Reise nach New York zu geben.

DANKE, DANKE, DANKE!

Ein großer Dank gilt allen Supportern der Crowdfunding-Kampagne, ohne deren Unterstützung wir es nie geschafft hätten, den Reiseführer zu drucken. Und ein spezielles Dankeschön an diejenigen, die noch einen Extra-Meter mit uns gegangen sind:

Alexander Gründel, Andreas Wildemann, Anja K., Antje Schmidt, BUSFC, Caroline Hinzel, Christian Siebertz, Christiane Lang, Christoph Apfel, Cornelia Speck, Daniel Pohl, David Kuntschak, Diana Landmesser & Markus Hahn, Dietrich Dering & Claudia Mesaros, Dr. Gerd Spangenberg, Fabian Scholz (Tourisim GmbH), Felix Lammerding, Frank Schoebel, Franz Spannagl, Gregory's Coffee, Günther Sager, Ina & Wilfried Krüger, Jan Koch, Johannes Günther, Jürgen & Karin Kuhn, Jutta Desch, Karin Sautner, Kathrin & Jens Dittmann, Katrin Testrich-Volz, Kerstin Warncke, Manfred Bellingrodt, Manfred Jünemann, Manuela Schmitz, Marc Nairz & Stefan Federspiel, Marc Uckermann, Marcel Dickmanns, Marco Schiffer, Marcus Winschiers, Mark Streitbörger, Markus Lorenz, Markus & Susanne Schöttl, Martin Hecht Communication GmbH, Matthias Kowalski, MEISTER.CONSULTING, Melanie & Carsten Gredigk, Michael & Petra Klein, Michaela Gregory, Mila & Marcus Kunkel, Miriam Helbig, Nici, Nicolai & Daniela Erdmann, Nicolas Goldmann, Nicole & Marco Hauch, Olaf Witte, Peter Ulrich, Rebecca Eikens, Sigrid Hördler, Stefan Thull, Susanne, Sven Giese, Tom Schäfer, Tom Woddy, Torsten Briem, Viktoria Hack

An dieser Stelle möchten wir uns bei all denjenigen bedanken, die uns während der Erstellung des Reiseführers unterstützt und motiviert haben. Über 6 Monate hat es von der Idee zum finalen Ergebnis, das ihr gerade in den Händen haltet gedauert und war ein echtes Stück Arbeit. Ein dickes Dankeschön geht an Isabelle, die das ganze Projekt zusammengehalten und die vielen Spots mit Silke, Isy, Laura und Laura (ja, wir haben zwei!) geprüft hat, an Stevie, Matthias, Insa und Michi für die tollen Ideen sowie die Umsetzung der Crowdfunding-Kampagne, an Larissa und Moritz, ohne die der Reiseführer keine Karten und keine vernünftigen Bilder hätte. An Franzi, die die schönen Fotos für den Reiseführer gemacht hat und dafür bei Wind und Wetter durch alle fünf Boroughs der Stadt geflitzt ist und an Kelsey, die uns bei den Videos in New York unterstützt hat, an Frerk, der uns am Abreisetag sogar noch in Brooklyn fotografieren konnte, an Heiko, mit dem wir die größten Mindmaps der Welt gebaut haben und last-but-definitely-not-least an Boris, Till, Pirmin, Julian und Nicolas für die tollen Designs, die App und myNY.

Danke auch an den großartigen Wolfgang, der uns für das Crowdfunding-Video aus der Reserve gelockt und innerhalb kürzester Zeit etwas so Cooles produziert hat.

Natürlich auch ein großes High Five an Thilo, Henning, Stephan und Niclas von Sherpa Design, die so einige Nachtschichten dank uns hinter sich haben und an Julia, die sich auf Spurensuche gemacht hat und die letzten kleinen Flüchtigkeitsfehler behoben hat.

Wenn wir jemanden vergessen haben sollten, den bitten wir, uns das nachzusehen!

Vielen vielen Dank!
Steffen, Sabrina & Tino

IMPRESSUM

HERAUSGEBER
Loving New York
c/o melting elements gmbh
Fuhlsbüttler Straße 405
22309 Hamburg

CHEFREDAKTEUR
Steffen Kneist (V.i.S.d.P.)

REDAKTION
Moritz Fack, Isabelle Letailleur, Silke Oberbeck,
Larissa Sartori, Tino Schulze, Isabelle Thoele,
Sabrina Wieser

EIGENES BILDMATERIAL
Franziska Schweigert

PORTRAIT-AUFNAHMEN
Frerk Hopf Photography

DESIGN
Sherpa Design GmbH
Dorotheenstraße 95
22301 Hamburg
www.sherpa-design.de

DRUCK
Beisner Druck GmbH & Co. KG
Müllerstraße 6
21244 Buchholz in der Nordheide
www.beisner-druck.de

KARTEN
© Mapbox

KONTAKT
reisefuehrer@lovingnewyork.de
www.lovingnewyork.de

Dieser Reiseführer ist urheberrechtlich geschützt. Es dürfen keine Vervielfältigungen sowie Übersetzungen getätigt werden. Die Übertragung der Daten in elektronische Systeme ist ebenso unzulässig und strafbar.

ISBN 978-3-00-056590-8
2. Auflage, Februar 2018

Printed in Germany